► **Inhalt**

► Die wichtigsten Schemata - Nebengebiete

Drittes Kapitel: ZPO I – Erkenntnisverfahren   61

Viertes Kapitel: ZPO II – Zwangsvollstreckung   98

Sönke M. Willers

Die wichtigsten Schemata

-> *Arbeitsrecht*
-> *Handelsrecht*
-> *Gesellschaftsrecht*
-> *StPO*
-> *ZPO*

6. Auflage 2016

- für Kerstin -

ISBN 978-3-86724-138-0

6. Auflage 2016

© 2016 niederle media

Bezug möglich direkt vom Verlag
niederle media
48341 Altenberge
Fax (02505) 93 98 99
E-Mail: info@niederle-media.de
www.niederle-media.de

Lektorat: Dr. Benjamin Steinhilber, Jur. Fakultät Tübingen

Fünftes Kapitel: StPO 137

Sechstes Kapitel: Individualarbeitsrecht 161

Siebtes Kapitel: Kollektives Arbeitsrecht 184

▶ Unsere 📖 Skripten 🗇 Karteikarten 🎧 Hörbücher (CD & MP3)

Zivilrecht

- 📖 Standardfälle für Anfänger (7,90 €)
- 📖 🎧 Standardfälle BGB AT (7,90 €)
- 📖 🎧 Standardfälle Schuldrecht (7,90 €)
- 📖 🎧 Standardfälle Ges. Schuldverh., §§ 677, 812,823
- 📖 🎧 Standardfälle Sachenrecht (9,90 €)
- 📖 🎧 Standardfälle Familien- und Erbrecht (9,90 €)
- 📖 Klausuren Übung für Fortgeschrittene (7,90 €)
- 📖 🎧 Basiswissen BGB (AT) (Frage-Antwort)
- 📖 🎧 Basiswissen SchuldR (AT) 📖 🎧 SchuldR (BT) (7 €)
- 📖 🎧 Basiswissen Sachenrecht, 📖 🎧 FamR, 📖 🎧 ErbR
- 📖 Einführung in das Bürgerliche Recht (7,90 €)
- 📖 Studienbuch BGB (AT) (12 €)
- 📖 Studienbuch Schuldrecht (AT) (12 €)
- 📖 Schuldrecht (BT) 1 - §§ 437, 536, 634, 670 ff. (9,90 €)
- 📖 Schuldrecht (BT) 2 - §§ 812, 823, 765 ff. (9,90 €)
- 📖 SachenR 1 – Bewegl. S., 📖 SachenR 2 – Unb. S. (9,9 €)
- 📖 Familienrecht und 📖 Erbrecht (Einführungen) (9,90 €)
- 📖 Streitfragen Schuldrecht (7,90 €)
- 📖 🎧 Definitionen für die Zivilrechtsklausur (9,90 €)

Strafrecht

- 📖 🎧 Standardfälle für Anfänger Band 1 (9,90 €)
- 📖 🎧 Standardfälle für Anfänger Band 2 (7,90 €)
- 📖 Standardfälle für Fortgeschrittene (12 €)
- 📖 🎧 Basiswissen Strafrecht (AT) (Frage-Antwort)
- 📖 🎧 Basiswissen Strafrecht BT 1 und 📖 🎧 BT 2 (7 €)
- 📖 Strafrecht (AT) (7,90 €)
- 📖 Strafrecht (BT) 1 – Vermögensdelikte (9,90 €)
- 📖 Strafrecht (BT) 2 – Nichtvermögensdelikte (9,90 €)
- 📖 🎧 Definitionen für die Strafrechtsklausur (7,90 €)

Irrtümer und Änderungen vorbehalten!

Öffentliches Recht

- 📖 Standardfälle Staatsrecht I – StaatsorgaR (9,90 €)
- 📖 Standardfälle Staatsrecht II – Grundrechte (9,90 €)
- 📖 🎧 Standardfälle f. Anfänger (StaatsorgaR u. GRe) (7,9 €)
- 📖 Standardfälle Verwaltungsrecht (AT) (9,90 €)
- 📖 Standardfälle Polizei- und Ordnungsrecht (9,90 €)
- 📖 Standardfälle Baurecht (9,90 €)
- 📖 Standardfälle Europarecht (9,90 €)
- 📖 Standardfälle Kommunalrecht (9,90 €)
- 📖 🎧 Basiswissen StaatsR I –StaatsorgaR (Fr-Antw.) (7 €)
- 📖 🎧 Basiswissen StaatsR II –GrundR (Frage-Antw.) (7 €)
- 📖 Basiswissen VerwaltungsR AT– (Frage-Antwort) (7 €)
- 📖 Studienbuch Staatsorganisationsrecht (9,90 €)
- 📖 Studienbuch Grundrechte (9,90 €)
- 📖 Studienbuch Verwaltungsrecht AT (12 €)
- 📖 Studienbuch Europarecht (12,90 €)
- 🎧 Basiswissen Europarecht
- 📖 Staatshaftungsrecht (9,90 €)
- 📖 VerwaltungsR AT 1 – VwVfG u. 📖 AT 2–VwGO (7,90 €)
- 📖 VerwaltungsR BT 1 – POR (9,90 €)
- 📖 VerwaltungsR BT 2 – BauR 📖 BT 3 – UmweltR (9,90 €)
- 📖 🎧 Definitionen Öffentliches Recht (9,90 €)

Steuerrecht

- 📖 Abgabenordnung (AO) (9,90 €)
- 📖 Erbschaftsteuerrecht (9,90 €)
- 📖 Steuerstrafrecht/Verfahren/Steuerhaftung (7,90 €)

Sozialrecht

- 📖 Kinder- und Jugendhilferecht (7,90 €)
- 📖 Sozialrecht (9,90 €)

Nebengebiete

- 📖 🎧 Standardfälle Handels- & GesR (9,90 €)
- 📖 🎧 Standardfälle Arbeitsrecht (9,90 €)
- 📖 Standardfälle ZPO (9,90 €)
- 📖 🎧 Basiswissen HandelsR (Frage-Antwort) (7,9 €)
- 📖 🎧 Basiswissen Gesellschaftsrecht (7,90 €)
- 📖 🎧 Basiswissen ZPO (Frage-Antwort) (7,90 €)
- 📖 🎧 Basiswissen StPO (Frage-Antwort) (7,90 €)
- 📖 Handelsrecht (9,90 €)
- 📖 Gesellschaftsrecht (9,90 €)
- 📖 Arbeitsrecht (9,90 €)
- 📖 Kollektives Arbeitsrecht (9,90 €)
- 📖 ZPO I – Erkenntnisverfahren (9,90 €)
- 📖 ZPO II – Zwangsvollstreckung (9,90 €)
- 📖 Strafprozessordnung – StPO (9,90 €)
- 📖 Einf. Internationales Privatrecht - IPR (9,90 €)
- 📖 Standardfälle IPR (9,90 €)
- 📖 Insolvenzrecht (9,90 €)
- 📖 Gewerbl. Rechtsschutz/Urheberrecht (9,90 €)
- 📖 Wettbewerbsrecht (9,90 €)
- 📖 Ratgeber 500 Spezial-Tipps für Juristen (12 €)
- 📖 Mediation (7,90 €)
- 📖 Sportrecht (9,90 €)

Karteikarten (je 9,90 €)

- 🗇 Zivilrecht: BGB AT/SchuldR/Grundlagen/Schemata
- 🗇 Strafrecht: AT/BT-1/BT-2/Streitfragen
- 🗇 Öff. R.: StaatsorgaR/GrundR/VerwR/Schemata

Assessorexamen

- 📖 Der Aktenvortrag im Strafrecht (7,90 €)
- 📖 Der Aktenvortrag im Zivilrecht (7,90 €)
- 📖 Der Aktenvortrag im Öffentlichen Recht (7,90 €)
- 📖 Staatsanwaltl. Sitzungsdienst & Plädoyer (9,90 €)
- 📖 Die strafrechtliche Assessorklausur (9,90 €)
- 📖 Die Assessorklausur VerwR Bd. 1 (7,90 €)
- 📖 Die Assessorklausur VerwR Bd. 2 (7,90 €)
- 📖 Vertragsgestaltung in der Anwaltsstation (7 €)

Irrtümer und Änderungen vorbehalten!

BWL

- 📖 Einführung i. die Betriebswirtschaftslehre (7,90 €)
- 📖 Marketing (7 €)
- 📖 Organisationsgestaltung & -entwickl. (7,90 €)
- 📖 Fallstudien Organisationsgestaltung & -entwickl.
- 📖 Internationales Management (7 €)
- 📖 Wie gelingt meine wiss. Abschlussarbeit? (7 €)

Irrtümer und Änderungen vorbehalten!

Schemata

- 📖 Die wichtigsten Schemata-ZivR,StrafR,ÖR (14,90)
- 📖 Die wichtigsten Schemata–Nebengebiete (9,90 €)

🎧 bedeutet: auch als **Hörbuch** (CD oder MP3-Download) lieferbar!

Bei **niederle-media.de** bestellte Artikel treffen idR *nach 1-2 Werktagen* ein!

Erstes Kapitel: Handelsrecht

§§ ohne nähere Bezeichnung sind solche des HGB.

A. Grundlagen

Handelsrecht ist **das Sonderprivatrecht der Kaufleute.**

Das bedeutet:

1. Bei rechtsgeschäftlichem Handeln von Kaufleuten ist das **HGB bereichsspezifisch vorrangig** anzuwenden, da es gegenüber dem BGB die spezielleren Regelungen für Kaufleute enthält.

2. Wo das HGB keine speziellen Normierungen enthält, finden die Regelungen des BGB hingegen weiterhin Anwendung.

Konsequenz für die Fallprüfung:

1. Ausgangspunkt im Rahmen der zivilrechtlichen Anspruchsprüfung ist immer die entsprechende Regelung des **BGB** (z.B. Anspruch auf Zahlung aus § 433 II BGB; Anspruch auf Schadensersatz nach § 280 I BGB).

2. Vorschriften des **HGB** werden **nur** dann geprüft, **wenn** der Sachverhalt Anhaltspunkte dafür enthält, dass ein **Kaufmann** beteiligt ist.

3. Die **Vorschriften des HGB werden nicht losgelöst geprüft,** sondern immer unter dem Prüfungspunkt behandelt, an dem sie relevant sind.

B. Die Kaufmannseigenschaft

Arten von Kaufleuten:
I. Ist-Kaufmann, § 1
II. Kannkaufmann, § 2
III. Fiktivkaufmann, § 5
IV. Formkaufmann, § 6
V. Scheinkaufmann

I. Der Ist-Kaufmann, § 1

1. Betreiben eines Gewerbes
2. Gewerbe muss ein Handelsgewerbe sein, § 1 II

1. Betreiben eines Gewerbes

Gewerbe ist **jede Tätigkeit,** die

a) äußerlich erkennbar ist

b) selbständig ist (vgl. § 84 I 2)

8

c) planmäßig auf gewisse Dauer angelegt ist

d) entgeltlich bzw. zumindest mit **Gewinnerzielungsabsicht** betrieben wird (hM)
Beachte: Es ist umstritten, ob nur eine *erlaubte* Tätigkeit ein Gewerbe i.S.d. § 1 darstellt

e) kein freier Beruf ist (vgl. § 1 II PartGG).

2. Gewerbe muss ein Handelsgewerbe sein, § 1 II

Ein Handelsgewerbe liegt vor, wenn

a) das Unternehmen **nach Art** einen **in kaufmännischer Weise eingerichteten Betrieb** erfordert
Anhaltspunkte hierfür sind z.b. Vielfalt der Produktpalette, Umfang der Geschäftsbeziehungen

oder

b) das Unternehmen **nach Umfang** einen **in kaufmännischer Weise eingerichteten Betrieb** erfordert
Anhaltspunkte hierfür sind z.B. Umsatz, Mitarbeiterzahl, Lohnsumme

Wichtig: **§ 1 II vermutet** widerlegbar, dass **jeder Gewerbebetrieb** ein **Handelsgewerbe** ist.

Das bedeutet, dass in der Klausur vom Vorliegen eines Handelsgewerbes auszugehen ist, wenn sich dem Sachverhalt keine Hinweise für das Gegenteil entnehmen lassen.

II. Der Kannkaufmann, § 2

1. Betreiben eines Gewerbes
2. Gewerbe ist kein Handelsgewerbe i.S.v. § 1 II
3. Eintragung ins Handelsregister

1. Betreiben eines Gewerbes

Gewerbe ist **jede Tätigkeit**, die

a) äußerlich erkennbar ist

b) selbständig ist (vgl. § 84 I 2)

c) planmäßig auf gewisse Dauer angelegt ist

d) entgeltlich bzw. zumindest mit **Gewinnerzielungsabsicht** betrieben wird (hM)
Beachte: Es ist umstritten, ob nur eine *erlaubte* Tätigkeit ein Gewerbe i.S.d. § 1 darstellt

e) kein freier Beruf ist (vgl. § 1 II PartGG).

2. Gewerbe ist kein Handelsgewerbe i.S.v. § 1 II

Das betriebene Gewerbe erfordert nach Art oder Umfang keinen in kaufmännischer Weise eingerichteten Betrieb, d.h. es wird ein **Kleingewerbe** betrieben.

3. Eintragung ins Handelsregister

Die **Eintragung** ins Handelsregister **begründet erst** die **Kaufmannseigenschaft**, d.h. sie ist hierfür *konstitutiv*.

III. Der Fiktivkaufmann, § 5

Der Anwendungsbereich des § 5 ist gering. Nach hM deckt er die folgende **Fallkonstellation** ab:

- Zum **Zeitpunkt der Eintragung** der Firma lag ein **Handelsgewerbe** i.S.v. § 1 II vor

- **im Laufe der Zeit** wurde aus dem Handelsgewerbe ein **Kleingewerbe**

- Die **Eintragung** im Handelsregister **besteht aber** trotz des Wegfalls des Handelsgewerbes **noch** fort

Beachte: In der Klausur spielt die Vorschrift des § 5 keine große Rolle. Lässt sich dem Sachverhalt entnehmen, dass jemand im Handelsregister eingetragen ist, dann ist er im Ergebnis jedenfalls ein Kaufmann.

IV. Der Formkaufmann, § 6

§ 6 bestimmt, dass die Vorschriften für Kaufleute auch auf **Handelsgesellschaften** Anwendung finden.

Handelsgesellschaften sind

    a) Personenhandelsgesellschaften, also
        aa) OHG
        bb) KG
        cc) GmbH & Co. KG

    b) Kapitalgesellschaften, also
        aa) GmbH (vgl. auch § 13 III GmbHG)
        bb) AG (vgl. auch § 3 I AktG)
        cc) KGaA

Konsequenz für die Klausur:
Taucht in der Klausur eine der o. a. Handelsgesellschaften auf, so ist diese aufgrund der Regelung des § 6 wie ein Kaufmann zu behandeln. Ist die Gesellschaft im Handelsregister eingetragen, so ergibt sich ihre Kaufmannseigenschaft aus § 2.

V. Der Scheinkaufmann

1. Anwendungsbereich der Grundsätze über den Scheinkaufmann
2. Rechtsschein der Kaufmannseigenschaft
3. Zurechenbare Veranlassung dieses Rechtsscheins
4. Gutgläubigkeit des Geschäftspartners
5. Kausalität Rechtsschein – Abschluss des Rechtsgeschäfts
6. Rechtsfolge: Scheinkaufmann muss sich wie Kaufmann behandeln lassen

1. Anwendungsbereich der Grundsätze über den Scheinkaufmann

Nach **hM** gelten die **Grundsätze** über den Scheinkaufmann **nur zu Gunsten, aber nicht zu Lasten des gutgläubigen Geschäftspartners.**

Begründung: Derjenige, der sich als Kaufmann geriet, weckt *gewisse Erwartungen* bei seinen Geschäftspartnern. Daher muss er sich so behandeln lassen, als sei er auch tatsächlich Kaufmann. Allerdings wäre es nicht gerecht, wenn der Scheinkaufmann aus dem von ihm erzeugten Rechtsschein Vorteile ziehen würde.

2. Rechtsschein der Kaufmannseigenschaft

Es muss der **Rechtsschein der Kaufmannseigenschaft** vorliegen.

Dieser Rechtsschein kann z.B. begründet werden durch
* Benutzung einer *kaufmännischen Firmenbezeichnung*,
* Benutzung von entsprechendem *Geschäftspapier*

Dieser Prüfungspunkt ist in der Klausur i.d.R unproblematisch.

3. Zurechenbare Veranlassung dieses Rechtsscheins

Zurechenbare Veranlassung liegt *unproblematisch* vor, wenn die Person, die die Kaufmannseigenschaft vorspiegelt, den *Rechtsschein selbst verursacht* hat (Standardfall in der Klausur)

4. Gutgläubigkeit des Geschäftspartners

Der Vertragspartner ist gutgläubig, wenn er **keine Kenntnis von der fehlenden Kaufmannseigenschaft** des Geschäftspartners hatte. Inwieweit fahrlässige Unkenntnis genügt, ist umstritten.

5. Kausalität Rechtsschein – Abschluss des Rechtsgeschäfts

Der Geschäftspartner des Scheinkaufmanns muss **im Vertrauen auf den Rechtsschein** gehandelt haben.

An diese Voraussetzung sind **keine hohen Anforderungen** zu stellen. Nach den *Erfahrungen des täglichen Lebens* liegt es nahe, dass das jeweilige Rechtsgeschäft im Vertrauen auf den Rechtsschein abgeschlossen worden ist.

6. Rechtsfolge: Scheinkaufmann muss sich wie Kaufmann behandeln lassen

Der Scheinkaufmann muss sich im Verhältnis zu seinem Geschäftspartner so behandeln lassen, **als ob** er **tatsächlich ein Kaufmann** i.S.v. § 1 wäre.

Das bedeutet, dass er gegenüber dem Geschäftspartner **alle Pflichten und Obliegenheiten eines Kaufmanns** zu beachten hat. Verstößt er gegen diese Pflichten und Obliegenheiten, so gelten die für diese Verstöße angeordneten Sanktionen auch für ihn.

Ausnahme = zwingende Gründe

C. Konsequenzen bei Fortführung eines Handelsgeschäfts

I. Haftung des Erwerbers bei Fortführung der Firma, § 25 I 1

1. Erwerb eines Handelsgeschäfts unter Lebenden
2. Fortführung des Handelsgeschäfts unter der bisherigen Firma
3. Kein Haftungsausschluss, § 25 II
4. Rechtsfolge: Haftung des Erwerbers für alle Altverbindlichkeiten

1. Erwerb eines Handelsgeschäfts unter Lebenden

Es muss ein Erwerb unter Lebenden vorliegen. Bei *Erwerb* eines Handelsgeschäfts *durch Erbschaft* ist *§ 27* einschlägig.

Erwerb ist **jede Übertragung oder Überlassung** des Unternehmens unter Lebenden. **Entscheidend** ist der **tatsächliche Erwerb** oder Übergang, entbehrlich ist nach hM hingegen ein wirksamer Erwerbstatbestand zwischen dem Veräußerer und dem Erwerber.

Konsequenzen:

- Ein **unmittelbarer** rechtsgeschäftlicher **Erwerb** vom Vorgänger ist **nicht erforderlich**.

- **Mängel** im Übernahmevertrag oder den einzelnen Verfügungsgeschäften sind für § 25 **ohne Relevanz**.

2. Fortführung des Handelsgeschäfts unter der bisherigen Firma

Der Erwerber muss das **Handelsgeschäft und** die bisherige **Firma** tatsächlich und im Wesentlichen unverändert fortführen.

a) Die **Fortführung des Handelsgeschäfts in seinem wesentlichen Kern** ist ausreichend.

b) Bezüglich der **Fortführung der bisherigen Firma** ist eine **Übertragung** oder eine **Einwilligung** des bisherigen Firmeninhabers zur Firmenfortführung anders als nach § 25 I 2 **nicht erforderlich**. Entscheidend ist die tatsächliche Fortführung.

Weiterhin ist es ausreichend, dass sich der **Kern** der ursprünglichen Firma und der Firma des Erwerbers gleichen (audiovisueller Gesamteindruck; prägende Elemente der Firma). **Entscheidend ist die Firmenidentität nach der Verkehrsanschauung.**

3. Kein Haftungsausschluss, § 25 II

Die Haftung des Erwerbers kann ausgeschlossen werden durch

a) Vereinbarung zwischen dem Veräußerer und dem Erwerber, dass Erwerber für die Altverbindlichkeiten nicht haften soll

und

b) Eintragung dieser Vereinbarung in das Handelsregister innerhalb angemessener Zeit **und** ihre **Bekanntmachung**

oder

c) Mitteilung dieser Vereinbarung an den Gläubiger des Veräußerers durch den Veräußerer oder den Erwerber.

- Diese Mitteilung bedarf **keiner bestimmten** Form.
- Sie wirkt **aber nur gegenüber demjenigen**, dem sie zugeht.

Beachte: Veranlassung der Eintragung bzw. die Mitteilung an die Gläubiger müssen **unverzüglich (§ 121 BGB)** bzw. innerhalb angemessener Zeit nach der Geschäftsübernahme erfolgen.

4. Rechtsfolge: Haftung des Erwerbers für alle Altverbindlichkeiten

Der **Erwerber haftet nach § 25 I 1 für alle** im Geschäftsbetrieb des Vorgängers begründeten Verbindlichkeiten (sog. **Altverbindlichkeiten** oder **Altschulden**). Gleichwohl stellt § 25 I 1 keine Anspruchsgrundlage dar!

a) § 25 I ordnet nach hM einen **gesetzlichen Schuldbeitritt** an. Das bedeutet, dass der Veräußerer und der Erwerber für die Altverbindlichkeiten als **Gesamtschuldner** gemäß §§ 421 ff. BGB haften.

b) Der Erwerber haftet für **alle** Verbindlichkeiten, **unabhängig vom Schuldgrund**. Ausgenommen sind lediglich die Verbindlichkeiten aus Privatgeschäften oder anderen Unternehmen des Veräußerers (vgl. § 344). Der Erwerber haftet demnach für Ansprüche aus
- Vertrag,
- Delikt,
- sonstigem Schuldgrund.

c) Der Erwerber haftet **unbegrenzt *mit seinem gesamten Vermögen***, nicht nur mit dem erworbenen Handelsgeschäft.

d) Dem **Erwerber** stehen gegenüber den Gläubigern der Altverbindlichkeiten folgende **Einreden** zu:
- alle Einreden, die dem Veräußerer zustehen,
- alle Einreden als Gesamtschuldner nach §§ 422 ff. BGB.

II. Forderungsübergang gemäß § 25 I 2

1. Erwerb eines Handelsgeschäfts unter Lebenden
2. Fortführung des Handelsgeschäfts unter der bisherigen Firma
3. Einwilligung des bisherigen Inhabers zur Firmenfortführung
4. Kein Ausschluss nach § 25 II
5. Rechtsfolge: Forderung gilt als auf den Erwerber übergegangen

1. Erwerb eines Handelsgeschäfts unter Lebenden

Es muss ein **Erwerb unter Lebenden** vorliegen. Bei *Erwerb* eines Handelsgeschäfts *durch Erbschaft* ist *§ 27* einschlägig.

Erwerb ist **jede Übertragung oder Überlassung** des Unternehmens unter Lebenden. *Entscheidend* ist der *tatsächliche Erwerb* oder Übergang, entbehrlich ist nach hM hingegen ein wirksamer Erwerbstatbestand zwischen dem Veräußerer und dem Erwerber.

Konsequenzen:

- Ein **unmittelbarer** rechtsgeschäftlicher **Erwerb** vom Vorgänger ist **nicht erforderlich**.

- **Mängel** im Übernahmevertrag oder den einzelnen Verfügungsgeschäften sind für § 25 **ohne Relevanz**.

2. Fortführung des Handelsgeschäfts unter der bisherigen Firma

Der Erwerber muss das **Handelsgeschäft und** die bisherige **Firma** fortführen.

a) Die **Fortführung des Handelsgeschäfts in seinem wesentlichen Kern** ist ausreichend.

b) Bezüglich der **Fortführung der bisherigen Firma** ist es ausreichend, dass sich der **Kern** der ursprünglichen Firma und der Firma des Erwerbes gleichen. **Entscheidend ist die Firmenidentität nach der Verkehrsanschauung.**

3. Einwilligung des bisherigen Inhabers zur Firmenfortführung

Anders als bei § 25 I 1 ist es **erforderlich, dass** der Veräußerer seine **Einwilligung** zur Fortführung der Firma durch den Erwerber gibt.

Dabei muss es sich um eine **wirksame Einwilligung** handeln (Begründung: Dem Veräußerer geht im Fall des § 25 I 2 eine Forderung verloren; diese nachteilige Rechtsfolge soll ihn nur treffen, wenn der Veräußerer an der Bildung des Kontinuitätseindrucks zumindest durch seine Einwilligung in die Firmenfortführung mitgewirkt hat).

Nach **hM** ist es **nicht erforderlich, dass** die Einwilligung **ausdrücklich** erklärt wird; ausreichend soll vielmehr die wissentliche Duldung durch den Altinhaber sein.

4. Kein Ausschluss nach § 25 II

Dass die Forderungen als auf den Erwerber übergegangen gelten, kann ausgeschlossen werden durch

> a) **Vereinbarung** zwischen dem Veräußerer und dem Erwerber, dass die Forderungen des Veräußerer nicht als auf den Erwerber übergegangen gelten sollen

> **und**

> b) **Eintragung** dieser Vereinbarung in das Handelsregister **und** ihre **Bekanntmachung**

> **oder**

> c) **Mitteilung** dieser Vereinbarung an Schuldner des Veräußerers durch den Veräußerer oder den Erwerber.

>> - Diese Mitteilung bedarf **keiner bestimmten** Form.
>> - Sie wirkt **aber nur gegenüber demjenigen**, dem sie zugeht.

>> **Beachte:** Die Veranlassung der Eintragung bzw. die Mitteilung an die Schuldner müssen **unverzüglich (§ 121 BGB)** bzw. innerhalb angemessener Zeit nach der Geschäftsübernahme erfolgen.

5. Rechtsfolge: Forderung gilt als auf den Erwerber übergegangen

Nach dem **Wortlaut** des § 25 I 2 gelten die im Betrieb begründeten Forderungen gegenüber den Schuldnern als auf den Erwerber übergegangen.

> a) Nach dem Wortlaut des § 25 I 2 wird der Übergang der Forderungen nur fingiert. Es findet **kein Forderungsübergang** statt. Der Veräußerer ist weiterhin Inhaber der Forderung.

> b) Es gelten alle Forderungen als übergegangen, **unabhängig vom Schuldgrund**. Es gelten damit als übergegangen alle Forderungen aus
>> - Vertrag,
>> - Delikt,
>> - sonstigem Schuldgrund.

> c) Der Erwerber kann von dem Schuldner des Veräußerers die direkte Leistung an sich selbst verlangen.

> d) **Verlangt der Erwerber** vom Schuldner die Erbringung der geschuldeten Leistung an sich selbst, **ist** folgendes **zu beachten:** Da § 25 I 2 den Übergang der Forderung nur fingiert, und der Veräußerer weiterhin Inhaber der Forderung ist (s.o.), besteht ein **Wahlrecht des Schuldners:**

- Der Schuldner kann mit befreiender Wirkung an den Erwerber leisten (§ 362 I BGB). In diesem Fall hat der Veräußerer einen Anspruch gegen den Erwerber aus Vertrag oder aus Gesetz nach § 816 II BGB.

- Der Schuldner kann an den Veräußerer (der ja weiterhin Inhaber der Forderung ist) leisten

e) **Verlangt der Veräußerer** vom Schuldner die Erbringung der geschuldeten Leistung an sich, ist der Umfang des Schuldnerschutzes nach § 25 I 2 umstritten.

III. Handelsrechtl. Haftung des Erben bei Firmenfortführung, § 27 i.V.m. § 25

1. **Fortführung des Handelsgeschäfts durch den Erben, § 27 I i.V.m. § 25 I 1**
2. **Fortführung des Handelsgeschäfts unter der bisherigen Firma**
3. **Keine Einstellung des Geschäfts innerhalb von 3 Monaten, § 27 II 1**
4. **Kein Haftungsausschluss, § 27 I i.V.m. § 25 II**
5. **Rechtsfolge: Haftung des Erben für alle Altverbindlichkeiten**

1. Fortführung des Handelsgeschäfts durch den Erben, § 27 I i.V.m. § 25 I 1

Es muss ein Erwerb des Handelsgeschäfts durch den Erben vorliegen.

a) Es muss ein **Erwerb des Handelsgeschäfts von Todes wegen** vorliegen, d.h. das Handelsgeschäft muss auf den Erben übergegangen sein. Die Erbenstellung bestimmt sich nach den §§ 1922 ff. BGB.

b) Die **Fortführung des Handelsgeschäfts in seinem wesentlichen Kern** ist ausreichend.

2. Fortführung des Handelsgeschäfts unter der bisherigen Firma

Nach hM ist **§ 27 I** ein **Rechtsgrundverweis**. Somit tritt die handelsrechtlich begründete Haftung des Erben nur unter den zusätzlichen Voraussetzungen des § 25 ein. Das bedeutet, dass eine Haftung nach § 27 I nur bei Vorliegen der folgenden Voraussetzung in Betracht kommt:

Der Erwerber muss das **Handelsgeschäft und** die bisherige **Firma** fortführen.

a) Die **Fortführung des Handelsgeschäfts in seinem wesentlichen Kern** ist ausreichend.

b) Bezüglich der **Fortführung der bisherigen Firma** ist es ausreichend, dass sich der **Kern** der ursprünglichen Firma und der Firma des Erwerbes gleichen. **Entscheidend ist die Firmenidentität nach der Verkehrsanschauung.**

3. Keine Einstellung des Geschäfts innerhalb von 3 Monaten, § 27 II 1

Der Erbe darf das Geschäft nicht innerhalb der grundsätzlich dreimonatigen Bedenkzeit eingestellt haben.

a) **Einstellung** erfordert die **vollständige Aufgabe** (Zerschlagung) des Geschäftsbetriebs.

Keine Einstellung liegt vor, **wenn nur nachträglich** die **Firma geändert** wird (Argument: Wortlaut § 27 II 1).

b) **Frist** des § 27 II 1 **beginnt ab Kenntnis** vom Anfall der Erbschaft (Ausnahme: Der Erbe ist nicht voll geschäftsfähig).

Bei Miterben beginnt Frist für alle Erben **erst** ab Kenntnis des letzten Miterben.

c) **Rechtsfolge der Einstellung: Erbe haftet nicht nach § 27 I i.V.m. 25 I 1**, sondern nur nach den allgemeinen erbrechtlichen Vorschriften (§§ 1975 ff. BGB).

4. Kein Haftungsausschluss, § 27 I i.V.m. § 25 II

§ 25 II ist nach **hM** auch im Fall des § 27 anwendbar, da § 27 I auf den gesamten § 25 verweist.

Konsequenz: Die **persönliche und unbegrenzte Haftung des Erben kann ausgeschlossen werden** durch

a) entsprechende **Vereinbarung** zwischen dem Erblasser und dem Erben in einem Erbvertrag **bzw. Erklärung des Erben**, dass er nur auf den Nachlass beschränkt haftet.

und

b) **Eintragung** dieser Vereinbarung bzw. Erklärung des Erben in das Handelsregister **und ihre Bekanntmachung**

oder

c) **Mitteilung** dieser Vereinbarung bzw. Erklärung des Erben an die Gläubiger des Erblassers durch den Erben.

- Diese Mitteilung bedarf **keiner bestimmten Form**.
- Sie wirkt **aber nur gegenüber demjenigen**, dem sie zugeht.

Beachte: Veranlassung der Eintragung bzw. die Mitteilung an die Gläubiger müssen **unverzüglich (§ 121 BGB)** bzw. innerhalb angemessener Zeit nach der Geschäftsübernahme erfolgen.

5. Rechtsfolge: Haftung des Erben für alle Altverbindlichkeiten

Der Erbe haftet nach § 27 I i.V.m. § 25 I 1 für alle im Geschäftsbetrieb des Erblassers begründeten Verbindlichkeiten (sog. Altverbindlichkeiten).

a) Der Erwerber haftet für **alle** Verbindlichkeiten, **unabhängig vom Schuldgrund**. Der Erwerber haftet demnach für Ansprüche aus

  - Vertrag,
  - Delikt,
  - sonstigem Schuldgrund.

b) Der Erwerber haftet **unbegrenzt** mit seinem gesamten Vermögen, nicht nur mit dem erworbenen Handelsgeschäft.

c) Dem **Erwerber** stehen gegenüber den Gläubigern alle Einreden zu, die auch dem Erblasser zustanden.

IV. Vergesellschaftung eines einzelkaufmännischen Handelsgewerbes, § 28

Haftung der neugegründeten Gesellschaft für Altverbindlichkeiten, § 28 I 1

1. Vorliegen eines einzelkaufmännischen Handelsgewerbes i.S.v § 1
2. Entstehen einer Personenhandelsgesellschaft
3. Fortführung des Geschäfts durch diese Gesellschaft
4. Kein Haftungsausschluss nach § 28 II
5. Rechtsfolge: Haftung dieser Gesellschaft für Altverbindlichkeiten

1. Vorliegen eines einzelkaufmännischen Handelsgewerbes i.S.v § 1

Es muss ein **Handelsgewerbe** i.S.v § 1 **eines Einzelkaufmanns** vorliegen (Beachte: Nach hM sind zudem jedenfalls die juristischen Personen mit Kaufmannseigenschaft vom Anwendungsbereich des § 28 I 1 erfasst).

  aa) Gewerbe ist **jede Tätigkeit**, die

  - **äußerlich erkennbar** ist

  - **selbständig** ist (vgl. § 84 I 2)

  - **planmäßig auf gewisse Dauer** angelegt ist

  - **entgeltlich** bzw. zumindest mit **Gewinnerzielungsabsicht** betrieben wird (hM)
    Beachte: Es ist umstritten, ob nur eine *erlaubte* Tätigkeit ein Gewerbe i.S.d. § 1 darstellt

  - **kein freier Beruf** ist (vgl. § 1 II PartGG).

18

bb) Ein Handelsgewerbe liegt vor, wenn

- das Unternehmen **nach Art** einen **in kaufmännischer Weise eingerichteten Betrieb** erfordert; Anhaltspunkte hierfür sind z.b. Vielfalt der Produktpalette, Umfang der Geschäftsbeziehungen

oder

- das Unternehmen **nach Umfang** einen **in kaufmännischer Weise eingerichteten Betrieb** erfordert; Anhaltspunkte hierfür sind z.b. Umsatz, Mitarbeiterzahl, Lohnsumme.

Wichtig: § 1 II **vermutet** widerlegbar, dass **jeder Gewerbebetrieb** ein **Handelsgewerbe** ist.

2. Entstehen einer Personenhandelsgesellschaft

Durch den Eintritt einer Person muss eine **Personenhandelsgesellschaft** entstehen, also eine

- **offene Handelsgesellschaft** (OHG) i.S.v. §§ 105 ff.
  oder
- **Kommanditgesellschaft** (KG) i.S.v. §§ 161 ff.

Die eintretende Person muss bei der KG entweder

- als **unbeschränkt haftender Gesellschafter** (Komplementär)
  oder
- als **Kommanditist**

eintreten.

3. Fortführung des Geschäfts durch diese Gesellschaft

Die neu entstandene Personenhandelsgesellschaft muss das ehemals einzelkaufmännische Handelsgeschäft fortgeführt haben.

aa) Die **Fortführung des Handelsgeschäfts in seinem wesentlichen Kern** ist ausreichend.

bb) Eine **Fortführung der Firma** ist **nicht erforderlich** (vgl. Wortlaut § 28 I 1: „..auch wenn sie die frühere Firma nicht fortführt").

4. Kein Haftungsausschluss nach § 28 II

Die Haftung der neu gegründeten Personenhandelsgesellschaft kann ausgeschlossen werden durch

aa) **Vereinbarung** zwischen dem ehemaligen Geschäftsinhaber und der eintretenden Person, wonach die neugegründete Gesellschaft für die Altverbindlichkeiten nicht haften soll

und

bb) **Eintragung** dieser Vereinbarung in das Handelsregister **und** ihre **Bekanntmachung**

oder

cc) **Mitteilung** dieser Vereinbarung an Gläubiger des ehemaligen Geschäftsinhabers durch diesen oder die eintretende Person.

- Diese Mitteilung bedarf **keiner bestimmten** Form.
- Sie wirkt **aber nur gegenüber demjenigen**, dem sie zugeht.

Beachte: Veranlassung der Eintragung bzw. die Mitteilung an die Gläubiger müssen **unverzüglich (§ 121 BGB)** bzw. innerhalb angemessener Zeit nach der Geschäftsübernahme erfolgen.

5. Rechtsfolge: Haftung dieser Gesellschaft für Altverbindlichkeiten

Die neugegründete Personenhandelsgesellschaft haftet für alle im Geschäftsbetrieb des ehemaligen Einzelkaufmanns begründeten Verbindlichkeiten (sog. Altverbindlichkeiten).

aa) Die Gesellschaft haftet für **alle** Verbindlichkeiten, **unabhängig vom Schuldgrund.** Sie haftet demnach für Ansprüche aus
- Vertrag,
- Delikt,
- sonstigem Schuldgrund.

bb) Die Gesellschaft haftet **unbegrenzt**, nicht nur mit dem erworbenen Handelsgeschäft.

cc) Der Gesellschaft stehen gegenüber den Gläubigern alle Einreden zu, die auch dem ehemaligen Geschäftsinhaber zustanden.

dd) **Beachte: Wird** der **ehemalige Geschäftsinhaber** in der gegründeten Gesellschaft **Kommanditist (§ 171)**, ist folgendes zu berücksichtigen:

- Der ehemalige Geschäftsinhaber **haftet mit seiner Einlage (§ 171 l) für die Verbindlichkeiten der Gesellschaft.**
- **Für die Altverbindlichkeiten haftet** der ehemalige Geschäftsinhaber **über seine Einlage** als Kommanditist **hinaus persönlich und unbegrenzt** für einen Zeitraum von 5 Jahren (§ 28 III 1 i.V.m. § 26).

Zweites Kapitel: Gesellschaftsrecht

A. Die Gesellschaft bürgerlichen Rechts (GbR)

I. Entstehungsvoraussetzungen der GbR

1. Abschluss eines Gesellschaftsvertrages
2. zwischen mindestens zwei Personen
3. Vertrag ist auf gemeinsamen Zweck gerichtet
4. Förderung des Gesellschaftszweckes durch die Gesellschafter
5. Rechtsfolge

1. Abschluss eines Gesellschaftsvertrages

Der Abschluss des Gesellschaftsvertrags erfolgt nach den allgemeinen Vorschriften der §§ 145 ff. BGB.

Der Gesellschaftsvertrag einer GbR kann **grundsätzlich formfrei** (d.h. insbesondere auch konkludent) geschlossen werden.

Ausnahme: GbR-Vertrag ist formbedürftig, wenn der Vertrag ein *formbedürftiges Leistungsversprechen* enthält (z.B. Übereignung eines Grundstücks an die GbR; § 311b BGB).

In diesem Fall bedarf der **gesamte Vertrag** der Form, die für das Leistungsversprechen vorgesehen ist.

Die **Wirksamkeit** der auf den Vertragsschluss gerichteten Willenserklärungen bestimmt sich ebenfalls nach den **allgemeinen Vorschriften** des BGB.

Sind eine oder mehrere Willenserklärungen unwirksam, führt dies zur **Unwirksamkeit des Gesellschaftsvertrags**. In diesem Fall sind die **Grundsätze der fehlerhaften Gesellschaft** zu prüfen (siehe unter II.).

2. zwischen mindestens zwei Personen

Der Gesellschaftsvertrag muss zwischen mindestens zwei Personen geschlossen worden sein.

Vertragspartner können dabei sowohl natürliche als auch juristische Personen sein.

3. Vertrag ist auf gemeinsamen Zweck gerichtet

Als gemeinsamer Zweck kommt **jede Betätigung** in Betracht, die nicht gegen ein gesetzliches Verbot oder die guten Sitten verstößt (hM).

Dabei ist es **unerheblich, ob**

- die Betätigung **dauerhaft** oder nur **vorübergehend** ist,

- ein **rein ideeller** oder auch ein **wirtschaftlicher Zweck** verfolgt wird.

Problem: Abgrenzung gemeinsamer Zweck zur Rechtsgemeinschaft i.S.d. §§ 741 ff. BGB.

Nach **hM** liegt ein **gemeinsamer Zweck** i.S.d. § 705 BGB vor, wenn die Beteiligten einen *Zweck* verfolgen, der *über das gemeinsame Halten eines Gegenstandes hinausgeht.*

Verfolgen die Beteiligten nur den *Zweck, einen Gegenstand gemeinsam zu halten,* liegt eine *Rechtsgemeinschaft* (§§ 741 ff. BGB) vor.

Ausnahme: Wird das **gemeinsame Halten** des Gegenstands **ausdrücklich** als gemeinsamer Zweck **vereinbart**, so liegt eine **GbR** mit diesem Gesellschaftszweck vor.

4. Förderung des Gesellschaftszweckes durch die Gesellschafter

Die Gesellschafter müssen die Förderung des gemeinsamen Zwecks vereinbaren.

Diese Förderung erfolgt grundsätzlich dadurch, dass die Gesellschafter die vereinbarten **Beiträge erbringen**.

5. Rechtsfolge

Mit dem **Abschluss des Gesellschaftsvertrags** ist die GbR wirksam entstanden, und zwar

- im Innenverhältnis und

- im Außenverhältnis.

Beachte: Betreibt eine Personengesellschaft ein Handelsgewerbe, ohne dass eine Haftungsbeschränkung für einzelne Gesellschafter vorgesehen ist, wird sie unabhängig vom Willen der Gesellschafter zur OHG.

II. Die fehlerhafte Gesellschaft (GbR)

1. Fehlerhafter Gesellschaftsvertrag
2. Gesellschaft ist in Vollzug gesetzt worden
3. Keine entgegenstehenden Interessen
a) der Allgemeinheit
b) Einzelner
4. Rechtsfolgen

1. Fehlerhafter Gesellschaftsvertrag

Ein fehlerhafter Gesellschaftsvertrag liegt vor, wenn **mindestens eine der** auf den Abschluss des Vertrags gerichteten **Willenserklärungen nichtig** ist. Dabei ist es *unerheblich, ob* die Nichtigkeit der Willenserklärung

- von *Anfang* an
  oder
- nach einer *Anfechtung* vorliegt.

2. Gesellschaft ist in Vollzug gesetzt worden

Die Gesellschaft muss in Vollzug gesetzt worden sein.

- Diese Voraussetzung liegt **unproblematisch** vor, **wenn** die Gesellschaft ihre **Tätigkeit nach außen aufgenommen** hat und in Rechtsbeziehungen zu Dritten getreten ist.

- Nach **hM** ist eine Gesellschaft bereits in Vollzug gesetzt, wenn die Gesellschafter ihre **Beiträge erbracht** haben **und** das **Gesellschaftsvermögen gebildet** worden ist.

Ist die Gesellschaft **noch nicht in Vollzug gesetzt** worden, erfolgt die **Rückabwicklung gemäß §§ 812 ff. BGB.**

3. Keine entgegenstehenden Interessen

Es dürfen keine entgegenstehenden Interessen der Allgemeinheit oder Einzelner vorliegen, die der Annahme einer fehlerhaften, aber wirksamen Gesellschaft entgegenstehen.

Liegen solche entgegenstehenden Interessen vor, erfolgt die **Rückabwicklung gemäß §§ 812 ff. BGB.**

a) Entgegenstehende Interessen der Allgemeinheit

Interessen der Allgemeinheit stehen der Annahme einer fehlerhaften, aber wirksamen Gesellschaft entgegen, wenn mit dem Gesellschaftsvertrag

- **sittenwidrige** oder
- **gesetzlich verbotene**

Zwecke verfolgt werden.

b) Entgegenstehende Interessen Einzelner

Überwiegende Einzelinteressen stehen der Annahme einer fehlerhaften, aber wirksamen Gesellschaft z.B. entgegen, wenn beim Abschluss des Gesellschaftsvertrags eine **nicht voll geschäftsfähige Person ohne die erforderliche Vertretung mitgewirkt** hat.

4. Rechtsfolgen

Bei Vorliegen der angeführten Voraussetzungen treten die folgenden Rechtsfolgen ein:

a) Die Gesellschaft wird trotz des fehlerhaften Gesellschaftsvertrags **für die Vergangenheit** grundsätzlich **als voll wirksam behandelt.**

Im **Außenverhältnis** sind daher die Vorschriften über die Vertretung und Haftung anzuwenden.

Das **Innenverhältnis** wird durch die Regelungen des Gesellschaftsvertrags geregelt.

Wichtig: Die Absprache, die zur Nichtigkeit des Gesellschaftsvertrags geführt hat, findet keine Anwendung. An ihre Stelle treten die gesetzlichen Regelungen.

b) Die Gesellschaft ist **mit Wirkung für die Zukunft vernichtbar**.

Die Geltendmachung der Nichtigkeit erfolgt durch eine Kündigung gemäß § 723 BGB.

Beachte: Nach der hM stellt der **Nichtigkeitsgrund** dabei *immer* einen **wichtigen Grund für** die **Kündigung** dar.

III. Vertraglicher Erfüllungsanspruch gegen die GbR

1. Vertragsschluss i.S.d. §§ 145 ff. BGB
2. Zurechnung des Vertragsschlusses
a) Vorliegen einer GbR bei Vertragsschluss
b) Rechtsfähigkeit der GbR
c) Wirksame Vertretung der GbR, §§ 164 I, 714 ff. BGB
3. Rechtsfolge

Bei der Prüfung eines vertraglichen Erfüllungsanspruchs ist im Obersatz (nur) die einschlägige Anspruchsgrundlage anzuführen (z.B.: „*A könnte gegen die B-GbR einen Anspruch auf Zahlung des Kaufpreises aus § 433 II BGB haben.*").

1. Vertragsschluss i.S.d. §§ 145 ff. BGB

Es muss ein wirksamer Vertrag vorliegen. D.h. es müssen **Angebot und Annahme i.S.d. §§ 145 ff. BGB** gegeben sein.

2. Zurechnung des Vertragsschlusses

Dieser Vertragsschluss wird der GbR unter den folgenden Voraussetzungen zugerechnet:

a) Vorliegen einer GbR bei Vertragsschluss

Zum Zeitpunkt des Vertragsschlusses muss eine GbR vorliegen.

Somit muss geprüft werden, ob ein **wirksamer Gesellschaftsvertrag i.S.d. § 705 BGB** gegeben ist. Dieses ist unter den folgenden Voraussetzungen der Fall:

- wirksamer Abschluss eines Gesellschaftsvertrags
- zwischen mindestens zwei Personen
- Vertrag ist auf gemeinsamen Zweck gerichtet
- Förderung des Gesellschaftszwecks durch die Gesellschafter

Kommt die Prüfung zu dem Ergebnis, dass ein **unwirksamer Gesellschaftsvertrag** vorliegt, sind die **Grundsätze der fehlerhaften Gesellschaft** zu prüfen (siehe unter II.).

b) Rechtsfähigkeit der GbR

Die **GbR als solche** muss **Vertragspartner** sein können. Dieses ist der Fall, wenn die *GbR rechtsfähig* ist (also Träger von Rechten und Pflichten sein kann).

- Nach der **früher herrschenden Auffassung** ist die **GbR nicht rechtsfähig.**

    Begründung: Die §§ 714 ff. BGB enthalten keine Anhaltspunkte, aus denen sich eine Rechtsfähigkeit der GbR ableiten lässt.

- Die **heute hM** geht davon aus, dass die GbR zumindest **im Außenverhältnis (teil)rechtsfähig** ist.

    Begründung: Der historische Gesetzgeber hat die Frage der Rechtsfähigkeit der GbR bewusst offen gelassen. Auch sprechen praktische Gesichtspunkte für die Annahme zumindest einer Teilrechtsfähigkeit der GbR. Überdies zeige § 14 II BGB, dass Personengesellschaften, die keine juristischen Personen seien, wie z.b. OHG und KG, sehr wohl rechtsfähig und damit Träger von Rechten und Pflichten sein könnten. Dies müsse auch bei der BGB-Gesellschaft der Fall sein.

c) Wirksame Vertretung der GbR, §§ 164 I, 714 ff. BGB

Die GbR muss beim Vertragsschluss wirksam gemäß § 164 I BGB vertreten worden sein. Dieses setzt voraus, dass der Erklärende

- eine eigene Willenserklärung
- im Namen der GbR
- mit Vertretungsmacht

abgegeben hat.

Bezüglich der **Vertretungsmacht** gilt die folgende Prüfungsreihenfolge:

aa) Vorrangig ist zu prüfen, ob der **Gesellschaftsvertrag** Regelungen über die Vertretung der Gesellschaft enthält.

bb) Enthält der Gesellschaftsvertrag keine Regelungen über die Vertretung, wird die GbR **grundsätzlich** durch den oder die **Geschäftsführer** vertreten, § 714 BGB.

(1) Auch bezüglich der Geschäftsführung ist zunächst zu prüfen, ob der **Gesellschaftsvertrag** hierzu Regelungen enthält, **vgl.** § 709 II BGB.

(2) Trifft der Gesellschaftsvertrag keine Regelungen über die Geschäftsführung, steht die Geschäftsführung **grundsätzlich allen Gesellschaftern** zu, **§ 709 I BGB.**

> **Beachte:** Nach **§ 744 II BGB analog** steht *jedem Gesellschafter* ein sog. **Notgeschäftsführungsrecht** zu (hM).

3. Rechtsfolge

Bei Vorliegen der angeführten Voraussetzungen besteht ein vertraglicher Erfüllungsanspruch gegen die GbR als solche (z.B.: Anspruch auf Zahlung des Kaufpreises aus § 433 II BGB).

IV. Anspruch gegen die GbR aufgrund Vertragsverletzungen, §§ 280 ff. BGB

1. Wirksamer Vertrag mit GbR
2. Pflichtverletzung durch einzelnen Gesellschafter
3. Kausaler Schaden
4. Kein Ausschluss nach § 280 I 2 BGB
5. Rechtsfolge

1. Wirksamer Vertrag mit GbR

Es muss ein **wirksamer Vertrag** zwischen der GbR und demjenigen, der den Schadensersatzanspruch geltend macht bestehen.

Dieses ist unter den folgenden Voraussetzungen der Fall:

- Vertragsschluss i.S.d. §§ 145 ff. BGB
- Zurechnung des Vertragsschlusses
  - o Vorliegen einer GbR bei Vertragsschluss
  - o Rechtsfähigkeit der GbR
  - o Wirksame Vertretung der GbR, §§ 164 I, 714 ff. BGB

2. Pflichtverletzung durch einzelnen Gesellschafter

Es muss eine **Pflichtverletzung durch einen einzelnen Gesellschafter** gegeben sein.

3. Kausaler Schaden

Die Pflichtverletzung muss einen Schaden beim Anspruchsteller verursacht haben.

4. Kein Ausschluss nach § 280 I 2 BGB

Nach **§ 280 I 1 BGB** wird **vermutet**, dass der Schuldner die Pflichtverletzung zu vertreten hat.

Bei einer Pflichtverletzung durch einen Gesellschafter könnte überlegt werden, ob die **GbR** diese Pflichtverletzung nach **§ 280 I 2 BGB nicht zu vertreten** hat.

Diese Möglichkeit scheidet aber aus, wenn der GbR das *Verschulden des Gesellschafters zugerechnet* werden kann. Hierzu werden die folgenden Positionen vertreten:

- Nach **einer Auffassung** wird der GbR das Verschulden des Gesellschafters gemäß **§ 278 S.1 BGB** zugerechnet.

- Eine **andere Auffassung** will das Verschulden des Gesellschafters der GbR **analog § 31 BGB** zurechnen.

Im Regelfall wirkt sich dieser Meinungsstreit auf das Ergebnis aber nicht aus.

5. Rechtsfolge

Bei Vorliegen der angeführten Voraussetzungen besteht ein **Schadensersatzanspruch** gemäß §§ 280 ff. BGB gegen die GbR.

V. Haftung der GbR für deliktische Ansprüche, § 31 BGB anal.

1. Deliktisches Verhalten eines Gesellschafters
2. Zurechung dieses deliktischen Verhaltens, § 31 BGB analog
3. Rechtsfolge

Bei der Prüfung eines Schadensersatzanspruchs gegen die GbR ist in dem Obersatz die Anspruchsnorm aus dem Deliktsrecht i.V.m. § 31 BGB analog anzuführen (z.B.: *„A könnte gegen die B-GbR einen Anspruch auf Schadensersatz gemäß § 823 I BGB i.V.m. § 31 BGB analog haben."*).

1. Deliktisches Verhalten eines Gesellschafters

Ein Gesellschafter der GbR muss die Voraussetzungen einer oder mehrerer Anspruchsgrundlagen aus dem Deliktsrecht verwirklicht haben.

2. Zurechung dieses deliktischen Verhaltens, § 31 BGB analog

Das deliktische Verhalten einzelner Gesellschafter wird einer GbR gemäß **§ 31 BGB analog** zugerechnet. Die Anwendbarkeit des § 31 BGB auf gesetzliche Verbindlichkeiten steht außer Frage.

Voraussetzung hierfür ist aber, dass der Gesellschafter **während einer ihm zustehenden Verrichtung** das Delikt begangen hat (z.B. der Gesellschafter einer Anwaltssozietät verursacht auf dem Weg zu einem Gerichtstermin einen Autounfall).

3. Rechtsfolge

Das Vorliegen der angeführten Voraussetzungen begründet die Verpflichtung der GbR, den von ihrem Gesellschafter verursachten Schaden zu ersetzen.

VI. Anspruch gegen einen Gesellschafter für Verbindlichkeiten der GbR, §§ 128 ff. HGB analog

1. Verbindlichkeit der GbR
2. Gesellschafter der GbR als Anspruchsgegner
3. Rechtsfolge

Bei der Prüfung eines Anspruches gegen einen Gesellschafter einer GbR ist in dem Obersatz die Anspruchsnorm (z.b. aus dem Deliktsrecht) i.V.m. §§ 128 ff. HGB analog anzuführen (z.b.: *„A könnte gegen den Gesellschafter B einen Anspruch auf Zahlung des Kaufpreises gemäß § 433 II BGB i.V.m. §§ 128 ff. HGB analog haben."*).

1. Verbindlichkeit der GbR

Es muss eine Verbindlichkeit der GbR bestehen.

Dabei ist nach heutiger hM der **Rechtsgrund**, auf dem die Verpflichtung der GbR beruht, **unerheblich.** Damit kommt eine *Haftung des Gesellschafters* in Betracht für:

- vertragliche Erfüllungsansprüche gegen die GbR
- vertragliche Schadensersatzansprüche gegen die GbR
- deliktische Schadensersatzansprüche gegen die GbR

Beachte: Der Gesellschafter einer GbR haftet auch für Verbindlichkeiten der Gesellschaft, die vor seinem Eintritt begründet wurden (sog. **Altverbindlichkeiten**), § 130 I HGB analog.

2. Gesellschafter der GbR als Anspruchsgegner

Der Anspruch ist gegen einen Gesellschafter der GbR zu richten.

Wichtig: Die **Haftung** des Gesellschafters **endet nicht mit** seinem **Ausscheiden** aus der GbR (Begründung: Gegenschluss aus § 736 II BGB).

3. Rechtsfolge

a) Haftung des Gesellschafters für **alle Verbindlichkeiten** der Gesellschaft.

Diese Haftung ist

- persönlich,
- unbeschränkt (d.h. der Gesellschafter haftet mit seinem gesamten Vermögen),
- unmittelbar,

- primär (d.h. der Gläubiger kann seinen Anspruch sofort gegenüber dem Gesellschafter geltend machen und muss sich nicht vorrangig an die GbR wenden),
- auf die gesamte Leistung (und nicht nur auf den Anteil, der auf ihn im Innenverhältnis entfällt).

b) Die Gesellschafter haften zusammen als **Gesamtschuldner, § 427 BGB**.

c) Scheidet ein **Gesellschafter aus der GbR aus**, so hat dies die folgenden Konsequenzen:

- die Haftung des Gesellschafters endet nicht (s.o.),
- der Gesellschafter haftet für alle bis zu seinem Ausscheiden begründeten Verbindlichkeiten der GbR (sog. **Nachhaftung)**,
- die Nachhaftung des Gesellschafters ist zeitlich **begrenzt auf 5 Jahre**, vgl. **§ 736 II BGB i.V.m. § 160 HGB**.

B. Die offene Handelsgesellschaft (OHG)

I. Entstehungsvoraussetzungen der OHG

1. **Abschluss eines Gesellschaftsvertrags, § 105 II HGB i.V.m. § 705 BGB**
2. **zwischen mindestens zwei Personen**
3. **Vertrag ist auf gemeinsamen Zweck i.S.v. § 105 I HGB gerichtet**
4. **Keine Beschränkung der Gesellschafterhaftung**
5. **Förderung des Gesellschaftszwecks durch die Gesellschafter**
6. **Wirksamwerden der OHG im Außenverhältnis, § 123 HGB**
7. **Rechtsfolge**

1. Abschluss eines Gesellschaftsvertrages

Der Abschluss des Gesellschaftsvertrags erfolgt nach den allgemeinen Vorschriften der **§§ 145 ff. BGB**.

Der Gesellschaftsvertrag einer OHG kann **grundsätzlich formfrei** (d.h. insbesondere auch konkludent) geschlossen werden.
Ausnahme: Der OHG-Vertrag ist formbedürftig, wenn der Vertrag ein **formbedürftiges Leistungsversprechen** enthält (z.B. Übereignung eines Grundstücks an die OHG).

In diesem Fall bedarf der **gesamte Vertrag** der Form, die für das Leistungsversprechen vorgesehen ist.

Die **Wirksamkeit** der auf den Vertragsschluss gerichteten Willenserklärungen bestimmt sich ebenfalls nach den **allgemeinen Vorschriften** des BGB.

Sind eine oder mehrere Willenserklärungen unwirksam, führt dies zur **Unwirksamkeit des Gesellschaftsvertrags**. In diesem Fall sind die **Grundsätze der fehlerhaften Gesellschaft** zu prüfen (siehe unter II.).

2. zwischen mindestens zwei Personen

Der Gesellschaftsvertrag muss zwischen mindestens zwei Personen geschlossen worden sein.

Vertragspartner können dabei sowohl natürliche als auch juristische Personen sein. Auch andere OHGs und KGs können Gesellschafter einer OHG sein.

3. Vertrag ist auf gemeinsamen Zweck i.S.v. § 105 I HGB gerichtet

a) Bei der OHG muss der **Gesellschaftszweck gemäß § 105 I HGB** gerichtet sein auf

- den Betrieb eines Handelsgewerbes
- unter gemeinsamer Firma

> **aa)** Ob ein **Handelsgewerbe** vorliegt, bestimmt sich nach § 1 II HGB. Danach liegt ein Handelsgewerbe vor, wenn
>
> > - das Unternehmen **nach Art** einen **in kaufmännischer Weise eingerichteten Betrieb erfordert** Anhaltspunkte hierfür sind z.B. Vielfalt der Produktpalette, Umfang der Geschäftsbeziehungen
> >
> > oder
> >
> > - das Unternehmen **nach Umfang** einen **in kaufmännischer Weise eingerichteten Betrieb erfordert** Anhaltspunkte hierfür sind z.B. Umsatz, Mitarbeiterzahl, Lohnsumme
>
> **bb)** Weiterhin ist erforderlich, dass das Handelsgewerbe unter einer **gemeinsamen Firma** betrieben wird (§§ 17 ff., 105 I HGB).

b) Beachte: Auch wenn der Gesellschaftszweck nicht auf den Betrieb eines Handelsgewerbes gerichtet ist, besteht die **Möglichkeit, sich als OHG eintragen zu lassen**, vgl. § 105 II HGB.

4. Keine Beschränkung der Gesellschafterhaftung

Bei **keinem der Gesellschafter** darf die **Haftung** gegenüber den Gesellschaftsgläubigern **beschränkt** sein.

Wichtig: Dieser Punkt stellt keine Tatbestandsvoraussetzung, sondern ein *negatives Tatbestandsmerkmal* dar.

Das bedeutet, dass eine **OHG** vorliegt, **wenn** die oben genannten Voraussetzungen vorliegen und der **Gesellschaftsvertrag keine Regelung über eine Beschränkung der Gesellschafterhaftung** gegenüber den Gläubigern der Gesellschaft **enthält**.

5. Förderung des Gesellschaftszwecks durch die Gesellschafter

Die Gesellschafter müssen die Förderung des gemeinsamen Zwecks vereinbaren.

Diese Förderung erfolgt grundsätzlich dadurch, dass die Gesellschafter die vereinbarten **Beiträge erbringen.**

6. Wirksamwerden der OHG im Außenverhältnis, § 123 HGB

Nach **§ 123 HGB** wird die OHG im Außenverhältnis noch nicht allein durch den Abschluss des Gesellschaftsvertrags wirksam, da es sich hierbei um einen Akt der Gesellschafter handelt, der für Dritte nicht ohne weiteres erkennbar ist; demnach erfolgt das Wirksamwerden im Außenverhältnis (erst) mit

- der **Eintragung** im Handelsregister, **§ 123 I HGB**
  oder
- der **Aufnahme der Geschäfte, § 123 II HGB**
  Eine Aufnahme der Geschäfte i.S.d. § 123 II HGB liegt nach hM vor bei
  - o einem Handeln im Namen der Gesellschaft (rechtsgeschäftsvorbereitende Handlungen genügen)
  - o mit (ggf. konkludenter) Zustimmung aller Gesellschafter.

  Beachte: Die Aufnahme der Geschäfte führt **nur** dann zu einem Wirksamwerden der OHG im Außenverhältnis nach § 123 II HGB, **wenn** der Gesellschaftszweck auf den Betrieb eines **Handelsgewerbes** i.S.v. § 1 II HGB gerichtet ist.

7. Rechtsfolge

Bei Vorliegen der angeführten Voraussetzungen ist die OHG im Außenverhältnis wirksam entstanden.

II. Die fehlerhafte Gesellschaft (OHG)

1. Fehlerhafter Gesellschaftsvertrag
2. Gesellschaft ist in Vollzug gesetzt worden, § 123 HGB
3. Keine entgegenstehenden Interessen
a) der Allgemeinheit
b) Einzelner
4. Rechtsfolgen

1. Fehlerhafter Gesellschaftsvertrag

Ein fehlerhafter Gesellschaftsvertrag liegt vor, wenn **mindestens eine der** auf den Abschluss des Vertrags gerichtete **Willenserklärungen nichtig** ist.

Dabei ist es *unerheblich, ob* die Nichtigkeit der Willenserklärung

- von Anfang an

  oder

- nach einer Anfechtung

vorliegt.

2. Gesellschaft ist in Vollzug gesetzt worden, § 123 HGB

Die Gesellschaft muss in Vollzug gesetzt worden sein. Nur dann ist es im Hinblick auf die Teilnahme der Gesellschaft am Rechtsverkehr mit Dritten gerechtfertigt, die allgemeinen Nichtigkeitsgründe zu beschränken und deren Rechtsfolgen nicht zuzulassen.

Diese Voraussetzung ist gegeben, wenn die Gesellschaft im Außenverhältnis wirksam geworden ist.

Dieses ist der Fall bei

- der **Eintragung der OHG** in das Handelsregister, **§ 123 I HGB**,

- der **Aufnahme der Geschäfte, § 123 II HGB**.

Ist die Gesellschaft **noch nicht in Vollzug gesetzt** worden, erfolgt die **Rückabwicklung gemäß §§ 812 ff. BGB.**

3. Keine entgegenstehenden Interessen

Es dürfen keine entgegenstehenden Interessen der Allgemeinheit oder Einzelner vorliegen, die der Annahme einer fehlerhaften, aber wirksamen Gesellschaft entgegenstehen.

Liegen solche entgegenstehenden Interessen vor, erfolgt die *Rückabwicklung gemäß §§ 812 ff. BGB.*

a) Entgegenstehende Interessen der Allgemeinheit

Interessen der Allgemeinheit stehen der Annahme einer fehlerhaften, aber wirksamen Gesellschaft entgegen, wenn mit dem Gesellschaftsvertrag

- **sittenwidrige** oder
- **gesetzlich verbotene**

Zwecke verfolgt werden.

b) Entgegenstehende Interessen Einzelner

Überwiegende Einzelinteressen stehen der Annahme einer fehlerhaften, aber wirksamen Gesellschaft z.B. entgegen, wenn beim Abschluss des Gesellschaftsvertrags eine **nicht voll geschäftsfähige Person ohne die erforderliche Vertretung mitgewirkt** hat.

32

4. Rechtsfolgen

Bei Vorliegen der angeführten Voraussetzungen treten die folgenden Rechtsfolgen ein:

a) Die Gesellschaft wird trotz des fehlerhaften Gesellschaftsvertrags **für die Vergangenheit** grundsätzlich **als voll wirksam behandelt.**

Im **Außenverhältnis** sind daher die Vorschriften über die Vertretung und Haftung anzuwenden.

Das **Innenverhältnis** wird durch die Regelungen des Gesellschaftsvertrags geregelt.

Wichtig: Die Absprache, die zur Nichtigkeit des Gesellschaftsvertrags geführt hat, findet keine Anwendung. An ihre Stelle treten die gesetzlichen Regelungen.

b) Die Gesellschaft ist **mit Wirkung für die Zukunft vernichtbar.**

Die Geltendmachung der Nichtigkeit erfolgt durch eine Auflösungsklage gemäß § 133 HGB.

III. Vertraglicher Erfüllungsanspruch gegen die OHG, § 124 I HGB

1. Vertragsschluss i.S.d. §§ 145 ff. BGB
2. Zurechnung des Vertragsschlusses
a) Vorliegen einer OHG bei Vertragsschluss
b) Rechtsfähigkeit der OHG, § 124 I HGB
c) Wirksame Vertretung der OHG, § 164 I BGB i.V.m. § 125 HGB
3. Rechtsfolge

Bei der Prüfung eines vertraglichen Erfüllungsanspruches ist im Obersatz die einschlägige Anspruchsgrundlage i.V.m. § 124 I HGB anzuführen (z.B.: „A könnte gegen die B-OHG einen Anspruch auf Zahlung des Kaufpreises aus § 433 II BGB i.V.m. § 124 I HGB haben.").

1. Vertragsschluss i.S.d. §§ 145 ff. BGB

Es muss ein wirksamer Vertrag vorliegen. D.h. es müssen **Angebot und Annahme i.S.d. §§ 145 ff. BGB** gegeben sein.

2. Zurechnung des Vertragsschlusses

Dieser Vertragsschluss wird der OHG unter den folgenden Voraussetzungen zugerechnet:

a) Vorliegen einer OHG bei Vertragsschluss

Zum Zeitpunkt des Vertragsschlusses muss eine OHG vorliegen.

Dieses ist unter den folgenden Voraussetzungen der Fall:

- Abschluss eines Gesellschaftsvertrags i.S.v. § 105 II HGB i.V.m. § 705 BGB
- zwischen mindestens zwei Personen
- Vertrag ist auf gemeinsamen Zweck i.S.v. § 105 I HGB gerichtet
- Keine Beschränkung der Gesellschafterhaftung
- Förderung des Gesellschaftszwecks durch die Gesellschafter
- Wirksamwerden der OHG im Außenverhältnis, § 123 HGB

Kommt die Prüfung zu dem Ergebnis, dass ein **unwirksamer Gesellschaftsvertrag** vorliegt, sind die **Grundsätze der fehlerhaften Gesellschaft** zu prüfen (siehe unter II.).

b) Rechtsfähigkeit der OHG, § 124 I HGB

Die **OHG** ist **rechtsfähig,** sie kann unter ihrer Firma Rechte erwerben und Verbindlichkeiten eingehen, **§ 124 I HGB.**

c) Wirksame Vertretung der OHG, §§ 164 I BGB i.V.m. § 125 HGB

Die OHG muss beim Vertragsschluss wirksam gemäß **§ 164 I BGB** vertreten worden sein. Dieses setzt voraus, dass der Erklärende

- eine eigene Willenserklärung
- im Namen der OHG
- mit Vertretungsmacht

abgibt.

Bezüglich der **Vertretungsmacht** gilt die folgende Prüfungsreihenfolge:

aa) Vorrangig ist zu prüfen, ob der **Gesellschaftsvertrag** der OHG Regelungen über die Vertretung der Gesellschaft enthält, vgl. **§ 125 I HGB.**

Die Gesellschafter können im Gesellschaftsvertrag die folgenden Vereinbarungen bezüglich der Vertretung der OHG treffen:

(1) Ein oder mehrere Gesellschafter können von der Vertretung **ausgeschlossen** werden, **§ 125 I HGB.**

(2) Vereinbarung einer (in der Praxis eher seltenen) **echten Gesamtvertretung, § 125 II HGB.**
Dabei haben die Gesellschafter die folgenden Regelungsmöglichkeiten:

- **alle Gesellschafter** dürfen die OHG nur gemeinschaftlich vertreten

oder

- **jedenfalls mehrere Gesellschafter** dürfen die OHG nur gemeinschaftlich vertreten.

(3) Vereinbarung einer **unechten Gesamtvertretung, § 125 III HGB.** Danach dürfen ein oder mehrere Gesellschafter die OHG **nur zusammen mit einem Prokuristen** vertreten.

Wichtig: Nach **hM** ist die Vereinbarung einer **unechten Gesamtvertretung nur zulässig, wenn** daneben eine Einzelvertretung oder eine echte Gesamtvertretung besteht. **Grund:** Ansonsten besteht ein *Verstoß gegen den Grundsatz der Selbstorganschaft* (=die Gesellschaft muss immer ohne die Mitwirkung Dritter [=Nichtgesellschafter] handlungsfähig sein).

Haben die Gesellschafter in unzulässiger Weise eine unechte Gesamtvertretung vereinbart, so tritt nach hM an die Stelle dieser unzulässigen Vertretungsregel die Gesamtvertretung aller Gesellschafter. Dieses ergibt sich aus einer *ergänzenden Vertragsauslegung.*

bb) Enthält der Gesellschaftsvertrag keine Regelungen über die Vertretung, so ist **jeder Gesellschafter zur Einzelvertretung befugt, § 125 I HGB.**

3. Rechtsfolge

Bei Vorliegen der angeführten Voraussetzungen besteht ein vertraglicher Erfüllungsanspruch gegen die OHG (z.B.: Anspruch auf Zahlung des Kaufpreises aus § 433 II BGB i.V.m. § 124 I HGB).

IV. Anspruch gegen die OHG aufgrund Vertragsverletzungen, §§ 280 ff. BGB i.V.m. § 124 I HGB

1. **Wirksamer Vertrag mit OHG**
2. **Pflichtverletzung durch einzelnen Gesellschafter**
3. **Kausaler Schaden**
4. **Kein Ausschluss nach § 280 I 2 BGB**
5. **Rechtsfolge**

Bei der Prüfung eines Anspruchs wegen einer Vertragsverletzung ist im Obersatz die einschlägige Anspruchsgrundlage i.V.m. § 124 I HGB anzuführen (z.B.: „A könnte gegen die B-OHG einen Anspruch auf Schadensersatz aus § 280 I 1 BGB i.V.m. § 124 I HGB haben.").

1. Wirksamer Vertrag mit OHG

Es muss ein **wirksamer Vertrag** zwischen der OHG und demjenigen, der den Schadensersatzanspruch geltend macht bestehen.

Dieses ist unter den folgenden Voraussetzungen der Fall:

- Vertragsschluss i.S.d. §§ 145 ff. BGB
- Zurechnung des Vertragsschlusses
  - o   Vorliegen einer OHG bei Vertragsschluss
  - o   Rechtsfähigkeit der OHG, § 124 HGB
  - o   Wirksame Vertretung der OHG, § 164 I BGB i.V.m. § 125 HGB

2. Pflichtverletzung durch einzelnen Gesellschafter

Es muss eine **Pflichtverletzung durch einen einzelnen Gesellschafter** gegeben sein.

3. Kausaler Schaden

Die Pflichtverletzung muss einen Schaden beim Anspruchsteller verursacht haben.

4. Kein Ausschluss nach § 280 I 2 BGB

Nach **§ 280 I 1 BGB** wird **vermutet**, dass der Schuldner die Pflichtverletzung zu vertreten hat.

Bei einer Pflichtverletzung durch einen Gesellschafter könnte überlegt werden, ob die OHG diese Pflichtverletzung nach **§ 280 I 2 BGB nicht zu vertreten** hat.

Diese **Möglichkeit scheidet aber aus**, wenn der OHG das *Verschulden des Gesellschafters zugerechnet* werden kann. Hierzu werden die folgenden Positionen vertreten:

- Nach **einer Auffassung** wird der OHG das Verschulden des Gesellschafters gemäß **§ 278 S.1 BGB** zugerechnet.

- Eine **andere Auffassung** will das Verschulden des Gesellschafters der OHG **analog § 31 BGB** zurechnen.

  Im Regelfall wirkt sich dieser Meinungsstreit auf das Ergebnis aber nicht aus.

5. Rechtsfolge

Bei Vorliegen der angeführten Voraussetzungen besteht ein **Schadensersatzanspruch** gemäß §§ 280 ff. BGB i.V.m. § 124 I HGB gegen die OHG (z.B.: *„A hat gegen die B-OHG einen Anspruch auf Schadensersatz aus § 280 I 1 BGB i.V.m. § 124 I HGB."*).

V. Haftung der OHG für deliktische Ansprüche, § 31 BGB anal.

1. Deliktisches Verhalten eines Gesellschafters
2. Zurechung dieses deliktischen Verhaltens, § 31 BGB analog
3. Rechtsfolge

Bei der Prüfung eines Schadensersatzanspruches gegen die OHG ist in dem Obersatz die Anspruchsnorm aus dem Deliktsrecht i.V.m. § 31 BGB analog und § 124 I HGB anzuführen (z.B.: *„A könnte gegen die B-OHG einen Anspruch auf Schadensersatz gemäß § 823 I BGB i.V.m. § 31 BGB analog, § 124 I HGB haben."*).

1. Deliktisches Verhalten eines Gesellschafters

Ein Gesellschafter der OHG muss die Voraussetzungen einer oder mehrerer Anspruchsgrundlagen aus dem Deliktsrecht verwirklicht haben.

2. Zurechung dieses deliktischen Verhaltens, § 31 BGB analog

Das deliktische Verhalten einzelner Gesellschafter wird einer OHG gemäß **§ 31 BGB analog** zugerechnet.

Voraussetzung hierfür ist aber, dass der Gesellschafter **während einer ihm zustehenden Verrichtung** das Delikt begangen hat (z.B. verursacht der Gesellschafter einer möbelproduzierenden OHG auf dem Weg zu Vertragsverhandlungen mit einem Lieferanten einen Autounfall).

3. Rechtsfolge

Das Vorliegen der angeführten Voraussetzungen begründet die Verpflichtung der OHG, den von ihrem Gesellschafter verursachten Schaden zu ersetzen.

VI. Anspruch gegen einen Gesellschafter für Verbindlichkeiten der OHG, § 128 I 1 HGB

1. Verbindlichkeit der OHG
2. Gesellschafter der OHG als Anspruchsgegner
3. Rechtsfolge

Bei der Prüfung eines Anspruches gegen einen Gesellschafter einer OHG ist in dem Obersatz die Anspruchsnorm (z.B. aus dem Kaufrecht) i.V.m. § 128 I 1 HGB anzuführen (z.B.: *„A könnte gegen den Gesellschafter B einen Anspruch auf Zahlung des Kaufpreises gemäß § 433 II BGB i.V.m. § 128 I 1 HGB haben."*).

1. Verbindlichkeit der OHG

Es muss eine Verbindlichkeit der OHG bestehen.

Nach **§ 128 I 1 HGB** haftet ein Gesellschafter einer OHG für *„die Verbindlichkeiten"* der OHG. Das bedeutet, der Gesellschafter einer OHG haftet für:

* vertragliche Erfüllungsansprüche gegen die OHG
* vertragliche Schadensersatzansprüche gegen die OHG
* deliktische Schadensersatzansprüche gegen die OHG

Beachte: Der Gesellschafter einer OHG haftet auch für Verbindlichkeiten der Gesellschaft, die vor seinem Eintritt begründet wurden (sog. **Altverbindlichkeiten**), **§ 130 I HGB.**

2. Gesellschafter der OHG als Anspruchsgegner

Der Anspruch ist gegen einen Gesellschafter der OHG zu richten.

Wichtig: Die **Haftung** des Gesellschafters **endet nicht mit** seinem **Ausscheiden** aus der OHG (Begründung: Gegenschluss aus § 160 HGB).

3. Rechtsfolge

a) Haftung des Gesellschafters für **alle Verbindlichkeiten** der Gesellschaft.

Diese Haftung ist

* persönlich,
* unbeschränkt (d.h. der Gesellschafter haftet mit seinem gesamten Vermögen),
* unmittelbar,
* primär (d.h. der Gläubiger kann seinen Anspruch sofort gegenüber dem Gesellschafter geltend machen und muss sich nicht vorrangig an die OHG wenden),
* auf die gesamte Leistung (und nicht nur auf den Anteil, der auf ihn im Innenverhältnis entfällt).

b) Die Gesellschafter haften zusammen als **Gesamtschuldner, § 427 BGB.**

c) **Scheidet** ein **Gesellschafter aus der OHG aus**, so hat dies die folgenden Konsequenzen:

* die Haftung des Gesellschafters endet nicht (s.o.),
* der Gesellschafter haftet für alle bis zu seinem Ausscheiden begründeten Verbindlichkeiten der OHG (sog. **Nachhaftung**),
* die Nachhaftung des Gesellschafters ist zeitlich **begrenzt auf 5 Jahre**, vgl. **§ 160 HGB.**

38

C. Die Kommanditgesellschaft (KG)

I. Entstehungsvoraussetzungen der KG

1. **Abschluss eines Gesellschaftsvertrags, §§ 161 II, 105 II HGB i.V.m. § 705 BGB**
2. **zwischen mindestens zwei Personen**
3. **Vertrag ist auf gemeinsamen Zweck i.S.v. §§ 161 II, 105 I HGB gerichtet**
4. **Beschränkung der Gesellschafterhaftung bei einem oder mehreren Gesellschaftern (sog. Kommanditisten), § 161 I HGB**
5. **Förderung des Gesellschaftszwecks durch die Gesellschafter**
6. **Wirksamwerden der KG im Außenverhältnis, §§ 161 II, 123 HGB**
7. **Rechtsfolge**

1. Abschluss eines Gesellschaftsvertrags, §§ 161 II, 105 II HGB i.V.m. § 705 BGB

Der Abschluss des Gesellschaftsvertrags erfolgt nach den allgemeinen Vorschriften der §§ 145 ff. BGB.

Der Gesellschaftsvertrag einer KG kann **grundsätzlich formfrei** (d.h. insbesondere auch konkludent) geschlossen werden.

Ausnahme: Der KG-Vertrag ist formbedürftig, wenn der Vertrag ein *formbedürftiges Leistungsversprechen* enthält (z.B. Übereignung eines Grundstücks an die KG; § 311b BGB).

In diesem Fall bedarf der **gesamte Vertrag** der Form, die für das Leistungsversprechen vorgesehen ist.

Die **Wirksamkeit** der auf den Vertragsschluss gerichteten Willenserklärungen bestimmt sich ebenfalls nach den **allgemeinen Vorschriften** des BGB.

Sind eine oder mehrere Willenserklärungen unwirksam, führt dies zur **Unwirksamkeit des Gesellschaftsvertrags**. In diesem Fall sind die **Grundsätze der fehlerhaften Gesellschaft** zu prüfen (siehe unter II.).

2. zwischen mindestens zwei Personen

Der Gesellschaftsvertrag muss zwischen mindestens zwei Personen geschlossen worden sein.

Vertragspartner können dabei sowohl natürliche als auch juristische Personen sein.

3. Vertrag ist auf gemeinsamen Zweck i.S.v. §§ 161 II, 105 I HGB gerichtet

a) Bei der KG muss der **Gesellschaftszweck gemäß §§ 161 II, 105 I HGB** gerichtet sein auf

- den Betrieb eines Handelsgewerbes
- unter gemeinsamer Firma

aa) Ob ein **Handelsgewerbe** vorliegt, bestimmt sich nach § 1 II HGB. Danach liegt ein Handelsgewerbe vor, wenn

- das Unternehmen **nach Art** einen **in kaufmännischer Weise eingerichteten Betrieb erfordert**
Anhaltspunkte hierfür sind z.b. Vielfalt der Produktpalette, Umfang der Geschäftsbeziehungen

oder

- das Unternehmen **nach Umfang** einen **in kaufmännischer Weise eingerichteten Betrieb erfordert**
Anhaltspunkte hierfür sind z.b. Umsatz, Mitarbeiterzahl, Lohnsumme.

bb) Weiterhin ist erforderlich, dass das Handelsgewerbe unter einer **gemeinsamen Firma** betrieben wird.

b) Beachte: Auch wenn der Gesellschaftszweck nicht auf den Betrieb eines Handelsgewerbes gerichtet ist, besteht die **Möglichkeit, sich als KG eintragen zu lassen**, vgl. §§ 161 II, 105 II HGB. Kraft Rechtsform ist die KG stets Kaufmann (§ 6 HGB).

4. Beschränkung der Gesellschafterhaftung bei einem oder mehreren Gesellschaftern, § 161 I HGB

Eine KG unterscheidet sich von einer OHG dadurch, dass bei der KG die **Haftung eines oder mehrerer Gesellschafter** gegenüber den Gläubigern der Gesellschaft auf den Betrag einer bestimmten Einlage **beschränk**t ist, § 161 I HGB.

- Die **Gesellschafter** der KG, deren **Haftung beschränkt** ist, bezeichnet man als **Kommanditisten**, vgl. § 161 I HGB.

- Die **unbeschränkt haftenden Gesellschafter** der KG werden als **Komplementäre** bezeichnet (Merksatz: Komplementäre haften komplett).

5. Förderung des Gesellschaftszwecks durch die Gesellschafter

Die Gesellschafter müssen die Förderung des gemeinsamen Zwecks vereinbaren.

Diese Förderung erfolgt grundsätzlich dadurch, dass die Gesellschafter die vereinbarten **Beiträge erbringen**.

6. Wirksamwerden der KG im Außenverhältnis, §§ 161 II, 123 HGB

Nach §§ **161 II, 123 HGB** wird die KG im Außenverhältnis wirksam mit

- der **Eintragung** im Handelsregister, §§ 161 II, 123 I HGB
oder
- der **Aufnahme der Geschäfte**, §§ 161 II, 123 II HGB

Eine Aufnahme der Geschäfte i.S.d. §§ 161 II, 123 II HGB liegt nach hM vor bei

- o einem Handeln im Namen der Gesellschaft
- o mit Zustimmung aller Gesellschafter.

Beachte: Die Aufnahme der Geschäfte führt **nur** dann zu einem Wirksamwerden der KG im Außenverhältnis nach §§ 161 II, 123 II HGB, **wenn** der Gesellschaftszweck auf den Betrieb eines **Handelsgewerbes** i.S.v. § 1 II HGB gerichtet ist.

7. Rechtsfolge

Bei Vorliegen der angeführten Voraussetzungen ist die KG im Außenverhältnis wirksam entstanden.

II. Die fehlerhafte Gesellschaft (KG)

1. Fehlerhafter Gesellschaftsvertrag
2. Gesellschaft ist in Vollzug gesetzt worden, §§ 161 II, 123 HGB
3. Keine entgegenstehenden Interessen
a) der Allgemeinheit
b) Einzelner
4. Rechtsfolgen

1. Fehlerhafter Gesellschaftsvertrag

Ein fehlerhafter Gesellschaftsvertrag liegt vor, wenn **mindestens eine der** auf den Abschluss des Vertrags gerichtete **Willenserklärungen nichtig** ist.

Dabei ist es *unerheblich, ob* die Nichtigkeit der Willenserklärung

- von *Anfang* an
  oder
- nach einer *Anfechtung*

vorliegt.

2. Gesellschaft ist in Vollzug gesetzt worden, §§ 161 II, 123 HGB

Die Gesellschaft muss in Vollzug gesetzt worden sein.

Diese Voraussetzung ist gegeben, wenn die Gesellschaft im Außenverhältnis wirksam geworden ist.

Dieses ist der Fall bei

- der **Eintragung der KG** in das Handelsregister, **§§ 161 II, 123 I HGB,**

- der **Aufnahme der Geschäfte, §§ 161 II, 123 II HGB.**

Ist die Gesellschaft **noch nicht in Vollzug gesetzt** worden, erfolgt die **Rückabwicklung gemäß §§ 812 ff. BGB**.

3. Keine entgegenstehenden Interessen

Es dürfen keine entgegenstehenden Interessen der Allgemeinheit oder Einzelner vorliegen, die der Annahme einer fehlerhaften, aber wirksamen Gesellschaft entgegenstehen.

Liegen solche entgegenstehenden Interessen vor, erfolgt die **Rückabwicklung gemäß §§ 812 ff. BGB**.

a) Entgegenstehende Interessen der Allgemeinheit

Interessen der Allgemeinheit stehen der Annahme einer fehlerhaften, aber wirksamen Gesellschaft entgegen, wenn mit dem Gesellschaftsvertrag

* **sittenwidrige** oder
* **gesetzlich verbotene**

Zwecke verfolgt werden.

b) Entgegenstehende Interessen Einzelner

Überwiegende Einzelinteressen stehen der Annahme einer fehlerhaften, aber wirksamen Gesellschaft z.B. entgegen, wenn beim Abschluss des Gesellschaftsvertrags eine **nicht voll geschäftsfähige Person ohne die erforderliche Vertretung mitgewirkt** hat.

4. Rechtsfolgen

Bei Vorliegen der angeführten Voraussetzungen treten die folgenden Rechtsfolgen ein:

a) Die Gesellschaft wird trotz des fehlerhaften Gesellschaftsvertrags **für die Vergangenheit** grundsätzlich **als voll wirksam behandelt**.

Im **Außenverhältnis** sind daher die Vorschriften über die Vertretung und Haftung anzuwenden.

Das **Innenverhältnis** wird durch die Regelungen des Gesellschaftsvertrags geregelt.

Wichtig: Die Absprache, die zur Nichtigkeit des Gesellschaftsvertrags geführt hat, findet keine Anwendung. An ihre Stelle treten die gesetzlichen Regelungen.

b) Die Gesellschaft ist **mit Wirkung für die Zukunft vernichtbar**.

Die Geltendmachung der Nichtigkeit erfolgt durch eine Auflösungsklage gemäß §§ 161 II, 133 HGB.

42

III. Vertraglicher Erfüllungsanspruch gegen die KG

1. Vertragsschluss i.S.d. §§ 145 ff. BGB
2. Zurechnung des Vertragsschlusses
a) Vorliegen einer KG bei Vertragsschluss
b) Rechtsfähigkeit der KG, §§ 161 II, 124 I HGB
c) Wirksame Vertretung der OHG, § 164 I BGB i.V.m. §§ 161 II, 125 HGB
3. Rechtsfolge

Bei der Prüfung eines vertraglichen Erfüllungsanspruchs ist im Obersatz die einschlägige Anspruchsgrundlage i.V.m. §§ 161 II, 124 I HGB anzuführen (z.b.: *„A könnte gegen die B-KG einen Anspruch auf Zahlung des Kaufpreises aus § 433 II BGB i.V.m. §§ 161 II, 124 I HGB haben."*).

1. Vertragsschluss i.S.d. §§ 145 ff. BGB

Es muss ein wirksamer Vertrag vorliegen. D.h. es müssen **Angebot und Annahme i.S.d. §§ 145 ff. BGB** gegeben sein.

2. Zurechnung des Vertragsschlusses

Dieser Vertragsschluss wird der KG unter den folgenden Voraussetzungen zugerechnet:

a) Vorliegen einer KG bei Vertragsschluss

Zum Zeitpunkt des Vertragsschlusses muss eine KG vorliegen.

Dieses ist unter den folgenden Voraussetzungen der Fall:

- Abschluss eines Gesellschaftsvertrags i.S.v. §§ 161 II, 105 II HGB i.V.m. § 705 BGB
- zwischen mindestens zwei Personen
- Vertrag ist auf gemeinsamen Zweck i.S.v. §§ 161 II, 105 I HGB gerichtet
- Beschränkung der Gesellschafterhaftung bei einem oder mehreren Gesellschaftern
- Förderung des Gesellschaftszwecks durch die Gesellschafter
- Wirksamwerden der KG im Außenverhältnis, § 161 II, 123 HGB

Kommt die Prüfung zu dem Ergebnis, dass ein **unwirksamer Gesellschaftsvertrag** vorliegt, sind die **Grundsätze der fehlerhaften Gesellschaft** zu prüfen (siehe unter II.).

b) Rechtsfähigkeit der KG, §§ 161 II, 124 I HGB

Die **KG** ist **rechtsfähig,** sie kann unter ihrer Firma Rechte erwerben und Verbindlichkeiten eingehen, **§ 124 I HGB.**

c) Wirksame Vertretung der KG, §§ 164 I BGB i.V.m. §§ 161 II, 125 HGB

Die KG muss beim Vertragsschluss wirksam gemäß § 164 I BGB vertreten worden sein. Dieses setzt voraus, dass der Erklärende

- eine eigene Willenserklärung
- im Namen der KG
- mit Vertretungsmacht

abgibt.

Bezüglich der **Vertretungsmacht** gilt die folgende Prüfungsreihenfolge:

aa) Vorrangig ist zu prüfen, ob der **Gesellschaftsvertrag** der KG Regelungen über die Vertretung der Gesellschaft enthält, vgl. §§ 161 II, 125 I HGB.

Die Gesellschafter können im Gesellschaftsvertrag die folgenden Vereinbarungen bezüglich der Vertretung der KG treffen:

- Ein oder mehrere Gesellschafter können von der Vertretung **ausgeschlossen** werden, §§ 161 II, 125 I HGB.

- Vereinbarung einer **echten Gesamtvertretung**, §§ 161 II, 125 II HGB.
  Dabei haben die Gesellschafter die folgenden Möglichkeiten:

  - **alle Gesellschafter** dürfen die KG nur gemeinschaftlich vertreten
    oder
  - **jedenfalls mehrere Gesellschafter** dürfen die KG nur gemeinschaftlich vertreten.

- Vereinbarung einer **unechten Gesamtvertretung**, §§ 161 II, 125 III HGB.
  Danach dürfen ein oder mehrere Gesellschafter die KG **nur zusammen mit einem Prokuristen** vertreten.

  Wichtig: Nach **hM** ist die Vereinbarung einer **unechten Gesamtvertretung nur zulässig, wenn** daneben eine Einzelvertretung oder eine echte Gesamtvertretung besteht. **Grund:** Ansonsten besteht ein **Verstoß gegen den Grundsatz der Selbstorganschaft** (=die Gesellschaft muss immer ohne die Mitwirkung Dritter [=Nichtgesellschafter] handlungsfähig sein).

  Haben die Gesellschafter in unzulässiger Weise eine unechte Gesamtvertretung vereinbart, so tritt nach hM an die Stelle dieser unzulässigen Vertretungsregel die Gesamtvertretung aller Gesellschafter. Dies ergibt sich aus einer *ergänzenden Vertragsauslegung*.

bb) Enthält der Gesellschaftsvertrag keine Regelungen über die Vertretung, so ist **jeder Gesellschafter zur Einzelvertretung befugt, § 125 I HGB.**

Beachte: Kommanditisten sind **von der Vertretung** der Gesellschaft **ausgeschlossen, § 170 HGB.**

Aber: Es ist möglich, Kommanditisten eine *rechtsge-schäftliche Vertretungsmacht* einzuräumen (vgl. § 167 BGB). Die Regelung des § 170 HGB steht dem nicht entgegen, da diese Vorschrift nur die organschaftliche Vertretung der KG durch Kommanditisten untersagt.

3. Rechtsfolge

Bei Vorliegen der angeführten Voraussetzungen besteht ein vertraglicher Erfüllungsanspruch gegen die KG (z.B.: Anspruch auf Zahlung des Kaufpreises aus § 433 II BGB i.V.m. § 161 II, § 124 I HGB).

IV. Anspruch gegen die KG aufgrund Vertragsverletzungen, §§ 280 ff. BGB i.V.m. §§ 161 II, 124 I HGB

1. Wirksamer Vertrag mit KG
2. Pflichtverletzung durch einzelnen Gesellschafter
3. Kausaler Schaden
4. Kein Ausschluss nach § 280 I 2 BGB
5. Rechtsfolge

Bei der Prüfung eines Anspruches wegen einer Vertragsverletzung ist im Obersatz die einschlägige Anspruchsgrundlage i.V.m. §§ 161 II, 124 I HGB anzuführen (z.B.: *„A könnte gegen die B-KG einen Anspruch auf Schadensersatz aus § 280 I 1 BGB i.V.m. §§ 161 II, 124 I HGB haben.“*).

1. Wirksamer Vertrag mit KG

Es muss ein **wirksamer Vertrag** zwischen der KG und demjenigen, der den Schadensersatzanspruch geltend macht, bestehen.

Dies ist unter den folgenden Voraussetzungen der Fall:

- Vertragsschluss i.S.d. §§ 145 ff. BGB
- Zurechnung des Vertragsschlusses
  - Vorliegen einer KG bei Vertragsschluss
  - Rechtsfähigkeit der KG, §§ 161 II, 124 HGB
  - Wirksame Vertretung der KG, § 164 I BGB i.V.m. §§ 161 II, 125 HGB

2. Pflichtverletzung durch einzelnen Gesellschafter

Es muss eine **Pflichtverletzung durch einen einzelnen Gesellschafter** gegeben sein.

3. Kausaler Schaden

Die Pflichtverletzung muss einen Schaden beim Anspruchsteller verursacht haben.

4. Kein Ausschluss nach § 280 I 2 BGB

Nach § 280 I 1 BGB wird vermutet, dass der Schuldner die Pflichtverletzung zu vertreten hat.

Bei einer Pflichtverletzung durch einen Gesellschafter könnte überlegt werden, ob die KG diese Pflichtverletzung nach § 280 I 2 BGB nicht zu vertreten hat.

Diese **Möglichkeit scheidet aber aus**, wenn der KG das *Verschulden des Gesellschafters zugerechnet* werden kann. Hierzu werden die folgenden Positionen vertreten:

- Nach **einer Auffassung** wird der KG das Verschulden des Gesellschafters gemäß **§ 278 S.1 BGB** zugerechnet.

- Eine **andere Auffassung** will das Verschulden des Gesellschafters der KG **analog § 31 BGB** zurechnen.

  Im Regelfall wirkt sich dieser Meinungsstreit auf das Ergebnis aber nicht aus.

5. Rechtsfolge

Bei Vorliegen der angeführten Voraussetzungen besteht ein **Schadensersatzanspruch** gemäß §§ 280 ff. BGB i.V.m. § 161 II, 124 I HGB gegen die KG (z.B.: *„A hat gegen die B-KG einen Anspruch auf Schadensersatz aus § 280 I 1 BGB i.V.m. §§ 161 II, 124 I HGB."*).

V. Haftung der KG für deliktische Ansprüche

1. Deliktisches Verhalten eines Gesellschafters
2. Zurechung dieses deliktischen Verhaltens, § 31 BGB analog
3. Rechtsfolge

Bei der Prüfung eines Schadensersatzanspruchs gegen die KG ist in dem Obersatz die Anspruchsnorm aus dem Deliktsrecht i.V.m. § 31 BGB analog und § 124 I HGB anzuführen (z.B.: *„A könnte gegen die B-KG einen Anspruch auf Schadensersatz gemäß § 823 I BGB i.V.m. § 31 BGB analog, §§ 161 II, 124 I HGB haben."*).

1. Deliktisches Verhalten eines Gesellschafters

Ein Gesellschafter der KG muss die Voraussetzungen einer oder mehrerer Anspruchsgrundlagen aus dem Deliktsrecht verwirklicht haben.

46

2. Zurechung dieses deliktischen Verhaltens, § 31 BGB analog

Das deliktische Verhalten einzelner Gesellschafter wird einer KG gemäß § 31 BGB analog zugerechnet.

Voraussetzung hierfür ist aber, dass der Gesellschafter **während einer ihm zustehenden Verrichtung** das Delikt begangen hat (z.B. verursacht der Gesellschafter einer möbelproduzierenden KG auf dem Weg zu Vertragsverhandlungen mit einem Lieferanten einen Autounfall).

3. Rechtsfolge

Das Vorliegen der angeführten Voraussetzungen begründet die Verpflichtung der KG, den von ihrem Gesellschafter verursachten Schaden zu ersetzen.

VI. Anspruch gegen einen Komplementär für Verbindlichkeiten der KG, §§ 161 II, 128 ff. HGB

1. Verbindlichkeit der KG
2. Persönlich haftender Gesellschafter der KG als Anspruchsgegner
3. Rechtsfolge

Bei der Prüfung eines Anspruchs gegen einen Komplementär einer KG ist in dem Obersatz die Anspruchsnorm (z.B. aus dem Deliktsrecht) i.V.m. §§ 161 II, 128 I 1 HGB anzuführen (z.B.: *„A könnte gegen den Gesellschafter B einen Anspruch auf Zahlung des Kaufpreises gemäß § 433 II BGB i.V.m. §§ 161 II, 128 I 1 HGB haben.")*.

1. Verbindlichkeit der KG

Es muss eine Verbindlichkeit der KG bestehen.

Nach **§§ 161 II, 128 I 1 HGB** haftet ein Komplementär einer KG für *„die Verbindlichkeiten"* der KG. Das bedeutet, der Gesellschafter einer KG haftet für:

- vertragliche Erfüllungsansprüche gegen die KG
- vertragliche Schadensersatzansprüche gegen die KG
- deliktische Schadensersatzansprüche gegen die KG

Beachte: Der Komplementär einer KG haftet auch für Verbindlichkeiten der Gesellschaft, die vor seinem Eintritt begründet wurden (sog. **Altverbindlichkeiten**), §§ 161 II, 130 I HGB.

2. Persönlich haftender Gesellschafter der KG als Anspruchsgegner

Der Anspruchsgegner muss persönlich haftender Gesellschafter einer KG sein.

Wichtig: Die **Haftung** des Komplementärs **endet nicht mit** seinem **Ausscheiden** aus der KG (Begründung: Gegenschluss aus §§ 161 II, 160 HGB).

3. Rechtsfolge

a) Haftung des Komplementärs für **alle Verbindlichkeiten** der KG.

Diese Haftung ist

- persönlich,
- unbeschränkt (d.h. der Gesellschafter haftet mit seinem gesamten Vermögen),
- unmittelbar,
- primär (d.h. der Gläubiger kann seinen Anspruch sofort gegenüber dem Komplementär geltend machen und muss sich nicht vorrangig an die KG wenden),
- auf die gesamte Leistung (und nicht nur auf den Anteil, der auf ihn im Innenverhältnis entfällt).

b) Die Gesellschafter haften zusammen als **Gesamtschuldner, § 427 BGB**.

c) Scheidet ein **Komplementär aus der KG aus**, so hat dies die folgenden Konsequenzen:

- die Haftung des Komplementärs endet nicht (s.o.),
- der Komplementär haftet für alle bis zu seinem Ausscheiden begründeten Verbindlichkeiten der KG (sog. **Nachhaftung**),
- die Nachhaftung des Komplementärs ist zeitlich **begrenzt auf 5 Jahre**, vgl. **§§ 161 II, 160 HGB**.

VII. Anspruch gegen einen Kommanditisten für Verbindlichkeiten der KG, § 171 I 1. Hs. HGB

1. **Verbindlichkeit der KG**
2. **Kommanditist als Anspruchsgegner**
3. **Kein Ausschluss der Haftung nach § 171 I 2. Hs. HGB**
4. **Rechtsfolge**

Bei der Prüfung eines Anspruchs gegen einen Kommanditisten einer KG ist in dem Obersatz die Anspruchsgrundlage i.V.m. § 171 I 1. Hs. HGB anzuführen (z.B.: *„A könnte gegen den Kommanditisten B einen Anspruch auf Zahlung des Kaufpreises gemäß § 433 II BGB i.V.m. § 171 I 1. Hs. HGB haben."*).

1. Verbindlichkeit der KG

Es muss eine Verbindlichkeit der KG bestehen.

Ein Kommanditist einer KG haftet für alle Verbindlichkeiten, unabhängig von dem Rechtsgrund, auf dem sie beruhen.

Ein Kommanditist haftet somit für:

- vertragliche Erfüllungsansprüche gegen die KG
- vertragliche Schadensersatzansprüche gegen die KG
- deliktische Schadensersatzansprüche gegen die KG.

48

Beachte: Der Gesellschafter einer KG haftet auch für Verbindlichkeiten der Gesellschaft, die vor seinem Eintritt begründet wurden (sog. **Altverbindlichkeiten**), § 173 I HGB.

2. Kommanditist als Anspruchsgegner

Der Anspruchsgegner muss Kommanditist einer KG sein.

Wichtig: Die **Haftung** des Kommanditisten **endet nicht mit** seinem **Ausscheiden** aus der KG (Begründung: Gegenschluss aus §§ 161 II, 160 HGB).

3. Kein Ausschluss der Haftung nach § 171 I 2. Hs. HGB

Soweit der Kommanditist seine **Einlage bereits erbracht** hat, ist seine Haftung ausgeschlossen, § 171 I 2. Hs. HGB.

Beachte: Soweit eine **Einlage** an den Kommanditisten **zurückgezahlt** wird, **gilt sie** gegenüber den Gläubigern der KG **als nicht geleistet**, § 172 IV HGB.

Eine *Rückzahlung* i.S.d. § 172 IV HGB ist *jede Zuwendung* aus dem Vermögen der KG in das Privatvermögen des Kommanditisten, *ohne* dass dem Gesellschaftsvermögen eine *gleichwertige Gegenleistung* zufließt.

Beispiele:
* Rückzahlung der Einlage an den Kommanditisten
* Begleichung von Privatverbindlichkeiten des Kommanditisten durch die KG
* Gewährung eines zinslosen Darlehens durch die KG an den Kommanditisten

4. Rechtsfolge

a) Haftung des Kommanditisten **für die Verbindlichkeiten der KG bis zur Höhe seiner Einlage**, vgl. § 171 I 1. Hs. HGB.

Für die Höhe der Einlage ist dabei die **Eintragung im Handelsregister** maßgebend, vgl. § 172 I HGB.

b) Scheidet ein **Kommanditist aus der KG aus**, so hat dies die folgenden Konsequenzen:

* die Haftung des Kommanditisten endet nicht (s.o.),
* der Kommanditist haftet für alle bis zu seinem Ausscheiden begründeten Verbindlichkeiten der KG (sog. **Nachhaftung**),
* die Nachhaftung des Kommanditisten ist zeitlich **begrenzt auf 5 Jahre**, vgl. §§ 161 II, 160 HGB.

VIII. Anspruch gegen einen Kommanditisten für Verbindlichkeiten der KG gemäß §§ 176 I 1, 128 ff. HGB

1. KG muss ein Handelsgewerbe betreiben
2. Beginn der Geschäfte vor der Eintragung der KG im Handelsregister
3. Zustimmung des Kommanditisten zur Aufnahme der Geschäfte
4. Keine Kenntnis des Gläubigers von der Kommanditistenstellung
5. Begründung der KG-Verbindlichkeit vor Eintragung ins Handelsregister
6. Kommanditist der KG als Anspruchsgegner
7. Rechtsfolge

Bei der Prüfung eines Anspruchs gegen einen Kommanditisten einer KG ist in dem Obersatz die Anspruchsgrundlage i.V.m. §§ 176 I 1, 128 I 1 HGB anzuführen (z.B.: *„A könnte gegen den Kommanditisten B einen Anspruch auf Zahlung des Kaufpreises gemäß § 433 II BGB i.V.m. §§ 176 I 1, 128 I 1 HGB haben.")*.

1. KG muss ein Handelsgewerbe betreiben

Die KG muss ein **Handelsgewerbe betreiben**. Dieses ergibt sich aus § 176 I 2 HGB, der auf §§ 2, 105 II HGB verweist.

2. Beginn der Geschäfte vor der Eintragung der KG im Handelsregister

Die KG muss vor der Eintragung der Gesellschaft in das Handelsregister ihre Geschäfte begonnen haben.

3. Zustimmung des Kommanditisten zur Aufnahme der Geschäfte

Der Kommanditist muss dem Beginn der Geschäfte zugestimmt haben.

Beachte: Es ist **ausreichend**, dass der Kommanditist seine **Zustimmung konkludent erteilt** hat.

4. Keine Kenntnis des Gläubigers von der Kommanditistenstellung

Dem Gläubiger darf die Kommanditistenstellung des Anspruchgegners nicht bekannt gewesen sein.

Hatte der Gläubiger Kenntnis von der Kommanditistenstellung, so scheidet eine unbeschränkte Haftung des Kommanditisten gemäß §§ 176 I 1, 128 ff. HGB aus.

Beachte: Die unbeschränkte Haftung des Kommanditisten ist **nur bei positiver Kenntnis** des Gläubigers ausgeschlossen.

Ein Ausschluss der Haftung nach §§ 176 I 1, 128 ff. HGB tritt nicht ein, wenn der Gläubiger die Kommanditistenstellung hätte kennen müssen (Begründung: Wortlaut § 176 I 1 HGB: „bekannt ist").

5. Begründung der KG-Verbindlichkeit vor Eintragung ins Handelsregister

Die im Streit stehende Verbindlichkeit muss vor der Eintragung der KG in das Handelsregister begründet worden sein.
Wichtig: Verbindlichkeiten aus Delikt werden von § 176 I 1 HGB nicht erfasst. Die Haftung aus § 176 I 1 HGB erstreckt sich **nur** auf **Forderungen aus dem Geschäftsverkehr.**

Begründung: **Normzweck des § 176 I 1 HGB** ist der Vertrauensschutz im Rechtsverkehr. Der sog. Unrechtsverkehr soll durch § 176 I 1 HGB nicht geschützt werden.

6. Kommanditist der KG als Anspruchsgegner

Der Anspruchsgegner muss Kommanditist der KG sein.

7. Rechtsfolge

Das Vorliegen der angeführten Voraussetzungen führt zu einer **unbeschränkten Haftung** des Kommanditisten **für alle bis zur Eintragung begründeten Verbindlichkeiten** der KG.

Wichtig: Die unbeschränkte Haftung des Kommanditisten nach §§ 176 I 1, 128 ff. HGB **erlischt nicht mit** der **Eintragung** der KG in das Handelsregister.

D. Die Gesellschaft mit beschränkter Haftung (GmbH)

I. Entstehungsvoraussetzungen der GmbH

1. Gesellschaftsvertrag, § 2 GmbHG
2. Gesellschafter
3. Stammkapital, § 5 GmbHG
4. Anmeldung, §§ 7, 8 GmbHG
5. Rechtsfolge

1. Gesellschaftsvertrag, § 2 GmbHG

Der Gesellschaftsvertrag einer GmbH (auch *Satzung* genannt) bedarf zu seiner Wirksamkeit der **notariellen Form** vgl. **§ 2 I GmbHG**.

Der **Mindestinhalt** der Satzung ergibt sich aus **§ 3 I GmbHG**.

2. Gesellschafter

Da die GmbH eine Gesellschaft ist, sind an deren Gründung i.d.R mindestens zwei natürliche oder juristische Personen beteiligt.

Beachte: § 1 GmbHG lässt auch die Gründung einer GmbH durch eine Person zu (sog. *„Ein-Mann-GmbH'*).

3. Stammkapital, § 5 GmbHG

Das Stammkapital der GmbH muss (lediglich) **mindestens € 25.000** betragen, vgl. **§ 5 I GmbHG**.

Beachte: Dieser Betrag muss bei der Anmeldung nicht vollständig erbracht sein. Es ist **ausreichend, dass** zum Zeitpunkt der *Anmeldung* ein Stammkapital von **mindestens € 12.500** eingezahlt ist, **§ 7 II 2 GmbHG**.

4. Anmeldung, §§ 7, 8 GmbHG

Die Voraussetzungen für eine ordnungsgemäße Anmeldung zur Eintragung in das Handelsregister ergeben sich aus **§§ 7,8 GmbHG**.

Die Anmeldung erfolgt **durch** den oder die **Geschäftsführer** der GmbH, vgl. **§ 78 GmbHG**.

5. Rechtsfolge

Liegen die angeführten Voraussetzungen vor, erfolgt die Eintragung der GmbH in das Handelsregister.

Mit der **Eintragung** in das Handelsregister **entsteht** die **GmbH als juristische Person**, vgl. **§ 11 I GmbHG**.

52

Anmerkung: Die GmbH durchläuft während ihrer Entstehung die folgenden Stadien:

a) **Vorgründungsgesellschaft**
Die Vorgründungsgesellschaft *entsteht mit* dem verbindlichen *Entschluss der Gesellschafter*, eine GmbH zu gründen.

Bei der Vorgründungsgesellschaft handelt es sich i.d.R. um eine *GbR* (Gesellschaftszweck: Gründung einer GmbH).

Ist der Gesellschaftszweck auf den Betrieb eines Handelsgewerbes gerichtet, ist die Vorgründungsgesellschaft eine *OHG*.

b) **Vor-GmbH**
Die Vor-GmbH (auch „Vorgesellschaft" genannt) *entsteht* mit dem *Abschluss des Gesellschaftsvertrags*.

c) **GmbH**
Die GmbH entsteht mit der *Eintragung in das Handelsregister* als juristische Person, vgl. *§ 11 I GmbHG*.

II. Vertraglicher Erfüllungsanspruch gegen die Vor-GmbH

1. Vertragsschluss i.S.d. §§ 145 ff. BGB
2. Zurechnung des Vertragsschlusses
a) Vorliegen einer Vor-GmbH bei Vertragsschluss
b) Rechtsfähigkeit der Vor-GmbH
c) Wirksame Vertretung der Vor-GmbH, § 164 I BGB
   i.V.m. § 35 GmbHG analog
3. Rechtsfolge

1. Vertragsschluss i.S.d. §§ 145 ff. BGB

Es muss ein wirksamer Vertrag vorliegen. D.h. es müssen **Angebot und Annahme i.S.d. §§ 145 ff. BGB** gegeben sein.

2. Zurechnung des Vertragsschlusses

Dieser Vertragsschluss wird der Vor-GmbH unter den folgenden Voraussetzungen zugerechnet:

a) Vorliegen einer Vor-GmbH bei Vertragsschluss

Zum Zeitpunkt des Vertragsschlusses muss eine Vor-GmbH vorliegen.

Wie bereits dargestellt wurde, liegt eine **Vor-GmbH** ab dem *Abschluss des Gesellschaftsvertrags* bis zur Eintragung der GmbH in das Handelsregister vor.

b) Rechtsfähigkeit der Vor-GmbH

Es ist **heute hM**, dass die Vor-GmbH **Trägerin von Rechten und Pflichten** sein kann.

Begründung: Gegenschluss aus § 7 II 1 GmbHG. Wäre die Vor-GmbH nicht rechtsfähig, könnte nicht erklärt werden, wie die Einlagen der Gesellschafter an die entstehende Gesellschaft übereignet werden können.

c) Wirksame Vertretung der Vor-GmbH, § 164 I BGB i.V.m. § 35 GmbHG analog

Die Vor-GmbH muss beim Vertragsschluss vertreten worden sein. Dies ist gemäß § 164 I BGB unter den folgenden Voraussetzungen der Fall:

* **eigene Willenserklärung**

* **im Namen der Gesellschaft**
  Wann ein Handeln im Namen der Gesellschaft vorliegt, ist umstritten:

  o Nach der **Auffassung der Rechtsprechung** ist dieses Merkmal nur dann erfüllt, wenn der Handelnde *zumindest auch im Namen der zukünftigen GmbH* gehandelt hat.

  o Dagegen ist es nach der **hL gleichgültig**, ob der Handelnde *im Namen der Vor-GmbH* oder der *zukünftigen GmbH* gehandelt hat.

  Hinweis: In der *Klausur* ist es der *Regelfall*, dass der Handelnde im Namen der zukünftigen GmbH gehandelt hat. Damit liegt nach beiden Auffassungen ein Handeln im Namen der Gesellschaft vor, so dass dieser Streit nicht entschieden werden muss.

* mit **Vertretungsmacht**
  Bezüglich der Vertretungsmacht gilt bei der Vor-GmbH **§ 35 GmbHG analog**. Danach wird die Vor-GmbH durch den oder die Geschäftsführer vertreten.

  Problem: Ist die *Vertretungsmacht* des oder der Geschäftsführer auch bei der Vor-GmbH gemäß *§ 37 II GmbHG unbeschränkt* oder *beschränkt auf notwendige Gründungsgeschäfte*?

  o Nach der **hL** gilt **§ 37 II GmbH auch für die Vor-GmbH**. Das bedeutet, dass die *Vertretungsmacht* des oder der Geschäftsführer der Vor-GmbH *nicht beschränkt* ist.

  Begründung: Ein umfassender Schutz des Rechtsverkehrs erfordert eine unbeschränkte Vertretungsmacht. Ansonsten würden Geschäfte, die keine Gründungsgeschäfte darstellen, schwebend unwirksam sein. Genehmigt die Gesellschaft diese Geschäfte nicht, sind sie unwirksam, so dass den Geschäftspartnern der Vor-GmbH nur ein Anspruch gegen den Handelnden verbleibt. Der Handelnde kann den Anspruch aber i.d.R. nicht erfüllen. Dieses ist für die Geschäftspartner der Vor-GmbH nicht zumutbar.

o Die **Rechtsprechung** lehnt demgegenüber eine Anwendung des § 37 II GmbHG auf die Vor-GmbH ab. Die *Vertretungsmacht* des oder der Geschäftsführer einer Vor-GmbH ist daher *auf notwendige Gründungsgeschäfte beschränkt.*

Begründung: Zweck der Vor-GmbH ist die Förderung der Entstehung der GmbH und Erhaltung des Stammkapitals, nicht die Aufnahme des vollen Geschäftsbetriebs.

Hinweis: In der *Klausur* ist es der *Regelfall*, dass eine rechtsgeschäftliche Bevollmächtigung (durch den Gesellschaftsvertrag oder einen gesonderten Beschluss) des oder der Geschäftsführer zur Vornahme weitergehender Geschäfte vorliegt. Damit liegt nach beiden Auffassungen ein Handeln mit Vertretungsmacht vor, so dass dieser Streit nicht entschieden werden muss.

3. Rechtsfolge

Bei Vorliegen der angeführten Voraussetzungen besteht ein vertraglicher Erfüllungsanspruch gegen die Vor-GmbH.

Wichtig: Der **Anspruch** gegen die Vor-GmbH **geht** mit der Eintragung der GmbH in das Handelsregister **automatisch auf die GmbH über**.

III. Anspruch gegen die Vor-GmbH aufgrund von Vertragsverletzungen, §§ 280 ff. BGB

1. Wirksamer Vertrag mit Vor-GmbH
2. Pflichtverletzung durch Organ der Vor-GmbH
3. Kausaler Schaden
4. Kein Ausschluss nach § 280 I 2 BGB
5. Rechtsfolge

1. Wirksamer Vertrag mit Vor-GmbH

Es muss ein **wirksamer Vertrag** zwischen der Vor-GmbH und demjenigen, der den Schadensersatzanspruch geltend macht bestehen.

Dies ist unter den folgenden Voraussetzungen der Fall:

- Vertragsschluss i.S.d. §§ 145 ff. BGB
- Zurechnung des Vertragsschlusses
  - o Vorliegen einer Vor-GmbH bei Vertragsschluss
  - o Rechtsfähigkeit der Vor-GmbH
  - o Wirksame Vertretung der Vor-GmbH, § 164 I BGB i.V.m. § 35 GmbHG analog

2. Pflichtverletzung durch Organ der Vor-GmbH

Es muss eine **Pflichtverletzung durch ein Organ der Vor-GmbH** gegeben sein.

3. Kausaler Schaden

Die Pflichtverletzung muss einen Schaden beim Anspruchsteller verursacht haben.

4. Kein Ausschluss nach § 280 I 2 BGB

Nach § 280 I 1 BGB wird **vermutet**, dass der Schuldner die Pflichtverletzung zu vertreten hat.

Bei einer Pflichtverletzung durch ein Organ könnte überlegt werden, ob die Vor-GmbH diese Pflichtverletzung nach § 280 I 2 BGB **nicht zu vertreten** hat.

Diese **Möglichkeit scheidet aber aus**, wenn der Vor-GmbH das *Verschulden des Organs zugerechnet* werden kann.

Nach der **hM** wird das Verschulden des Organs der Vor-GmbH gemäß **§ 31 BGB analog** zugerechnet.

Voraussetzung hierfür ist aber, dass das Organ **während einer ihm zustehenden Verrichtung** handelt (z.B. der Geschäftsführer einer Vor-GmbH, die ein Elektrogeschäft betreibt, berät einen Kunden falsch darüber, dass eine Lampe [entgegen den Vorgaben des Herstellers und einschlägiger Normen] auch im Freien verwendet werden kann).

5. Rechtsfolge

Bei Vorliegen der angeführten Voraussetzungen besteht ein **Schadensersatzanspruch** gemäß §§ 280 ff. BGB gegen die Vor-GmbH.

Wichtig: Der **Anspruch** gegen die Vor-GmbH **geht** mit der Eintragung der GmbH in das Handelsregister **automatisch auf die GmbH über.**

IV. Haftung der Vor-GmbH für deliktische Ansprüche

1. Deliktisches Verhalten eines Organs der Vor-GmbH
2. Zurechung dieses deliktischen Verhaltens, § 31 BGB analog
3. Rechtsfolge

1. Deliktisches Verhalten eines Organs der Vor-GmbH

Ein Organ der Vor-GmbH muss die Voraussetzungen einer oder mehrerer Anspruchsgrundlagen aus dem Deliktsrecht verwirklicht haben.

2. Zurechung dieses deliktischen Verhaltens, § 31 BGB analog

Das deliktische Verhalten einzelner Organe wird einer Vor-GmbH gemäß **§ 31 BGB analog** zugerechnet.

Voraussetzung hierfür ist aber, dass das Organ **während einer ihm zustehenden Verrichtung** das Delikt begangen hat (z.b. verursacht der Geschäftsführer einer Möbelproduzierenden Vor-GmbH auf dem Weg zu Vertragsverhandlungen mit einem Lieferanten einen Autounfall).

3. Rechtsfolge

Das Vorliegen der angeführten Voraussetzungen begründet die Verpflichtung der Vor-GmbH, den von ihrem Organ verursachten Schaden zu ersetzen.

Wichtig: Der **Anspruch** gegen die Vor-GmbH **geht** mit der Eintragung der GmbH in das Handelsregister **automatisch auf die GmbH über**.

V. Handelndenhaftung, § 11 II GmbHG

1. Verbindlichkeit der Vor-GmbH
2. Handelnder i.S.v. § 11 II GmbHG
3. Handeln im Namen der Gesellschaft
4. Rechtsfolge

Bei der Prüfung der Handelndenhaftung ist im Obersatz die einschlägige Anspruchsgrundlage i.V.m. § 11 II GmbHG anzuführen (z.B.: *„A könnte gegen B einen Anspruch auf Zahlung des Kaufpreises aus § 433 II BGB i.V.m. § 11 II GmbHG haben."*).

1. Verbindlichkeit der Vor-GmbH

Es muss eine Verbindlichkeit der Vor-GmbH vorliegen.

Beachte: § 11 II GmbHG erfasst **nur Verbindlichkeiten, die auf** einem **Rechtsgeschäft beruhen.** Einbezogen sind demnach
- vertragliche Ansprüche
- Ansprüche aufgrund von Vertragsverletzungen
- Ansprüche aufgrund eines Rücktritts vom Rechtsgeschäft.

2. Handelnder i.S.v. § 11 II GmbHG

Handelnder i.S.v. § 11 II GmbHG ist nach **hM** das *Vertretungsorgan* der Vor-GmbH.

Handelnder i.S.v. § 11 II GmbHG ist daher:

* der **Geschäftsführer** der Vor-GmbH
  oder
* eine **Person, die wie ein Geschäftsführer aufgetreten** ist.

Demgegenüber kommen Gesellschafter, selbst wenn sie der Handlung zugestimmt haben, für die Handelndenhaftung ebenso wenig in Betracht wie Prokuristen und andere Bevollmächtigte.

3. Handeln im Namen der Gesellschaft

Der Handelnde muss im Namen der Gesellschaft gehandelt haben.

Wann ein solches Handeln im Namen der Gesellschaft vorliegt, ist umstritten:

* Nach der **Auffassung der Rechtsprechung** ist dieses Merkmal nur dann erfüllt, wenn der Handelnde *zumindest auch* im Namen der *zukünftigen GmbH* gehandelt hat.

* Dagegen ist es nach der **hL** *gleichgültig*, ob der Handelnde *im Namen der Vor-GmbH* oder der *zukünftigen GmbH* gehandelt hat.

  Hinweis: In der *Klausur* ist es der *Regelfall*, dass der Handelnde im Namen der zukünftigen GmbH gehandelt hat. Damit liegt nach beiden Auffassungen ein Handeln im Namen der Gesellschaft vor, so dass dieser Streit nicht entschieden werden muss.

4. Rechtsfolge

Bei Vorliegen der angeführten Voraussetzungen haftet der Handelnde *für die von ihm begründete Verbindlichkeit* **persönlich und unbeschränkt**.

Wichtig: Die **Handelndenhaftung** gemäß § 11 II GmbHG **erlischt** mit der **Eintragung** der GmbH in das Handelsregister.

VI. Haftung der Gesellschafter der Vor-GmbH für Ansprüche gegen die Vor-GmbH

Nach hM haften die Gesellschafter einer Vor-GmbH für deren Verbindlichkeiten *persönlich und unbeschränkt*.

Diese Haftung ist aber eine **reine Innenhaftung**. Das bedeutet, dass die *Gesellschafter* nach hM nicht gegenüber den Gläubigern der Vor-GmbH *haften*, sondern *nur im Verhältnis zur Vor-GmbH*.

Wegen der Einzelheiten, insbesondere auch zur Annahme einer (unbeschränkten) Außenhaftung der Gesellschafter siehe das Niederle-Skript Gesellschaftsrecht, Lektion 5 C. II. 3. c).

VII. Vertraglicher Erfüllungsanspruch gegen die GmbH

1. Vertragsschluss i.S.d. §§ 145 ff. BGB
2. Zurechnung des Vertragsschlusses
a) Vorliegen einer GmbH bei Vertragsschluss
b) Rechtsfähigkeit der GmbH, § 13 I GmbH
c) Wirksame Vertretung der GmbH, § 164 I BGB i.V.m. § 35 GmbHG
3. Rechtsfolge

Bei der Prüfung eines vertraglichen Erfüllungsanspruches ist im Obersatz die einschlägige Anspruchsgrundlage i.V.m. § 13 I GmbHG anzuführen (z.B.: *„A könnte gegen die B-GmbH einen Anspruch auf Zahlung des Kaufpreises aus § 433 II BGB i.V.m. § 13 I GmbHG haben."*).

1. Vertragsschluss i.S.d. §§ 145 ff. BGB

Es muss ein wirksamer Vertrag vorliegen. Demnach müssen **Angebot und Annahme i.S.d. §§ 145 ff. BGB** gegeben sein.

2. Zurechnung des Vertragsschlusses

Dieser Vertragsschluss wird der GmbH unter den folgenden Voraussetzungen zugerechnet:

a) Vorliegen einer GmbH bei Vertragsschluss

Zum Zeitpunkt des Vertragsschlusses muss eine GmbH vorliegen.

b) Rechtsfähigkeit der GmbH, § 13 I GmbH

Die GmbH kann als juristische Person Trägerin von Rechten und Pflichten sein, vgl. § 13 I GmbH.

c) Wirksame Vertretung der GmbH, § 164 I BGB i.V.m. § 35 GmbHG

Die GmbH muss beim Vertragsschluss vertreten worden sein. Dies ist gemäß § 164 I BGB unter den folgenden Voraussetzungen der Fall:

- **eigene Willenserklärung des Handelnden**

- **im Namen der Gesellschaft**

- mit **Vertretungsmacht**
  Bezüglich der Vertretungsmacht gilt bei der GmbH der **§ 35 GmbHG.** Danach wird die GmbH grds. durch den oder die Geschäftsführer vertreten.

3. Rechtsfolge

Bei Vorliegen der angeführten Voraussetzungen besteht ein vertraglicher Erfüllungsanspruch gegen die GmbH.

VIII. Anspruch gegen die GmbH aufgrund von Vertragsverletzungen, §§ 280 ff. BGB

1. Wirksamer Vertrag mit GmbH
2. Pflichtverletzung durch Organ der GmbH
3. Kausaler Schaden
4. Kein Ausschluss nach § 280 I 2 BGB
5. Rechtsfolge

Bei der Prüfung eines Anspruches wegen einer Vertragsverletzung ist im Obersatz die einschlägige Anspruchsgrundlage i.V.m. § 13 I GmbHG anzuführen (z.B.: „A könnte gegen die B-GmbH einen Anspruch auf Schadensersatz aus § 280 I 1 BGB i.V.m. § 13 I GmbHG haben.").

1. Wirksamer Vertrag mit GmbH

Es muss ein **wirksamer Vertrag** zwischen der GmbH und demjenigen, der den Schadensersatzanspruch geltend macht bestehen.

Dies ist unter den folgenden Voraussetzungen der Fall:

- Vertragsschluss i.S.d. §§ 145 ff. BGB
- Zurechnung des Vertragsschlusses
  - o Vorliegen einer GmbH bei Vertragsschluss
  - o Rechtsfähigkeit der GmbH, § 13 I GmbHG
  - o Wirksame Vertretung der GmbH, § 164 I BGB i.V.m. § 35 GmbHG

2. Pflichtverletzung durch Organ der GmbH

Es muss eine **Pflichtverletzung durch ein Organ der GmbH** gegeben sein.

3. Kausaler Schaden

Die Pflichtverletzung muss einen Schaden beim Anspruchsteller verursacht haben.

4. Kein Ausschluss nach § 280 I 2 BGB

Nach **§ 280 I 1 BGB** wird **vermutet**, dass der Schuldner die Pflichtverletzung zu vertreten hat.

Bei einer Pflichtverletzung durch ein Organ könnte überlegt werden, ob die GmbH diese Pflichtverletzung nach **§ 280 I 2 BGB nicht zu vertreten** hat.

Diese **Möglichkeit scheidet aber aus**, wenn der GmbH das **Verschulden des Organs zugerechnet** werden kann.

60

Nach der **hM** wird das Verschulden des Organs der GmbH **analog § 31 BGB** zugerechnet.

Voraussetzung hierfür ist aber, dass das Organ **während einer ihm zustehenden Verrichtung** handelt (z.b. berät der Geschäftsführer einer GmbH, die ein Elektrogeschäft betreibt, einen Kunden falsch darüber, dass eine Lampe [entgegen den Vorgaben des Herstellers und einschlägiger Normen] auch im Freien verwendet werden kann).

5. Rechtsfolge

Bei Vorliegen der angeführten Voraussetzungen besteht ein **Schadensersatzanspruch** gemäß §§ 280 ff. BGB i.V.m. § 13 I GmbHG gegen die GmbH.

IX. Haftung der GmbH für deliktische Anspr., § 31 BGB anal.

1. Deliktisches Verhalten eines Organs der GmbH
2. Zurechung dieses deliktischen Verhaltens, § 31 BGB analog
3. Rechtsfolge

Bei der Prüfung eines deliktischen Schadensersatzanspruches gegen die GmbH ist in dem Obersatz die Anspruchsnorm aus dem Deliktsrecht i.V.m. § 31 BGB analog anzuführen (z.B.: *„A könnte gegen die B-GmbH einen Anspruch auf Schadensersatz gemäß § 823 I BGB i.V.m. § 31 BGB analog, § 13 I GmbHG haben."*).

1. Deliktisches Verhalten eines Organs der GmbH

Ein Organ der GmbH muss die Voraussetzungen einer oder mehrerer Anspruchsgrundlagen aus dem Deliktsrecht verwirklicht haben.

2. Zurechung dieses deliktischen Verhaltens, § 31 BGB analog

Das deliktische Verhalten einzelner Organe wird einer GmbH gemäß **§ 31 BGB analog** zugerechnet.

Voraussetzung hierfür ist aber, dass das Organ **während einer ihm zustehenden Verrichtung** das Delikt begangen hat (z.B. verursacht der Geschäftsführer einer möbelproduzierenden GmbH auf dem Weg zu Vertragsverhandlungen mit einem Lieferanten einen Autounfall).

3. Rechtsfolge

Das Vorliegen der angeführten Voraussetzungen begründet die Verpflichtung der GmbH, den von ihrem Organ verursachten Schaden zu ersetzen.

Drittes Kapitel: ZPO I - Erkenntnisverfahren

A. Die Verfahrensgrundsätze (Prozessmaximen)

I. Der Dispositionsgrundsatz
II. Der Verhandlungsgrundsatz
III. Der Grundsatz des rechtlichen Gehörs
IV. Der Grundsatz der Mündlichkeit
V. Der Grundsatz der Unmittelbarkeit
VI. Der Öffentlichkeitsgrundsatz
VII. Der Beschleunigungsgrundsatz
VIII. Das Bestreben nach gütlicher Streitbeilegung

I. Der Dispositionsgrundsatz

Dispositionsgrundsatz bedeutet die **Herrschaft der Parteien über den Rechtsstreit**.

D.h., dass die *Parteien über den Rechtsstreit bestimmen* und über ihn verfügen können (aus diesem Grund wird er auch Verfügungsgrundsatz genannt).

Konsequenzen:
- Ein Zivilprozess beginnt nur dann, wenn eine Klage eingereicht wird („Wo kein Kläger, da kein Richter").
- Der Gegenstand des Rechtsstreits wird durch den vom Kläger gestellten Antrag bestimmt.
- Das Gericht ist an die Anträge der Parteien gebunden, § 308 I ZPO.
- Der Kläger kann seine Klage ändern, wenn die Voraussetzungen hierfür vorliegen.
- Die Parteien können das Verfahren vor dem Erlass eines Urteils durch
  o einen Prozessvergleich,
  o eine Klagerücknahme oder
  o eine beiderseitige Erledigterklärung
  beenden.

II. Der Verhandlungsgrundsatz

1. Verhandlungsgrundsatz bedeutet, dass es die **Aufgabe der Parteien** ist, die **Tatsachen beizubringen**, die dem Gericht als Entscheidungsgrundlage dienen sollen (aus diesem Grund wird der Verhandlungsgrundsatz auch als Beibringungsgrundsatz bezeichnet).

2. Im Gegenzug darf **das Gericht** für seine Entscheidung auch **nur die Tatsachen berücksichtigen**, die von den Parteien **vorgetragen** worden sind.

Unter Umständen muss das Gericht in bestimmten Fällen die vorgetragenen Tatsachen ungeprüft übernehmen (sog. *unstreitige Tatsachen*).

III. Der Grundsatz des rechtlichen Gehörs

Der Grundsatz des rechtlichen Gehörs ist **verfassungsrechtlich garantiert** (vgl. **Art. 103 I GG).**

Konsequenz für den Zivilprozess: Vor einer Entscheidung des Gerichts muss jede Partei die **Möglichkeit** haben, zu ihrem Standpunkt und zu dem des Gegners in ausreichender Weise **Stellung zu nehmen,** vgl. beispielsweise *§ 139 I ZPO, § 279 III ZPO* oder § 118 I 1 ZPO.

IV. Der Grundsatz der Mündlichkeit

1. Nur der **Streitstoff,** der in der **mündlichen Verhandlung vorgetragen** worden ist, darf für die Entscheidung des Gerichts **berücksichtigt werden,** vgl. § 128 I ZPO.

Dieser Grundsatz erfährt aber einige *Durchbrechungen* (vgl. z.B. § 128 II ZPO, § 251a ZPO, § 331a ZPO, § 495a ZPO), was daran liegt, dass sich ein Gerichtsverfahren sinnvoll und praktikabel nur gestalten lässt, wenn die Prinzipien der Mündlichkeit und der Schriftlichkeit miteinander verbunden werden.

2. Beachte weiterhin den Grundsatz der **Einheit der mündlichen Verhandlung.** Das bedeutet, dass mehrere Verhandlungstermine eine einheitliche mündliche Verhandlung bilden.

Konsequenz: Der Prozessstoff aus allen diesen Terminen bildet die Grundlage für die Entscheidung des Gerichts.

V. Der Grundsatz der Unmittelbarkeit

Dieser Grundsatz bedeutet, dass der gesamte Rechtsstreit vor dem entscheidenden Gericht stattzufinden hat und dass dieses Gericht dann auch die Entscheidung zu treffen hat, vgl. z.B. § 128 ZPO, § 355 I 1 ZPO, § 309 ZPO.

VI. Der Öffentlichkeitsgrundsatz

Gemäß § 169 S.1 GVG finden Gerichtsverhandlungen öffentlich statt. Dies dient der Transparenz richterlicher Tätigkeit (Ausfluss aus dem Rechtsstaats- und Demokratieprinzip, Art. 20 I GG).

Beachte aber die **Ausnahmen in §§ 170 ff. GVG.**

VII. Der Beschleunigungsgrundsatz

Sowohl das Gericht als auch die Parteien sind verpflichtet, das Verfahren schnellstmöglich zu beenden.

Auswirkungen dieses Grundsatzes:

 1. **Verpflichtung des Gerichts,** unverzüglich und kurzfristig einen Verhandlungstermin zu bestimmen, vgl. **§ 216 ZPO, § 272 ZPO, § 279 I ZPO.**

2. Die **Parteien** sind verpflichtet, ihre Angriffs- und Verteidigungsmittel rechtzeitig vorzubringen, vgl. § 282 ZPO. Bei *verspätetem Vorbringen* gilt *§ 296 ZPO.*

VIII. Das Bestreben nach gütlicher Streitbeilegung

Das Bestreben nach gütlicher Beilegung des Prozesses ist ein Ausfluss des Beschleunigungsgrundsatzes.

Es gilt der **Vorrang der Streitschlichtung und - beilegung** vor einem streitigen Verfahren.

Konsequenzen:
1. Das Gericht ist verpflichtet, *in jeder Lage des Verfahrens* auf eine *gütliche Streitbeilegung* hinzuwirken, vgl. § 278 I ZPO.

2. Vor Beginn der streitigen Verhandlung hat eine **Güteverhandlung** stattzufinden, vgl. § 278 II.

3. In bestimmten Fällen muss vor einem Prozess ein **außergerichtliches Schlichtungsverfahren** durchgeführt werden, vgl. § 15a EGZPO.

B. Die Zulässigkeit der Klage

I. Zuständigkeit des Gerichts
1. Sachlich, §§ 23, 71 GVG
2. Örtlich, §§ 12 ff. ZPO
II. Ordnungsgemäße Klageerhebung, § 253 ZPO
III. Parteifähigkeit, § 50 ZPO
IV. Prozessfähigkeit, §§ 51, 52 ZPO
V. Wirksame Vertretung
VI. Prozessführungsbefugnis
VII. Keine anderweitige Rechtshängigkeit, § 261 III Nr.1 ZPO
VIII. Keine entgegenstehende Rechtskraft
IX. Rechtsschutzbedürfnis
X. Bescheinigung über erfolglose außergerichtliche Streitbeilegung
  (von jeweiligem Land abhängig)
XI. Besondere Zulässigkeitsvoraussetzungen
XII. Folge des Fehlens von Zulässigkeitsvoraussetzungen

I. Zuständigkeit des Gerichts

Das angerufene Gericht muss sachlich und örtlich zuständig sein.

1. Die **sachliche Zuständigkeit** ergibt sich aus dem GVG, vgl. § 1 ZPO.

a) Gemäß **§ 71 I GVG** ist das **Landgericht** sachlich zuständig, sofern nicht eine Zuständigkeit des Amtsgerichts gegeben ist.

b) Die **Zuständigkeit des Amtsgerichts** ergibt sich aus §§ 23, 23a GVG. Danach ist es u.a. zuständig für:

- Streitigkeiten mit einem Streitwert bis einschließlich 5.000 €, § 23 Nr.1 GVG,
- Mietrechtsstreitigkeiten über Wohnraum, § 23 Nr. 2 GVG (unabhängig vom Streitwert) und
- Familiensachen, § 23a GVG (unabhängig vom Streitwert).

c) Sachliche Zuständigkeit des **Landgericht** bei Streitigkeiten, deren Streitwert 5.000 € übersteigt (d.h. ab 5.001 €), vgl. § 71 I GVG.

2. Die **örtliche Zuständigkeit** (auch als Gerichtsstand bezeichnet) bestimmt sich nach §§ 12 ff. ZPO.

Unterscheide hierbei zwischen
- dem allgemeinen,
- dem besonderen,
- dem ausschließlichen Gerichtsstand.

a) Der **allgemeine Gerichtsstand** ist derjenige, in dem grundsätzlich alle Ansprüche gegen eine Person geltend gemacht werden können, sofern nicht ein ausschließlicher Gerichtsstand für die Klage besteht, vgl. § 12 ZPO.

Die allgemeinen Gerichtsstände finden sich in den §§ 13 bis 19 ZPO. Grundsätzlich gilt, dass Klagen gegen eine Person bei dem sachlich zuständigen Gericht zu erheben sind, in dessen Gerichtsbezirk der Beklagte seinen Wohnsitz (§§ 7 – 11 BGB) hat.

b) Ein **besonderer Gerichtsstand** ist dagegen auf die Geltendmachung bestimmter Ansprüche beschränkt. Besondere Gerichtsstände finden sich in §§ 20 bis 23 ZPO, §§ 25 bis 29 ZPO, §§ 29c bis 32 ZPO, §§ 33, 34 ZPO.

c) Ein **ausschließlicher Gerichtsstand** ist nur dann gegeben, wenn dieses im Gesetz *ausdrücklich bestimmt* ist.

d) **Verhältnis** der verschiedenen Arten der Gerichtsstände:
- ein *ausschließlicher* Gerichtsstand geht allen anderen, nicht ausschließlichen Gerichtsständen *vor,* vgl. § 12 ZPO;
- unter mehreren allgemeinen oder besonderen Gerichtsständen hat der Kläger ein **Wahlrecht**, § 35 ZPO.

3. Bei einer **fehlenden Zuständigkeit** nach den oben angeführten Vorschriften kann sich eine Zuständigkeit des Gerichts noch ergeben durch
- eine *Gerichtsstandsvereinbarung, vgl. § 40 ZPO* oder
- *rügeloses Einlassen* des Beklagten, *§ 39 ZPO.*

Zu den Voraussetzungen von § 40 bzw. § 39 siehe unter C.

II. Ordnungsgemäße Klageerhebung, § 253 ZPO

1. Die Klageschrift muss die in § 253 II ZPO aufgeführten Punkte enthalten.

Hier besonders relevant: **Bestimmtheit des Klageantrags, § 253 II Nr. 2 ZPO.**

Grundsätzlich muss der *Klageantrag so bestimmt* sein, dass das Gericht und der Beklagte sicher feststellen können, welche Entscheidung der Kläger begehrt. *Das bedeutet insbesondere*, dass der Kläger bei Zahlungsklagen den begehrten Betrag auf Euro und Cent genau angeben muss.

Aber: Nach allgemeiner Auffassung ist bei Zahlungsklagen ein **unbezifferter Antrag** aber dann zulässig, wenn dem Kläger eine genaue Bezifferung nicht möglich oder zumutbar ist (wichtigster Fall in der Praxis: **Schmerzensgeld**).

2. Die Klageschrift muss **unterschrieben sein**, vgl. § 253 IV ZPO.

Beachte: Im Fall des Anwaltszwanges nach § 78 ZPO ist die Unterschrift eines Rechtsanwalts erforderlich.

III. Parteifähigkeit, § 50 ZPO

Parteifähigkeit ist die **Fähigkeit, Partei eines Zivilprozesses zu sein.**

Nach **§ 50 ZPO** ist parteifähig, **wer rechtsfähig** ist. Danach besteht Parteifähigkeit für:
- alle natürlichen Personen, vgl. § 1 BGB,
- alle juristischen Personen (GmbH, § 13 GmbHG und AG, § 1 AktG),
- Personenhandelsgesellschaften (OHG, § 124 I HGB und KG, §§ 161 II, 124 I HGB),
- (Außen-)Gesellschaften bürgerlichen Rechts, soweit sie durch Teilnahme am Rechtsverkehr eigene Rechte und Pflichten begründen und insoweit auch Rechtsfähigkeit besitzen (GbR), § 705 BGB (hM).

IV. Prozessfähigkeit, §§ 51, 52 ZPO

Prozessfähigkeit ist die **Fähigkeit, einen Prozess** selbst oder durch einen selbst bestellten Vertreter **zu führen**, § 51 I ZPO.

1. Eine Person ist prozessfähig, wenn sie *voll geschäftsfähig* (vgl. §§ 104 ff. BGB) ist, **§ 52 I ZPO**. Prozessfähig sind zudem diejenigen, die innerhalb eines bestimmten Bereichs (vgl. §§ 112, 113 BGB) die unbeschränkte Geschäftsfähigkeit für diesen Bereich erhalten haben.

Beachte: Das Zivilprozessrecht kennt **keine „beschränkte Prozessfähigkeit"** (eine Person ist entweder prozessfähig oder nicht).

2. Bei **fehlender Prozessfähigkeit** muss die Person sich durch ihren *gesetzlichen Vertreter* vertreten lassen, § 51 I ZPO.

Wer gesetzlicher Vertreter ist, bestimmt sich dabei auch nach den Vorschriften des materiellen Rechts:

a) Minderjährige werden vertreten durch
- die Eltern, § 1629 BGB (Regelfall)
- einen Vormund (§ 1773, 1774, 1793 BGB) oder
- einen Ergänzungspfleger (§ 1909 BGB).

b) Volljährige Geschäftsunfähige werden vertreten durch einen Betreuer (§§ 1896, 1902 BGB).

c) Personenhandelsgesellschaften (OHG und KG) werden durch den oder die **geschäftsführenden Gesellschafter** vertreten, §§ 125, 161 II HGB.

d) Juristische Personen werden vertreten durch
- den Geschäftsführer (GmbH, § 35 I GmbHG)
- den Vorstand (AG, § 78 I AktG).

Beachte: Bei **juristischen Personen des öffentlichen Rechts** ergibt sich die Vertretungsmacht aus Gesetz, Verordnung oder Satzung.

V. Wirksamkeit der Vertretung

Wird der Kläger vor Gericht vertreten, ist die Wirksamkeit der Vertretung eine Zulässigkeitsvoraussetzung.

Dabei ist es unerheblich, ob der Kläger durch einen Prozessbevollmächtigten vertreten wird oder sich wegen Prozessunfähigkeit durch den gesetzlichen Vertreter vertreten lassen muss.

VI. Prozessführungsbefugnis

Prozessführungsbefugnis ist die Befugnis des Klägers, ein behauptetes Recht in eigenem Namen geltend zu machen.

1. Die Prozessführungsbefugnis ist grundsätzlich gegeben, wenn der Kläger ein **eigenes Recht** in eigenem Namen geltend macht. In diesem Fall ist es nicht erforderlich, sie in der Klausur anzusprechen.

2. Eine Prüfung der Prozessführungsbefugnis ist erforderlich, wenn der Kläger ein **fremdes Recht** in eigenem Namen geltend macht (sog. **Prozessstandschaft**). Da grundsätzlich niemand fremde Rechte im Prozess ohne eine besondere Befugnis dazu geltend machen darf, muss es dafür eine Rechtfertigung geben.

Es ist zu unterscheiden zwischen der gesetzlichen Prozessstandschaft und der gewillkürten Prozessstandschaft.

a) Hauptfälle der **gesetzlichen Prozessstandschaft:**

- § 432 I 1 BGB (Prozessführungsrecht einzelner Mitgläubiger),
- §§ 1368, 1369 III BGB (Prozessführungsrecht eines Ehegatten),
- § 1629 III BGB (Prozessführungsrecht des Elternteils bezüglich Kindesunterhalt),
- § 2038 I 2 2.HS., 2039 BGB (Prozessführungsrecht eines Miterben), und
- § 265 II 1 ZPO (Prozessstandschaft des veräußernden Klägers).

b) Von einer **gewillkürten Prozessstandschaft** spricht man, wenn sie auf einem Rechtsgeschäft mit dem Rechtsinhaber beruht. Wegen der Voraussetzungen siehe unter **E.** (Seite 70).

VII. Keine anderweitige Rechtshängigkeit, § 261 III Nr.1 ZPO

Eine anderweitige Rechtshängigkeit liegt vor, wenn die **Parteien und** der **Streitgegenstand** mit denen eines bereits rechtshängigen Rechtsstreits **identisch** sind.

Der **Streitgegenstand** bestimmt sich nach der hM durch

- den gestellten Antrag und
- den zur Begründung des Antrags vorgetragenen Sachverhalt

Kurz zusammengefasst:

Streitgegenstand = Antrag + Lebenssachverhalt

Wird eine dieser beiden Komponenten verändert, ändert sich auch der Streitgegenstand.

VIII. Keine rechtskräftige Entscheidung über den Streitgegenstand

Über den Streitgegenstand darf keine rechtskräftige Entscheidung vorliegen.

Zur Rechtskraft siehe unter **L.**

IX. Rechtsschutzbedürfnis

Der Kläger muss ein *berechtigtes Interesse* haben, seinen Anspruch auf dem Klageweg durchzusetzen.

Bei einer *Leistungsklage* ist *grundsätzlich vom Vorliegen eines solchen Interesses auszugehen.* Schließlich wird es hinreichend durch die Behauptung des Klägers dargetan, wonach ihm der durch seine Klage geltend gemachte Anspruch gegen den Beklagten zustehe.

Ausnahmsweise kann das Rechtsschutzbedürfnis aber fehlen, wenn es für den Kläger einen *einfacheren Weg* gibt, um sein Ziel zu erreichen (z.B. Zwangsvollstreckung aus einer Urkunde, vgl. § 794 Nr. 5 ZPO).

X. Bescheinigung über fehlgeschlagene außergerichtliche Streitbeilegung

In einigen Bundesländern sind bestimmte Klagen vor dem Amtsgericht nur zulässig, wenn eine Bescheinigung über eine fehlgeschlagene außergerichtliche Streitbeilegung beigefügt wird, vgl. § 15a EGZPO i.V.m. den jeweiligen landesrechtlichen Vorschriften.

XI. Besondere Zulässigkeitsvoraussetzungen

Diese Sachurteilsvoraussetzungen hängen von der jeweiligen Klageart ab. Sie werden daher bei der Darstellung der einzelnen Klagearten ausführlich behandelt.

XII. Folge des Fehlens von Zulässigkeitsvoraussetzungen

Wenn die Zulässigkeitsvoraussetzungen nicht vorliegen, hat das Gericht die **Klage als *unzulässig* abzuweisen**.

Beachte: Bei Fehlen der Sachurteilsvoraussetzungen ist eine Heilung dieser Mängel durch **rügelose Verhandlung zur Hauptsache** möglich, **§ 295 I ZPO**.

Ein ***Verhandeln zur Hauptsache*** ist (schon) gegeben, sobald der Beklagte den Antrag stellt, die Klage wegen Unbegründetheit abzuweisen, vgl. **§ 137 ZPO**.

C. Die Gerichtsstandsvereinbarung (Prorogation), §§ 38, 40

I. Vorliegen einer Fallgruppe des § 38 ZPO
1. Personenkreis des § 38 I ZPO
2. Fallgruppe des § 38 II 1 oder § 38 II 3 ZPO
3. Schriftliche und ausdrückliche Vereinbarung, § 38 III Nr. 1 ZPO
II. Voraussetzungen des § 40 ZPO
1. Vereinbarung muss sich auf bestimmten Rechtsstreit beziehen, § 40 I ZPO
2. Kein Fall des § 40 II Nr. 1 ZPO
3. Kein Fall des § 40 II Nr. 2 ZPO

I. Vorliegen einer Fallgruppe des § 38 ZPO

Es muss zunächst eine der Fallgruppen des § 38 ZPO vorliegen.

1. Die Vertragsparteien gehören zu dem in § 38 I ZPO aufgeführten Personenkreis, sind also:

- Kaufleute,
- juristische Personen des öffentlichen Rechts oder
- öffentlich-rechtliches Sondervermögen.

2. Es liegt eine der Fallgruppen des § 38 II ZPO vor:

a) Mindestens eine der Vertragsparteien hat im Inland keinen allgemeinen Gerichtsstand, § 38 II 1 ZPO

b) Eine der Parteien hat einen allgemeinen Gerichtsstand im Inland und die Parteien haben sich auf die Zuständigkeit des Gerichts eines bereits vorliegenden allgemeinen oder besonderen Gerichtsstands geeinigt, § 38 II 3 ZPO.

Beachte: In beiden Fällen bedarf die Vereinbarung der Schriftform, § 38 II 2 ZPO.

3. Vorliegen einer **ausdrücklichen und schriftlichen Vereinbarung**, die **nach** dem Entstehen der Streitigkeit geschlossen wurde, § 38 III Nr.1 ZPO.

II. Voraussetzungen des § 40 ZPO

Bei Vorliegen einer der oben genannten Fallgruppen, müssen auch die Voraussetzungen des § 40 ZPO erfüllt sein:

1. Die Vereinbarung muss sich auf einen bestimmten Rechtsstreit beziehen, § 40 I ZPO.

2. Es darf sich nicht um einen Rechtsstreit nichtvermögensrechtlicher Art handeln, der dem AG ohne Rücksicht auf den Streitwert zugewiesen ist, § 40 II 1 Nr.1 ZPO.

3. Für die Klage darf kein ausschließlicher Gerichtsstand begründet sein, § 40 II 1 Nr.2 ZPO.

D. Rügeloses Einlassen, § 39 ZPO

I. Mündliche Verhandlung des Beklagten zur Hauptsache ohne vorherige Rüge der Unzuständigkeit, § 39 S.1 ZPO
II. Keine Fallgruppe des § 40 II 1, § 40 II 2 ZPO
III. Bei Prozess vor AG Hinweis nach § 504 ZPO erforderlich

I. Mündliche Verhandlung des Beklagten zur Hauptsache ohne vorherige Rüge der Unzuständigkeit, § 39 S.1 ZPO

Der Beklagte muss ohne vorherige Rüge der Unzulässigkeit des Gerichts zur Hauptsache mündlich verhandelt haben, § 39 S.1 ZPO.

Ein Verhandeln zur Hauptsache ist gegeben, sobald der Beklagte den Antrag auf Klageabweisung wegen Unbegründetheit stellt, vgl. § 137 ZPO.

II. Keine Fallgruppe des § 40 II 1, § 40 II 2 ZPO

Es darf **keine Fallgruppe des § 40 II 1 ZPO** gegeben sein, vgl. **§ 40 II 2 ZPO.** Das bedeutet:

1. Es darf sich nicht um einen Rechtsstreit nichtvermögensrechtlicher Art handeln, der dem AG ohne Rücksicht auf den Streitwert zugewiesen ist, § 40 II 1 Nr.1 ZPO und

2. Für die Klage darf kein ausschließlicher Gerichtsstand begründet sein, § 40 II 1 Nr. 2 ZPO.

III. Bei Prozess vor AG Hinweis nach § 504 ZPO erforderlich

Findet der Rechtsstreit vor dem Amtsgericht statt, muss der Beklagte gemäß § 504 ZPO auf die Folgen einer rügelosen Einlassung **hingewiesen** werden, § 39 S.2 ZPO.

E. Die gewillkürte Prozessstandschaft

I. Ermächtigung des Prozessstandschafters durch Rechtsinhaber, § 185 BGB analog
II. Eigenes rechtsschutzwürdiges Interesse des Prozessstandschafters
III. Abtretbarkeit des geltend gemachten Rechts
IV. Keine unzumutbare Beeinträchtigung des Prozessgegners

I. Ermächtigung des Prozessstandschafters durch Rechtsinhaber, § 185 BGB analog

Der Prozessstandschafter muss vom Rechtsträger gemäß § 185 BGB analog zum Handeln im eigenen Namen ermächtigt worden sein.

II. Eigenes rechtsschutzwürdiges Interesse des Prozessstandschafters

Der Prozessstandschafter muss ein eigenes rechtsschutzwürdiges Interesse daran haben, das fremde Recht im eigenen Namen geltend zu machen. Nur dann soll von dem Grundsatz abgewichen werden, dass der Rechtsträger selbst die gerichtliche Rechtsverfolgung betreiben muss.

Dies ist der Fall, wenn die begehrte Entscheidung die eigene Rechtslage des Klägers beeinflusst, so z.B. bei der Drittschadensliquidation oder wenn der Zedent bei einer Sicherungsabtretung die abgetretene Forderung im eigenen Namen einklagen will.

III. Abtretbarkeit des geltend gemachten Rechts

Das geltend gemachte Recht muss abtretbar sein. Ist es das nicht, muss seine Ausübung einem Dritten überlassen werden können.

IV. Keine unzumutbare Beeinträchtigung des Prozessgegners

Die gewillkürte Prozessstandschaft darf nicht zu einer unzumutbaren Beeinträchtigung des Prozessgegners führen.

Beispiel für eine solche Unzumutbarkeit: Die Prozessstandschaft wird ausschließlich dazu benutzt, das Kostenrisiko eines Prozesses vom Rechtsinhaber auf einen vermögenslosen Prozessstandschafter abzuwälzen (es werden hierdurch mögliche Kostenerstattungsansprüche des Prozessgegners gefährdet).

F. Klagearten

Durch das von ihm verfolgte Rechtsschutzziel gibt der Kläger die jeweilige Klageart vor. Die ZPO enthält drei Klagearten, nämlich

I. Die Leistungsklage,
II. Die Feststellungsklage,
III. Die Gestaltungsklage.

I. Die Leistungsklage

Mit der Leistungsklage beantragt der Kläger die Verurteilung des Beklagten zur **Erfüllung eines Anspruches**, also zu einem Tun oder Unterlassen verurteilt wird.

Mit der Leistungsklage kann jeder materiellrechtliche Anspruch verfolgt werden. Beispiele:

- Zahlung eines Geldbetrages
- Herausgabe von Gegenständen
- Abgabe einer Willenserklärung
- Beseitigung einer Störung
- Vornahme oder Unterlassen einer bestimmten Handlung
- Duldung der Zwangsvollstreckung in bestimmte Vermögensgegenstände (vgl. §§ 737, 743, 745 II, 748 III ZPO).

II. Die Feststellungsklage

Mit der Feststellungsklage begehrt der Kläger die **Feststellung**, dass ein bestimmtes Rechtsverhältnis besteht (sog. positive Feststellungsklage) oder nicht besteht (sog. negative Feststellungsklage).

Die besonderen Zulässigkeitsvoraussetzungen der Feststellungsklage ergeben sich aus **§ 256 I ZPO.**

1. Kläger begehrt die Feststellung eines Rechtsverhältnisses
2. Feststellungsinteresse des Klägers ist gegeben

1. Kläger begehrt die Feststellung eines Rechtsverhältnisses

Bei der Feststellungsklage muss sich das klägerische Begehren auf die Feststellung eines gegenwärtigen Rechtsverhältnisses (Regelfall) oder die Echtheit einer Urkunde beziehen.

a) Als **Rechtsverhältnis** wird dabei jede Rechtsbeziehung zwischen Personen untereinander oder zwischen einer Person und einem Gegenstand verstanden, die sich aus einem konkreten Lebenssachverhalt ergibt.

b) Neben einem gegenwärtigen Rechtsverhältnis kann auch die Tatsache der **Echtheit oder Unechtheit einer Urkunde** Gegenstand einer Feststellungsklage sein, § 256 I ZPO.

Beachte: Aus § 256 I ZPO lässt sich der Umkehrschluss ziehen, dass **bei sonstigen Tatsachen** eine Feststellungsklage **nicht statthaft** ist. So kann z.b. nicht die Feststellung der Unwahrheit einer Behauptung beantragt werden.

2. Feststellungsinteresse des Klägers ist gegeben

Ein Feststellungsinteresse liegt vor, wenn der Kläger ein rechtliches Interesse an baldiger Feststellung des Bestehens bzw. Nichtbestehens des Rechtsverhältnisses hat.

a) Bei der **positiven Feststellungsklage** ist für die Annahme eines Feststellungsinteresses ausreichend, dass das geltend gemachte Recht gefährdet ist (z.b. bei drohender Verjährung des Anspruchs oder Bestreiten des Anspruchs durch die Gegenseite).

b) Bei der **negativen Feststellungsklage** kann das Feststellungsinteresse bejaht werden, wenn der Beklagte das Bestehen des Rechtsverhältnisses ernsthaft behauptet.

c) Beachte: Da das Feststellungsinteresse eine besondere Ausprägung des allgemeinen Rechtsschutzbedürfnisses darstellt, ist von seinem Fehlen auszugehen, wenn der Kläger sein Ziel auf einem einfacheren Weg erreichen kann.

    aa) Bei einer positiven Feststellungslage fehlt dem Kläger grundsätzlich das rechtliche Interesse i.S.v. § 256 I, wenn er ebenso gut eine Leistungsklage erheben kann, um sein Ziel zu erreichen. (**Grundsatz** der Subsidiarität der **Feststellungsklage** gegenüber der Leistungsklage).

    bb) Ausnahmen von diesem Grundsatz:

        - Es ist zu erwarten, dass der Beklagte bei der Feststellung des Anspruches dem Urteil freiwillig Folge leisten und seine Leistung erbringen wird (sog. „Edelmann-Theorie"; i.d.R. der Fall, wenn sich auf der Beklagtenseite eine juristische Person des öffentlichen Rechts befindet).

        - Dem Kläger ist die Bezifferung eines Schadens für den Antrag in einer Leistungsklage nicht möglich oder unzumutbar (Beispiel: der Schaden befindet noch in der Entwicklung).

III. Die Gestaltungsklage

Die Gestaltungsklage ist darauf gerichtet, ein **bestehendes Rechtsverhältnis** durch ein Urteil **umzugestalten.**

1. Die Gestaltungsklage ist **nur statthaft, wenn gesetzlich bestimmt** ist, dass die Auflösung, Beendigung oder Umgestaltung eines bestehenden Rechtsverhältnisses durch eine gerichtliche Entscheidung erfolgen muss.

Gestaltungsklagen finden sich beispielsweise

- im **Gesellschaftsrecht.**
Beispiele:
- Auflösung einer OHG bzw. KG vgl. §§ 131 I Nr. 4, 133, 161 II HGB.
- Ausschluss eines Gesellschafters einer OHG oder KG, vgl. §§ 140, 161 II HGB.

- im **Zwangsvollstreckungsrecht.**
Wichtigste Gestaltungsklagen hier:
- Vollstreckungsgegenklage nach § 767 ZPO,
- Klage gegen die Vollstreckungsklausel, § 768 ZPO,
- Drittwiderspruchsklage, § 771 ZPO.

2. Das gerichtliche Gestaltungsurteil hat **unmittelbar rechtsgestaltende Wirkung.** Das bedeutet, dass mit der Rechtskraft der Entscheidung die Veränderung des Rechtsverhältnisses eintritt.

G. Die objektive Klagehäufung, § 260 ZPO

I. Parteiidentität
II. Sachliche und örtliche Zuständigkeit des Prozessgerichts
   für alle Ansprüche
III. Dieselbe Prozessart für alle Ansprüche
IV. Keine gesetzlichen Verbindungsverbote
V. Rechtsfolge:
1. Bei Vorliegen der Voraussetzungen:
   Ermessensentscheidung des Gerichts, ob
a) Gemeinsame Verhandlung über alle Anträge/Ansprüche oder
b) Getrennte Verhandlung gemäß § 145 I ZPO
2. Bei Nichtvorliegen der Voraussetzungen des § 260 ZPO:
   ggf. Prozesstrennung, § 145 ZPO.

Eine objektive Klagehäufung liegt vor, wenn der Kläger gegen den Beklagten **mehrere Ansprüche** geltend macht.

Arten der objektiven Klagehäufung:
-      anfängliche objektive Klagehäufung
-      nachträgliche objektive Klagehäufung

- Eine **anfängliche objektive Klagehäufung** liegt vor, wenn der Kläger bereits in der Klageschrift mehrere Ansprüche gegen den Beklagten geltend macht.

- Eine **nachträgliche objektive Klagehäufung** liegt vor, wenn der Kläger erst im Laufe des Prozesses weitere Ansprüche gegen den Beklagten geltend macht.

Beachte: Die **nachträgliche objektive Klagehäufung** stellt nach der hM **zugleich** eine **Klageänderung** dar. Die Klageänderung besteht darin, dass ein neuer Streitgegenstand in den Prozess eingeführt wird.

Konsequenz: Bei der nachträglichen Klagehäufung müssen zusätzlich die Voraussetzungen einer Klageänderung (§§ 263 ff. ZPO) geprüft werden.

Die Zulässigkeit der objektiven Klagehäufung bestimmt sich nach **§ 260 ZPO**:

I. Parteiidentität

Es muss **Parteiidentität** bestehen. Das bedeutet, dass derselbe Kläger die verschiedenen Ansprüche gegen denselben Beklagten geltend machen muss.

II. Sachliche und örtliche Zuständigkeit des Prozessgerichts für alle Ansprüche

Das **Prozessgericht** muss für alle Ansprüche sachlich und örtlich **zuständig** sein.

Beachte: Es handelt sich hierbei um eine **allgemeine Zulässigkeitsvoraussetzung**, die für jeden Anspruch getrennt geprüft werden muss.

Wichtig: Bei der Prüfung der Zuständigkeit des Gerichts im Rahmen der einzelnen geltend gemachten Ansprüche ist **§ 5 ZPO** zu beachten, d.h. dass eine Addition der einzelnen Ansprüche vorzunehmen ist, wenn vom Wert der Ansprüche die Zuständigkeit des Gerichts abhängt.

III. Dieselbe Prozessart für alle Ansprüche

Für alle geltend gemachten Ansprüche muss **dieselbe Prozessart** einschlägig sein.

Hiermit ist gemeint, dass verschiedene Verfahrensarten einer objektiven Klagehäufung entgegenstehen. Somit ist ausgeschlossen, dass ein Anspruch im Urkunden- und Wechselprozess (§§ 592 ff. ZPO) mit einem Verfahren in Familiensachen verbunden wird.

IV. Keine gesetzlichen Verbindungsverbote

Es dürfen **keine gesetzlichen Verbindungsverbote** bestehen.

V. Rechtsfolge

Das Gericht prüft, ob die Voraussetzungen der objektiven Klagehäufung vorliegen, § 260 ZPO:

1. Stellt das Gericht fest, dass die objektive Klagehäufung zulässig ist, so hat es zwei Möglichkeiten:

    a) Einmal kann es beschließen, über die Klagen gemeinsam zu verhandeln und zu entscheiden.

    b) Zum anderen kann es aber auch eine getrennte Verhandlung gemäß § 145 I ZPO anordnen.

2. Kommt das Gericht zu der Entscheidung, dass die Voraussetzungen des § 260 ZPO nicht erfüllt sind, kann unter den weiteren Voraussetzungen nach § 145 Abs. 1 ZPO eine Prozesstrennung erfolgen.

H. Die Streitgenossenschaft, §§ 59 ff. ZPO

1. Die einfache Streitgenossenschaft, §§ 59 ff. ZPO

> a) Rechtsgemeinschaft, § 59 1. Alt. ZPO
> b) Identischer rechtlicher und tatsächlicher Grund für Anspruch, § 59 2. Alt. ZPO
> c) Generalklausel, § 60 ZPO
> d) Zusätzliche Voraussetzungen: § 260 ZPO analog
> e) Rechtsfolge

Bei der einfachen Streitgenossenschaft werden mehrere selbständige Prozesse aus Gründen der Zweckmäßigkeit zusammengefasst.

Die Zulässigkeit der einfachen Streitgenossenschaft ergibt sich aus **§ 59 ff. ZPO**:

a) Rechtsgemeinschaft, § 59 1. Alt. ZPO

Es besteht eine **Rechtsgemeinschaft** bezüglich des strittigen materiellen Rechts, **§ 59 1. Alt. ZPO**

Eine solche Rechtsgemeinschaft liegt z.B. vor bei:

- Gesamtschuldnerschaft, § 421 BGB,
- Gesamtgläubigerschaft, § 432 BGB,
- Bruchteilsgemeinschaften, § 741 BGB.

b) Identischer rechtlicher und tatsächlicher Grund für Anspruch, § 59 2. Alt. ZPO

Die Berechtigung bzw. Verpflichtung beruht auf **demselben** rechtlichen und tatsächlichen **Grund, § 59 2. Alt. ZPO**

Beispiel: Mehrere Gläubiger machen Ansprüche aus einer unerlaubten Handlung geltend.

c) Generalklausel, § 60 ZPO

Es liegen gleichartige Ansprüche oder Verpflichtungen vor, die auf einem im Wesentlichen gleichartigen tatsächlichen oder rechtlichen Grund beruhen, **§ 60 ZPO.**

§ 60 ZPO ist als Generalklausel großzügig auszulegen. Deshalb werden ihre Voraussetzungen schon bejaht, wenn tatsächliche oder rechtliche Gemeinsamkeiten vorliegen, wenn also z.b. mehrere Personen Verträge zu gleichen Bedingungen abgeschlossen haben.

d) Zusätzliche Voraussetzungen: § 260 ZPO analog

Beachte: Eine einfache Streitgenossenschaft stellt nach hM **gleichzeitig** auch eine **objektive Klagehäufung** dar. Deshalb wird nach der hM **§ 260 ZPO analog** angewendet, d.h. es müssen die Voraussetzungen

- Zuständigkeit desselben Gerichts,
- Zulässigkeit derselben Prozessart,
- kein Verbindungsverbot

vorliegen.

e) Rechtsfolge

Stellt das Gericht fest, dass die **Streitgenossenschaft nicht zulässig** ist, erfolgt ggf. die Trennung der einzelnen Prozesse, **§ 145 I ZPO.**

Ist die einfache **Streitgenossenschaft zulässig,** erfolgt eine gemeinsame Verhandlung über die einzelnen Ansprüche.

Beachte: Die einzelnen Prozesse behalten grundsätzlich ihre **rechtliche Selbständigkeit** behalten, **§ 61 ZPO.**

Das bedeutet, dass die Zulässigkeit und Begründetheit für jeden Streitgenossen gesondert zu prüfen sind.

2. Die notwendige Streitgenossenschaft, § 62 ZPO

a) Prozessrechtlich notwendige Streitgenossenschaft, § 62 I 1. Alt. ZPO
b) Materiellrechtlich notwendige Streitgenossenschaft, § 62 I 2. Alt. ZPO
c) Wirkung
aa) Rechtliche Selbständigkeit der einzelnen Verfahren
bb) Einschränkung dieses Grundsatzes durch § 62 I ZPO (Vertretungsfiktion)

Eine notwendige Streitgenossenschaft liegt vor, wenn es erforderlich ist, dass gegenüber allen Streitgenossen eine *einheitliche* Verhandlung erfolgt und eine einheitliche Entscheidung getroffen wird.

a) Prozessrechtlich notwendige Streitgenossenschaft, § 62 I 1. Alt. ZPO

Eine aus **prozessrechtlichen Gründen** notwendige Streitgenossenschaft i.S.v. **§ 62 I 1. Alt. ZPO** liegt in Fällen der sog. **Rechtskrafterstreckung** vor.

Hintergrund dieser Regelung: Wenn es bei nacheinander geführten Prozessen wegen der Rechtskrafterstreckung keine unterschiedlichen Entscheidungen geben darf, so darf dieses auch nicht der Fall sein, wenn diese Prozesse zeitgleich geführt werden.

b) Materiellrechtlich notwendige Streitgenossenschaft, § 62 I 2. Alt ZPO

Eine **materiellrechtlich notwendige Streitgenossenschaft** i.S.v § **62 I 2. Alt. ZPO** ist gegeben, wenn das streitige Recht mehreren Personen gemeinschaftlich zusteht und deshalb alle zusammen klagen oder verklagt werden müssen.

c) Wirkung

Das Vorliegen einer notwendigen Streitgenossenschaft hat die folgenden Wirkungen:

aa) Die Verfahren sind auch bei der notwendigen Streitgenossenschaft **grundsätzlich rechtlich selbständig** i.S.v. § **61 ZPO**.

bb) Dieser Grundsatz wird **eingeschränkt durch § 62 ZPO**:
Gemäß § **62 I ZPO** gelten im Termin nicht anwesende Streitgenossen als durch die anwesenden Streitgenossen vertreten (sog. **Vertretungsfiktion**).

cc) In der **Fallbearbeitung** ist die Streitgenossenschaft vor der Zulässigkeit der Klagen zu prüfen.

Denn wenn die Voraussetzungen der Streitgenossenschaft nicht gegeben sind, erfolgt keine Klageabweisung, sondern ggf. eine Trennung der Klagen (vgl. § 145 ZPO).

I. Die Klageänderung, §§ 263 f. ZPO

I. Vorliegen einer Klageänderung
II. Zulässigkeit der Klageänderung
1. Zulässigkeit nach § 264 Nr. 2 oder Nr. 3 ZPO
2. Zulässigkeit nach § 263 ZPO
a) Einwilligung
b) Sachdienlichkeit
III. Erfolgsaussichten der geänderten Klage, d.h.
- Zulässigkeit der geänderten Klage
- Begründetheit der geänderten Klage

I. Vorliegen einer Klageänderung

Eine Klageänderung liegt vor, wenn der **Streitgegenstand geändert** wird.

78

Nach dem zweigliedrigen Streitgegenstandsbegriff der hM liegt eine Klageänderung vor beim Austausch

- des Antrags,
- des zugrunde liegenden Lebenssachverhalts oder
- von beidem.

II. Zulässigkeit der Klageänderung

Die **Zulässigkeit** einer Klageänderung ergibt sich aus **§§ 263, 264 ZPO:**

1. Zulässigkeit nach § 264 Nr. 2 oder Nr. 3 ZPO

Liegt ein Fall der § 264 Nr. 2 oder Nr. 3 ZPO vor, also

- eine Erweiterung oder Beschränkung des Klageantrags, § 264 Nr. 2 ZPO oder
- eine Änderung des geforderten Gegenstandes aufgrund einer später eingetretenen Veränderung, § 264 Nr. 3 ZPO,

so handelt es sich um eine **stets zulässige Klageänderung.**

2. Zulässigkeit nach § 263 ZPO

Liegt keine zulässige Klageänderung nach § 264 ZPO vor, ist eine Klageänderung unter den Voraussetzungen des § 263 ZPO zulässig, also bei

- **Einwilligung** des Beklagten oder
- **Sachdienlichkeit** der Klageänderung.

a) Einwilligung

Die **Einwilligung des Beklagten** kann in zwei Varianten vorliegen:

- einmal kann er **ausdrücklich** in die Klageänderung einwilligen (in der Praxis und Klausur sehr unwahrscheinlich).

- Vermutung der Einwilligung nach **§ 267 ZPO:** Der Beklagte lässt sich ohne Widerspruch auf die geänderte Klage ein (hat also sachlich zu ihr Stellung genommen).

b) Sachdienlichkeit

Liegt keine Einwilligung des Beklagten vor, so ist die Klageänderung zulässig, wenn das Gericht sie für **sachdienlich** hält.

Eine Klageänderung ist sachdienlich, wenn
- der bisherige Streitstoff eine verwertbare Entscheidungsgrundlage bleibt und
- die Zulassung die endgültige Beilegung des Rechtsstreits fördert,
- so dass ein neuer Prozess vermieden wird.

III. Erfolgsaussichten der geänderten Klage

Nach hM ist die Zulässigkeit der Klageänderung eine **besondere Zulässigkeits-voraussetzung** für den geänderten Klageanspruch.

Daraus ergibt sich für die Prüfung der Klageänderung, dass die Zulässigkeit der Klageänderung so früh wie möglich geprüft werden sollte.

1. Wenn die Prüfung die **Unzulässigkeit der Klageänderung** ergibt, ist die geänderte Klage schon aus diesem Grund abzuweisen.

Merke: Die besondere Zulässigkeitsvoraussetzung der geänderten Klage ist die Zulässigkeit der Klageänderung.

2. Kommt man zu dem Ergebnis, dass die **Klageänderung zulässig** ist, so sind die Erfolgsaussichten der geänderten Klage, also

- die Zulässigkeit der geänderten Klage und
- die Begründetheit der geänderten Klage

zu prüfen.

J. Die Erledigterklärung

I. Die übereinstimmende Erledigterklärung, § 91a ZPO
II. Die einseitige Erledigterklärung

I. Die übereinstimmende Erledigterklärung, § 91a ZPO

1. Erledigterklärung des Klägers
2. Anschlusserklärung des Beklagten
3. Rechtsfolge: Beschluss des Gerichts über die Kosten, § 91a ZPO
d.h.: summarische Prüfung der
- Zulässigkeit der Klage und
- Begründetheit der Klage

Eine übereinstimmende Erledigterklärung liegt vor, wenn der Beklagte sich der Erledigterklärung des Klägers anschließt.

1. Erledigterklärung des Klägers

Der Kläger muss den Rechtsstreit ausdrücklich für erledigt erklären.

2. Anschlusserklärung des Beklagten

Der Beklagte muss sich der Erledigterklärung des Klägers anschließen.

a) Der Beklagte kann ausdrücklich erklären, dass er den Rechtsstreit ebenfalls für erledigt erklärt.

80

b) Nach der Rechtsprechung steht es einer ausdrücklichen Anschluss-erklärung gleich, wenn der Beklagte *in der mündlichen Verhandlung* der Erledigterklärung des Klägers nicht widerspricht. Vgl. zudem § 91a I 2 ZPO, wonach der Beklagte innerhalb einer Notfrist von zwei Wochen seit der Zustellung des Schriftsatzes widersprechen muss.

3. Rechtsfolge: Beschluss des Gerichts über die Kosten, § 91a ZPO

Beim Vorliegen einer beiderseitigen Erledigterklärung treten die folgenden Rechts-folgen ein:

1. Die Rechtshängigkeit des bisher streitigen Anspruchs wird beendet. Das Gericht darf in der Hauptsache keine Entscheidung mehr treffen.

2. Das Gericht hat durch Beschluss nur noch über die Kosten des Rechts-streits zu entscheiden, § 91a ZPO.

Diese Kostenentscheidung ergeht **unter Berücksichtigung des bis-herigen Sach- und Streitstandes.** Das Gericht muss daher prüfen, welche Partei im Falle der Fortführung des Prozesses die Kosten des Rechtsstreits zu tragen hätte, weil sie voraussichtlich unterlegen wäre.

Dies erfolgt durch eine *summarische Prüfung der Erfolgsaussichten* der Klage. D.h. das Gericht muss summarisch

   o die Zulässigkeit der Klage und
   o die Begründetheit der Klage
prüfen.

Wichtig: **Das Gericht prüft nicht, ob tatsächlich eine Erledigung des Rechtsstreits eingetreten ist.** Aufgrund des Dispositions-grundsatzes ist das Gericht an die übereinstimmenden Er-klärungen der Parteien gebunden.

II. Die einseitige Erledigterklärung

> 1. Rechtliche Einordnung
> 2. Zulässigkeit der Klageänderung, § 264 Nr.2 ZPO (hM)
> 3. Zulässigkeit der geänderten Klage
> 4. Begründetheit der geänderten Klage
> a) Zulässigkeit der ursprünglichen Klage
> b) Begründetheit der ursprünglichen Klage
> c) Erledigendes Ereignis nach Rechtshängigkeit
> d) Erledigung der Hauptsache

Schließt sich der Beklagte der Erledigterklärung des Klägers **nicht** an, so greift § 91a ZPO nicht. Stattdessen ist § 264 Nr. 2 ZPO zu prüfen.

1. Rechtliche Einordnung

Die einseitige Erledigterklärung ist in der ZPO nicht geregelt, aber als zivil-prozessuales Institut allgemein anerkannt.

Nach **heute hM** stellt die einseitige Erledigterklärung eine **Klageänderung** dar. Mit seiner Erklärung, dass für ihn der Rechtsstreit in der Hauptsache erledigt ist, stellt der Kläger seinen ursprünglichen Klageantrag um auf die *Feststellung*, dass

- die ursprünglich zulässige und begründete Klage
- durch ein Ereignis nach Rechtshängigkeit
- unzulässig und/oder unbegründet geworden ist.

2. Zulässigkeit der Klageänderung, § 264 Nr. 2 ZPO (hM)

Diese Umstellung auf einen Feststellungsantrag stellt eine Beschränkung des ursprünglichen Antrags dar und ist damit **nach § 264 Nr. 2 ZPO stets zulässig**.

3. Zulässigkeit der geänderten Klage

Für die geänderte Klage müssen die Zulässigkeitsvoraussetzungen gegeben sein.

Im Rahmen dieser Prüfung ist *insbesondere* auf das **Feststellungsinteresse nach § 256 I ZPO** einzugehen.

Nach **hM** ergibt sich bei der einseitigen Erledigterklärung das Feststellungsinteresse des Klägers daraus, dass er bei einer möglichen Erledigung der Hauptsache keine andere Möglichkeit hat, der Kostentragungspflicht zu entgehen (vgl. §§ 91, 269 III 2 ZPO).

4. Begründetheit der geänderten Klage

Die geänderte Klage ist begründet, wenn sich die **ursprünglich zulässige und begründete Klage durch** ein **Ereignis nach Rechtshängigkeit** erledigt hat, sie also **unzulässig und/oder unbegründet geworden** ist.

a) Zulässigkeit der ursprünglichen Klage

Die ursprüngliche Klage muss vor dem Eintritt des erledigenden Ereignisses zulässig gewesen sein.

Bei Unzulässigkeit der ursprünglichen Klage ist die geänderte Klage unbegründet und wird abgewiesen.

b) Begründetheit der ursprünglichen Klage

Die ursprüngliche Klage muss vor dem Eintritt des erledigenden Ereignisses begründet gewesen sein.

War die ursprüngliche Klage nicht begründet, so ist die geänderte Klage unbegründet und wird abgewiesen.

c) Erledigendes Ereignis nach Rechtshängigkeit

Es muss **nach Rechtshängigkeit** (also nach Zustellung der Klageschrift, vgl. § 261 I ZPO) ein **erledigendes Ereignis** eingetreten sein.

Liegt ein **erledigendes Ereignis vor Rechtshängigkeit** (also zwischen Eingang der Klageschrift bei Gericht und deren Zustellung vor), so ist nach hM **§ 269 III 3 ZPO** anzuwenden.

d) Erledigung der Hauptsache

Eine Erledigung der Hauptsache liegt vor, wenn die ursprüngliche Klage durch das Ereignis nach Rechtshängigkeit

- unzulässig und/oder
- unbegründet

geworden ist.

K. Die Widerklage

I. Zulässigkeit der Widerklage
1. Allgemeine Zulässigkeitsvoraussetzungen
a) örtliche Zuständigkeit
b) ordnungsgemäße Klageerhebung, beachte § 261 II ZPO
2. Besondere Zulässigkeitsvoraussetzungen
a) Rechtshängige Hauptklage bei Erhebung der Widerklage
b) Parteiidentität
c) Selbständiger Streitgegenstand
d) Kein gesetzlicher Ausschluss der Widerklage
e) Konnexität § 33 ZPO (str.)
II. Begründetheit der Widerklage

Bei der Widerklage handelt es sich um eine **vollwertige Klage**, die der Beklagte im selben Verfahren gegen den Kläger erheben kann. In der ZPO wird die Widerklage lediglich in **§ 33 ZPO** erwähnt.

Beachte: Eine Widerklage darf vom Gericht **nicht** gemäß **§ 296 ZPO** als verspätet zurückgewiesen werden. Denn die Widerklage ist kein Angriffsmittel, sondern eine vollwertige Klage. Sie ist **selbst ein Angriff** und kann deshalb bis zum Schluss der letzten mündlichen Verhandlung erhoben werden.

I. Zulässigkeit der Widerklage

Die **Zulässigkeit** der Widerklage richtet sich nach den **allgemeinen Vorschriften**. Daneben sind einige **Besonderheiten** zu beachten.

1. Allgemeine Zulässigkeitsvoraussetzungen

Zunächst müssen für die Widerklage die allgemeinen Zulässigkeitsvoraussetzungen vorliegen.

Besonderes Augenmerk ist hierbei auf die Prüfung der
- örtlichen Zuständigkeit und
- ordnungsgemäßen Klageerhebung

zu richten.

a) örtliche Zuständigkeit

Für die Widerklage begründet **§ 33 I ZPO** bezüglich der örtlichen Zuständigkeit einen **besonderen Gerichtsstand.**

Diese Vorschrift kommt aber nur dann zum Tragen, wenn sich die örtliche Zuständigkeit des Gerichts nicht bereits aus anderen Vorschriften ergibt.

Konsequenz für die Fallprüfung:

-   Es ist zuerst zu prüfen, ob sich die örtliche Zuständigkeit des Gerichts aufgrund allgemeiner Vorschriften, wie z.B. §§ 12, 13 ZPO ergibt.

-   Ergibt sich die Zuständigkeit des Gerichts nicht aus anderen Vorschriften, dann ist das Gericht der Klage für die Widerklage zuständig, wenn diese mit dem in der Klage geltend gemachten Anspruch im Zusammenhang steht, § 33 I ZPO.

    Ein solcher Zusammenhang (*Konnexität*) liegt vor, wenn die geltend gemachten Ansprüche auf ein gemeinsames Rechtsverhältnis zurückzuführen sind. Dieses ist dann der Fall, wenn ihnen ein **einheitlicher Lebenssachverhalt** zugrunde liegt.

-   Sollte es an einem solchen Zusammenhang zwischen Klage und Widerklage fehlen, so kann sich die Zuständigkeit des Gerichts für die Widerklage durch eine rügelose Einlassung des Klägers auf die Widerklage ergeben, vgl. § 39 ZPO.

b) ordnungsgemäße Klageerhebung, beachte § 261 II ZPO

Die Widerklage muss ordnungsgemäß erhoben werden. Dieses kann geschehen durch

-   die Einreichung eines Schriftsatzes bei Gericht oder
-   Klageerhebung in der mündlichen Verhandlung, vgl. § 261 II ZPO.

2. Besondere Zulässigkeitsvoraussetzungen

Neben den allgemeinen Zulässigkeitsvoraussetzungen müssen bei der Widerklage auch die folgenden besonderen Zulässigkeitsvoraussetzungen gegeben sein:

a) Rechtshängige Hauptklage bei Erhebung der Widerklage

Bei der Erhebung der Widerklage muss eine **andere Klage rechtshängig** sein.

Beachte: Die Rechtshängigkeit der anderen Klage muss **nur zu dem Zeitpunkt der Erhebung der Widerklage** vorliegen. Entfällt die Rechtshängigkeit der Klage nach der Erhebung der Widerklage, so bleibt die Widerklage weiterhin zulässig.

b) Parteiidentität

Der Beklagte muss die Widerklage gegen den Kläger richten. Eine Widerklage gegen Personen, die nicht Parteien des Verfahrens sind, ist grundsätzlich unzulässig.

c) Selbständiger Streitgegenstand

Der Beklagte muss mit der Widerklage einen **selbständigen Streitgegenstand** geltend machen.

Die Widerklage darf nicht bloß dazu benutzt werden, um die Verneinung des Klagebegehrens geltend zu machen.

d) Kein gesetzlicher Ausschluss der Widerklage

Die Widerklage darf **nicht gesetzlich ausgeschlossen** sein.

Ein solcher gesetzlicher Ausschluss gilt z.B. für den Urkunden- und Wechselprozess, vgl. § 595 I ZPO.

e) Konnexität § 33 ZPO (str.)

Wie bereits dargestellt wurde, begründet § 33 ZPO die besondere Zuständigkeit des Gerichts für die Widerklage, wenn die Widerklage mit dem in der Klage geltend gemachten Anspruch im Zusammenhang (Konnexität) steht.

Es ist **umstritten**, ob § 33 ZPO neben einem besonderen Gerichtsstand daneben auch noch eine **besondere Zulässigkeitsvoraussetzung** für die Widerklage aufstellt:

- Nach **Auffassung der Rechtsprechung** begründet § 33 ZPO mit dem Erfordernis der Konnexität auch eine **besondere Zulässigkeitsvoraussetzung** für die Widerklage.

- Dagegen sieht die **hM** in § 33 ZPO **nur** die Regelung eines **besonderen Gerichtsstandes** für die Widerklage.

  Argumente der hM:
    - *Systematische Stellung* des § 33 ZPO (innerhalb der Bestimmungen über den Gerichtsstand).

    - *Wortlaut* des § 33 ZPO (wenn § 33 ZPO als Regelung über die Zulässigkeit der Widerklage zu verstehen wäre, hätte er den folgenden Wortlaut haben müssen: „... kann eine Widerklage *nur* erhoben werden, wenn ...").

  Beachte: In der Klausur muss dieser Meinungsstreit oft nicht entschieden werden aus folgenden Gründen:

- Wenn ein Zusammenhang i.S.v. § 33 ZPO gegeben ist, liegt auch diese besondere Zulässigkeitsvoraussetzung vor.

- Liegt kein Zusammenhang i.S.v. § 33 ZPO vor, kann nach der Rechtsprechung dieser Mangel durch rügeloses Einlassen auf die Widerklage nach § 295 ZPO geheilt werden.

II. Begründetheit der Widerklage

Die Widerklage ist begründet, wenn der mit der Widerklage geltend gemachte Anspruch besteht.

L. Die Rechtskraft und ihre Durchbrechung

I. Die Rechtskraft

1. Zweck: Rechtsfrieden und -sicherheit
2. Arten der Rechtskraft
a) Formelle Rechtskraft, § 705 ZPO
b) Materielle Rechtskraft, § 322 ZPO
aa) Definition der materiellen Rechtskraft
bb) Auswirkungen der materiellen Rechtskraft

1. Zweck: Rechtsfrieden und -sicherheit

Das Institut der Rechtskraft sorgt dafür, dass jeder Rechtsstreit einmal ein Ende findet und das Urteil für die Parteien endgültig verbindlich ist.

2. Arten der Rechtskraft

Es muss zwischen *formeller* und *materieller Rechtskraft* unterschieden werden.

a) Formelle Rechtskraft, § 705 ZPO

Formelle Rechtskraft bedeutet, dass eine **Entscheidung nicht oder nicht mehr angefochten** werden kann.

Eine solche Unanfechtbarkeit tritt ein:

- bei der Verkündung von Urteilen, gegen die kein Rechtsmittel stattfindet (insbesondere sog. letztinstanzliche Entscheidungen).

- bei Ablauf der Frist zur Einlegung eines Rechtsmittels, Einspruchs oder der Rüge nach § 321a ZPO, § 705 S.1 ZPO.

- bei Verzicht beider Parteien auf Rechtsmittel, vgl. §§ 515, 565 ZPO.

- bei Verzicht einer Partei auf Einspruch, § 346 ZPO.

Mit dem Eintritt der formellen Rechtskraft ist der Prozess als solcher beendet.

b) Materielle Rechtskraft, § 322 ZPO

Ist ein Urteil unanfechtbar und damit formell rechtskräftig geworden, tritt die materielle Rechtskraft ein.

aa) Definition der materiellen Rechtskraft

Als **materielle Rechtskraft** wird die **Bindungswirkung des Urteils** bezeichnet.

Das bedeutet, dass die Entscheidung des Gerichts für die Parteien maßgeblich und bindend ist.

Beachte: der **Umfang** der Rechtskraft ist in dreifacher Hinsicht **beschränkt**:

-   Ein Urteil wirkt grundsätzlich nur zwischen den Parteien des Rechtsstreits (also nur „inter partes"), vgl. § 325 I ZPO.

-   Es erwächst grundsätzlich nur die Urteilsformel in materielle Rechtskraft, vgl. § 322 I ZPO.

-   Die Rechtskraft erstreckt sich nur auf Tatsachen, die am Schluss der mündlichen Verhandlung vorgelegen haben. Das bedeutet, dass eine Änderung der Umstände nach der Verkündung des Urteils von der Rechtskraft nicht erfasst wird.

bb) Auswirkungen der materiellen Rechtskraft

Die materielle Rechtskraft hat die folgenden Auswirkungen:

-   Die Rechtskraft des Urteils steht einem neuen Prozess über denselben Streitgegenstand entgegen („ne bis in idem").
-   In einem späteren Prozess ist die rechtskräftig festgestellte Rechtsfolge bindend, soweit diese für den neuen Prozess vorgreiflich ist (sog. Präjudizialität).

II. Die Durchbrechung der Rechtskraft

1. Wiederaufnahme des Verfahrens, §§ 578 ff. ZPO
2. Klage aus § 826 BGB
3. Verfassungsbeschwerde, Art. 93 I Nr. 4a GG

Es gibt mehrere **Möglichkeiten zur Durchbrechung** der Rechtskraft:

1. Wiederaufnahme des Verfahrens, §§ 578 ff. ZPO

Bei schwersten Verfahrensfehlern bzw. Verfälschungen der Entscheidungsgrundlage kann eine **Wiederaufnahme des Verfahrens** stattfinden, vgl. **§§ 578 ff. ZPO.**

Möglichkeiten der Wiederaufnahme:
-   **Nichtigkeitsklage** (§ 579 ZPO) oder
-   **Restitutionsklage** (§ 580 ZPO)

Beachte: Eine Wiederaufnahme ist **nur möglich, wenn** einer der in §§ 579, 580 ZPO aufgezählten Gründe vorliegt.

2. Klage aus § 826 BGB

a) Offensichtliche Unrichtigkeit des Urteils
b) Unrichtigkeit ist keine Folge nachlässiger Prozessführung des Betroffenen
c) Urteilsgläubiger muss Kenntnis von der Unrichtigkeit des Titels haben
d) Besondere Umstände, die eine Sittenwidrigkeit begründen

Die Durchbrechung der Rechtskraft mit der Klage aus § 826 BGB wurde von der Rechtsprechung für die Fälle der sittenwidrigen Urteilserschleichung oder Urteilsausnutzung entwickelt.

Bei diesem Institut erfolgt **keine Aufhebung** des rechtskräftigen Urteils. Stattdessen kann der Betroffene die Vollstreckung aus einem rechtskräftigen Urteil verhindern oder Schadensersatz nach bereits erfolgter Vollstreckung verlangen.

Ein solches Vorgehen ist unter folgenden **Voraussetzungen** möglich:

a) Offensichtliche Unrichtigkeit des Urteils.

Das Urteil muss offensichtlich unrichtig sein.

b) Unrichtigkeit ist keine Folge nachlässiger Prozessführung des Betroffenen

Diese Unrichtigkeit darf nicht auf eine nachlässige Prozessführung des Betroffenen zurückzuführen sein.

c) Kenntnis des Urteilsgläubigers von der Unrichtigkeit des Titels

Der Urteilsgläubiger muss Kenntnis von der Unrichtigkeit des Titels haben.

d) Besondere Umstände, die eine Sittenwidrigkeit begründen

Es müssen besondere Umstände vorliegen, die eine **Sittenwidrigkeit** begründen.

Solche besonderen Umstände liegen insbesondere vor,

-   wenn das Urteil „erschlichen" – also in unredlicher oder arglistiger Art erwirkt wurde, oder

-   wenn die Ausnutzung des als unrichtig erkannten Urteils mit dem Gerechtigkeitsgedanken schlechthin unvereinbar wäre.

3. Verfassungsbeschwerde, Art. 93 I Nr. 4a GG

Eine Durchbrechung der Rechtskraft ist auch mittels einer **Verfassungsbeschwerde** nach **Art. 93 I Nr. 4a GG** möglich.

Hierfür ist es erforderlich, dass der Betroffene durch das Urteil in seinen Grundrechten verletzt wird.

Ist die Verfassungsbeschwerde erfolgreich, so wird das Urteil aufgehoben und gegebenenfalls zurückverwiesen (§ 95 II BVerfGG).

M. Das Versäumnisverfahren

I. Das Versäumnisurteil gegen den Beklagten, § 331 ZPO

> **1. Voraussetzungen für den Erlass eines Versäumnisurteils, § 331 ZPO**
> **a) Antrag auf Erlass eines Versäumnisurteils**
> **b) Säumnis des Beklagten**
> **c) Keine Erlasshindernisse**
> **2. Zulässigkeit der Klage**
> **3. Schlüssigkeit der Klage, § 331 I ZPO**

1. Voraussetzungen für den Erlass eines Versäumnisurteils, § 331 ZPO

Ein Versäumnisurteil gegen den Beklagten ergeht unter den folgenden Voraussetzungen:

a) Antrag auf Erlass eines Versäumnisurteils

Der Kläger muss einen Antrag auf Erlass eines Versäumnisurteils gestellt haben, § 331 I 1 ZPO.

b) Säumnis des Beklagten

Der Beklagte muss säumig sein, § 331 I 1 ZPO.

Säumnis liegt vor, wenn der Beklagte

- in einem Termin zur mündlichen Verhandlung,
- trotz ordnungsgemäßer und rechtzeitiger Ladung (vgl. § 335 I Nr. 2 ZPO)
- nicht erscheint.

   Der Beklagte ist nicht erschienen, wenn
   - er nicht anwesend ist,
   - nicht ordnungsgemäß vertreten ist (insbesondere in Verfahren mit Anwaltszwang, § 78 ZPO), oder
   - er zwar erscheint, aber nicht verhandelt i.S.v. § 137 ZPO (§ 333 ZPO).

c) Keine Erlasshindernisse

Es dürfen **keine Hindernisse** für den Erlass eines Versäumnisurteils nach **§§ 335, 337 ZPO** bestehen.

2. Zulässigkeit der Klage

Die **Klage muss zulässig sein**, d. h. es müssen die Zulässigkeitsvoraussetzungen vorliegen.

Sofern die **Klage unzulässig** ist, wird sie durch ein normales Prozessurteil abgewiesen (sog. „**unechtes Versäumnisurteil**", da es nicht *aufgrund* der Säumnis, sondern *bei Gelegenheit* der Säumnis erlassen wurde).

3. Schlüssigkeit der Klage, § 331 I ZPO

Die Klage muss **schlüssig** sein.

Schlüssigkeit ist gegeben, wenn der Vortrag des Klägers, als wahr unterstellt (vgl. § 331 I 1 ZPO), den Klageantrag rechtfertigt. Dieses ist dann der Fall, wenn die Subsumtion der als zugestanden geltenden Tatsachen ergibt, dass der geltend gemachte Anspruch besteht.

Ergibt die Prüfung, dass der Anspruch besteht, so ist die **Klage schlüssig** und es ergeht ein **echtes Versäumnisurteil** gegen den Beklagten.

Ist nach der Prüfung die **Klage unschlüssig**, wird die Klage **abgewiesen**, vgl. § 331 II 2.HS ZPO (auch hier liegt ein sog. *unechtes Versäumnisurteil*, da es nicht aufgrund, sondern nur *bei Gelegenheit* der Säumnis erlassen wurde).

II. Das Versäumnisurteil gegen den Kläger, § 330 ZPO

1. Voraussetzungen für den Erlass eines Versäumnisurteils, § 330 ZPO
a) Antrag auf Erlass eines Versäumnisurteils
b) Säumnis des Klägers
c) Keine Erlasshindernisse
2. Zulässigkeit der Klage
3. Keine Prüfung der Schlüssigkeit der Klage

1. Voraussetzungen für den Erlass eines Versäumnisurteils, § 330 ZPO

Auch gegen einen säumigen Kläger kann ein Versäumnisurteil erlassen werden. § 330 ZPO bestimmt hierfür die folgenden Voraussetzungen:

a) Antrag auf Erlass eines Versäumnisurteils

Der Beklagte muss einen Antrag auf Erlass eines Versäumnisurteils gestellt haben, § 330 ZPO.

b) Säumnis des Klägers

Der Kläger muss säumig sein, § 330 ZPO. Säumnis liegt vor, wenn der Kläger

- in einem Termin zur mündlichen Verhandlung,
- trotz ordnungsgemäßer und rechtzeitiger Ladung (vgl. § 335 I Nr. 2 ZPO)
- nicht erscheint.

Der Kläger ist nicht erschienen, wenn
- er nicht anwesend ist,
- nicht ordnungsgemäß vertreten ist (insbesondere in Verfahren mit Anwaltszwang, § 78 ZPO), oder
- er zwar erscheint, aber nicht verhandelt i.S.v. § 137 ZPO (§ 333 ZPO).

c) Keine Erlasshindernisse

Es dürfen **keine Hindernisse** für den Erlass eines Versäumnisurteils nach §§ 335, 337 ZPO bestehen.

2. Zulässigkeit der Klage

Die **Klage muss zulässig sein** (d. h. es müssen die Zulässigkeitsvoraussetzungen vorliegen), damit gegen den Kläger ein sog. echtes Versäumnisurteil ergeht.

Sofern die **Klage unzulässig** ist, wird sie durch ein normales Prozessurteil abgewiesen (sog. „unechtes Versäumnisurteil", da es nicht *aufgrund* der Säumnis, sondern *bei Gelegenheit* der Säumnis erlassen wurde).

3. Keine Prüfung der Schlüssigkeit der Klage

Bei einem Versäumnisurteil gegen den Kläger wird die Schlüssigkeit der Klage nicht geprüft.

Bei einer Säumnis des Klägers ist die Klage also ohne Sachprüfung durch ein echtes Versäumnisurteil abzuweisen.

Die **Klageabweisung** stellt dabei eine Art **Strafe für die Säumnis des Klägers** dar.

III. Der Einspruch gegen ein Versäumnisurteil, § 338 ZPO

1. Zulässigkeit des Einspruchs **a) Statthaftigkeit, § 338 ZPO** **b) Frist, § 339 ZPO** **c) Einlegung beim Prozessgericht, § 340 I ZPO** **d) Inhalt gemäß § 340 II ZPO** **2. Bei Unzulässigkeit Verwerfung des Einspruchs , § 341 I 2 ZPO** **3. Bei Zulässigkeit des Einspruchs** **a) Rückversetzung in Lage vor Säumnis, § 342 ZPO** **b) Prüfung der Erfolgsaussichten der Klage**

Nach dem Erlass eines Versäumnisurteils kann die betroffene Partei gegen das Versäumnisurteil mit dem **Rechtsbehelf des Einspruchs (§§ 338 ff. ZPO)** vorgehen.

1. Zulässigkeit des Einspruchs

Der Einspruch ist zulässig, wenn die folgenden **Voraussetzungen** vorliegen:

a) Statthaftigkeit, § 338 ZPO

Der Einspruch ist statthaft, wenn er sich gegen ein **echtes Versäumnisurteil** richtet, vgl. § 338 ZPO.

Das bedeutet, dass das Urteil
- gegen die säumige Partei und
- aufgrund ihrer Säumnis

ergangen sein muss (s.o.).

Gegen ein *unechtes Versäumnisurteil* sind die *allgemeinen Rechtsmittel* (also die Berufung) statthaft.

b) Frist, § 339 ZPO

Der Einspruch muss innerhalb einer Frist von **zwei Wochen nach der Zustellung** des Versäumnisurteils eingelegt werden, § 339 ZPO.

c) Einlegung beim Prozessgericht, § 340 I ZPO

Der Einspruch ist bei dem Prozessgericht (sog. judex a quo) einzulegen, § 340 I ZPO.

d) Inhalt gemäß § 340 II ZPO

Die Einspruchsschrift muss den Erfordernissen des § 340 II ZPO entsprechen, d.h. sie muss enthalten:

- die Bezeichnung des Urteils, gegen das der Einspruch gerichtet wird und
- die Erklärung, dass gegen dieses Urteil Einspruch eingelegt wird.

2. Bei Unzulässigkeit Verwerfung des Einspruchs , § 341 I 2 ZPO

Kommt die Prüfung zu dem Ergebnis, dass der Einspruch unzulässig ist, so wird er als unzulässig verworfen, vgl. § 341 I 2 ZPO.

3. Bei Zulässigkeit des Einspruchs

Kommt die Prüfung zu dem Ergebnis, dass der **Einspruch zulässig** ist, so hat dies die folgenden Auswirkungen:

a) Rückversetzung in Lage vor Säumnis, § 342 ZPO

Der Prozess wird gemäß **§ 342 ZPO** in die Lage **zurückversetzt**, in der er sich vor dem Eintritt der Säumnis befand.

Das bedeutet, dass das Gericht in einem mündlichen Termin (sog. **Einspruchstermin**, vgl. § 341a ZPO) über die Angelegenheit zu entscheiden hat.

b) Prüfung der Erfolgsaussichten der Klage

Um eine Entscheidung über die Angelegenheit zu treffen, prüft das Gericht die Zulässigkeit und Begründetheit.

- Kommt das Gericht zu dem Ergebnis, dass das **Versäumnisurteil sachlich richtig** ist, so wird es in dem Urteil aufrechterhalten, **§ 343 S.1 ZPO.**

- Stellt sich die sachliche **Unrichtigkeit des Versäumnisurteils** heraus, so **hebt** das Gericht es in seinem Urteil **auf** und trifft eine neue Entscheidung, **§ 343 S. 2 ZPO.**

IV. Der Erlass des zweiten Versäumnisurteils, § 345 ZPO

1. Säumnis des Einspruchsführers im Einspruchstermin
2. Antrag der Gegenpartei auf Erlass eines Versäumnisurteils
3. Keine Prüfung der Gesetzmäßigkeit des ersten Versäumnisurteils (hM)
4. Statthafter Rechtsbehelf: Berufung, § 514 II ZPO
(Kein Einspruch, § 345 ZPO)

Erscheint die Partei, die den Einspruch gegen das Versäumnisurteil eingelegt hat, im Einspruchstermin nicht, kann gegen sie nach § 345 ZPO ein weiteres Versäumnisurteil (sog. **„technisch zweites Versäumnisurteil"**) erlassen werden.

§ 345 ZPO statuiert für den Erlass eines sog. technisch zweiten Versäumnisurteils die folgenden Voraussetzungen:

1. Säumnis des Einspruchsführers im Einspruchstermin

Der Einspruchsführer muss im Einspruchstermin säumig sein.

Säumnis liegt vor, wenn der Einspruchsführer

- in einem Termin zur mündlichen Verhandlung,
- trotz ordnungsgemäßer und rechtzeitiger Ladung (vgl. § 335 I Nr. 2 ZPO)
- nicht erscheint.

Der Einspruchsführer ist nicht erschienen, wenn
- er nicht anwesend ist,
- nicht ordnungsgemäß vertreten ist (insbesondere in Verfahren mit Anwaltszwang, § 78 ZPO), oder
- er zwar erscheint, aber nicht verhandelt i.S.v. § 137 ZPO (§ 333 ZPO).

Beachte: Ist die **Gegenpartei im Einspruchstermin säumig**, so ergeht gegen sie ein sog. *technisch erstes Versäumnisurteil* nach § 330 ZPO bzw. § 331 ZPO.

2. Antrag der Gegenpartei auf Erlass eines Versäumnisurteils

Die Gegenpartei muss einen Antrag auf Erlass eines Versäumnisurteils gegen den Einspruchsführer gestellt haben.

3. Keine Prüfung der Gesetzmäßigkeit des ersten Versäumnisurteils (hM)

Nach hM hat **keine Überprüfung der Gesetzmäßigkeit des ersten Versäumnisurteils** stattzufinden.

Das Gericht hat also nicht zu prüfen, ob die Klage zulässig und im Fall eines säumigen Beklagten schlüssig ist.

Begründung: Diese Prüfung hat das Gericht schon bei Erlass des ersten Versäumnisurteils durchgeführt.

4. Statthafter Rechtsbehelf: Berufung, § 514 II ZPO (Kein Einspruch, § 345 ZPO)

Gegen das technisch zweite Versäumnisurteil ist **kein Einspruch** möglich, § 345 ZPO.

Der statthafte Rechtsbehelf ist hier die **Berufung, § 514 II ZPO**.

Beachte: Die Berufung gegen ein technisch zweites Versäumnisurteil kann *nur* darauf gestützt werden, dass bei Erlass des zweiten Versäumnisurteils *keine schuldhafte Säumnis* des Einspruchsführers gegeben war, § 514 II ZPO.

N. Rechtsmittel

I. Die Berufung, §§ 511 ff. ZPO

---

1. Zulässigkeit
a) Statthaftigkeit, § 511, 514 II ZPO
b) Zuständiges Gericht, § 519 I ZPO
c) Form
aa) Berufungseinlegung, § 519 ZPO
bb) Berufungsbegründung, § 520 ZPO
d) Frist
aa) Berufungseinlegung: 1 Monat, § 517 ZPO
bb) Berufungsbegründung: 2 Monate, § 520 II 1 ZPO
e) Beschwer
2. Begründetheit

Mit dem Rechtsmittel der Berufung wird eine erstinstanzliche Entscheidung in **tatsächlicher und rechtlicher Hinsicht überprüft.**

Die Berufung kann sowohl vom Kläger als auch vom Beklagten eingelegt werden.

94

1. Zulässigkeit

Die Berufung ist unter den folgenden Voraussetzungen zulässig:

a) Statthaftigkeit, § 511, 514 II ZPO

Die Berufung ist statthaft gegen

- alle erstinstanzlichen Urteile, § 511ZPO,
- gegen technisch zweite Versäumnisurteile, § 514 II ZPO.

b) Zuständiges Gericht, § 519 I ZPO

Die Berufung muss beim zuständigen Gericht (dem sog. Berufungsgericht) eingelegt werden, § 519 I ZPO.

- Bei *Urteilen des Amtsgerichts* ist das Berufungsgericht das übergeordnete *Landgericht*, vgl. *§ 72 GVG*.

- Bei *Urteilen eines Landgerichts* ist das Berufungsgericht das *Oberlandesgericht*, vgl. *§ 119 I Nr.2 GVG*.

- Das *Oberlandesgericht* ist ebenfalls für die Berufung *gegen Urteile des Familiengerichts* zuständig, *§§ 72, 119 I Nr.1 GVG*.

c) Form

Die Berufung muss in der notwendigen **Form** eingelegt werden:

aa) Berufungseinlegung, § 519 ZPO

Die Einlegung der Berufung erfolgt durch die Einreichung einer **Berufungsschrift**, § 519 I ZPO.

Die Berufungsschrift muss inhaltlich den *Anforderungen* nach *§ 519 II-IV ZPO* entsprechen. Außerdem muss die Berufungsschrift von einem Rechtsanwalt unterschrieben sein, vgl. *§ 78 I ZPO*.

bb) Berufungsbegründung, § 520 ZPO

Die Berufung ist zu begründen, § 520 I ZPO.

Die Berufungsbegründung kann entweder mit der Einlegung der Berufung oder mit einem gesonderten Schriftsatz erfolgen, vgl. § 520 III 1 ZPO.

Die inhaltlichen Anforderungen an die Begründung lassen sich dabei §§ 520 III 2, IV, V ZPO entnehmen.

d) Frist

Weiterhin müssen die erforderlichen **Fristen** eingehalten worden sein. Dabei muss unterschieden werden:

aa) Berufungseinlegung: 1 Monat, § 517 ZPO

Die **Berufungsschrift** muss **einen Monat** nach der Zustellung des Urteils eingereicht werden, § 517 ZPO.

bb) Berufungsbegründung: 2 Monate, § 520 II 1 ZPO

Die Frist für die Einreichung der **Berufungsbegründung** beträgt **zwei Monate** ab der Zustellung des Urteils, vgl. § 520 II 1 ZPO.

e) Beschwer

Der Berufungskläger muss durch das erstinstanzliche Urteil **beschwert** sein.

- Hat der **Kläger** der ersten Instanz die Berufung eingelegt, so ist auf die sog. **formelle Beschwer** abzustellen.

  Der Kläger ist formell beschwert, wenn ihm in dem erstinstanzlichen Urteil weniger zugesprochen wurde, als er beantragt hat.

- Beim **Beklagten** der ersten Instanz ist dagegen nach der hM auf die **materielle Beschwer** abzustellen.
  Diese materielle Beschwer ist bereits dann gegeben, wenn das erstinstanzliche Urteil für ihn nachteilig ist.

Wichtig: Für eine zulässige Berufung ist es erforderlich, dass der Wert des Beschwerdegegenstands **600 €** übersteigt, § 511 II Nr.1 ZPO.

Beachte: Bei der Berufung gegen ein **zweites Versäumnisurteil** kommt es auf den Wert des Beschwerdegegenstands nicht an, vgl. § 514 II 2 ZPO.

2. Begründetheit

Ist die Berufung zulässig, so prüft das Berufungsgericht

- die Zulässigkeit und
- die Begründetheit

des angefochtenen Urteils.

Wichtig: In der Berufung findet **keine volle zweite Tatsacheninstanz** statt.

Nach **§ 529 I Nr.2 ZPO** sind neue Tatsachen nur zu berücksichtigen, soweit sie nach **§ 531 II ZPO** zugelassen sind.

II. Die Revision, §§ 542 ff. ZPO

> 1. Zulässigkeit
> a) Statthaftigkeit, §§ 542 I, 566 ZPO
> b) Zulassung der Revision, § 543 ZPO
> c) Zuständiges Gericht: BGH, § 549 I ZPO, § 133 GVG
> d) Form, § 549 I ZPO
> e) Frist, § 548 ZPO
> 2. Begründetheit

Bei der Revision erfolgt **ausschließlich eine rechtliche Überprüfung** der ange-fochtenen Entscheidung.

1. Zulässigkeit

Die Revision ist zulässig, wenn die folgenden Voraussetzungen vorliegen:

a) Statthaftigkeit, §§ 542 I, 566 ZPO

Die Revision ist das statthafte **Rechtsmittel gegen Urteile der Berufungsinstanz**, vgl. **§ 542 I ZPO**.

Die Revision kann **aber auch gegen erstinstanzliche Urteile statthaft** sein, wenn die Voraussetzungen für eine *Sprungrevision* nach § 566 ZPO vorliegen.

b) Zulassung der Revision, § 543 ZPO

Die Revision muss vom Berufungsgericht **im Urteil zugelassen** worden sein, vgl. § 543 I Nr.1 ZPO.

c) Zuständiges Gericht: BGH, § 549 I ZPO, § 133 GVG

Die Revision muss beim **zuständigen Gericht** eingereicht werden, § 549 I ZPO. Dieses ist der BGH (§ 133 GVG).

d) Form, § 549 I ZPO

Die Revision muss **schriftlich** eingelegt werden, § 549 I ZPO.

e) Frist, § 548 ZPO

Die Revision ist **innerhalb eines Monats nach der Zustellung des Berufungs-urteils** einzulegen, § 548 ZPO.

2. Begründetheit

Im Rahmen der Begründetheitsprüfung untersucht das Revisionsgericht nur, ob das angefochtene Urteil rechtlich korrekt ist.

Es erfolgt **keine Überprüfung der Tatsachen**. Das Revisionsgericht ist an die tatsächlichen Feststellungen des Berufungsgerichts grds. gebunden, vgl. **§ 559 ZPO**.

III. Die sofortige Beschwerde, § 567 ZPO

1. Statthaftigkeit, § 567 ZPO
2. Frist, § 569 I ZPO
3. Form, § 569 II ZPO
4. Zuständiges Gericht, § 569 I ZPO

Die sofortige Beschwerde dient der Überprüfung von Beschlüssen in tatsächlicher und rechtlicher Hinsicht.

Sie ist zulässig, wenn die folgenden Voraussetzungen vorliegen:

1. Statthaftigkeit, § 567 ZPO

Die sofortige Beschwerde ist statthaft
- in den **im Gesetz ausdrücklich bestimmten Fällen, § 567 I Nr.1 ZPO,** und
- gegen **Beschlüsse, durch die ein Gesuch zurückgewiesen worden ist, § 567 I Nr.2 ZPO.**

2. Frist, § 569 I ZPO

Die **Frist** für die Einlegung der sofortigen Beschwerde beträgt **zwei Wochen**, vgl. § 569 I ZPO.

3. Form, § 569 II ZPO

Die Beschwerde muss **schriftlich** eingelegt werden, § 569 II ZPO.

4. Zuständiges Gericht, § 569 I ZPO

Der **Beschwerdeführer hat die Wahl**, bei welchem Gericht er die sofortige Beschwerde einlegt, vgl. § 569 I ZPO:

Er kann die Beschwerde

- entweder bei dem *Gericht* einlegen, *das die angefochtene Entscheidung erlassen* hat, oder

- *direkt beim Beschwerdegericht*.
  Welches Gericht als Beschwerdegericht zuständig ist, ergibt sich aus *§§ 72, 119 GVG*.

Viertes Kapitel: ZPO II - Zwangsvollstreckungsrecht

A. Die Zwangsvollstreckung im System der Klagearten

Feststellungsklage	Gestaltungsklage	Leistungsklage

Rechtsschutzziel:
Feststellung des
- Bestehens/Nicht-
  Bestehen eines
  Rechtsverhältnisses
  bzw.
- Echtheit/Unechtheit
  einer Urkunde
 	
Beachte:
Besondere Zulässig-
keitsvoraussetzung:
Feststellungsinteresse
§ 256 I ZPO
 	
Rechtsschutzziel ist mit
Rechtskraft des Urteils
erreicht
 	
ZV in der Hauptsache
nicht erforderlich
	Rechtsschutzziel:
	Umgestaltung einer
	bestehenden Rechtslage
	durch gerichtliches Urteil
	
	Beachte:
	Nur in den gesetzlich
	zugelassenen Fällen
	zulässig
	
	Urteil hat unmittelbar
	rechtsgestaltende
	Wirkung
	
	Rechtsschutzziel ist mit
	Rechtskraft des Urteils
	erreicht
	
	ZV in der Hauptsache
	nicht erforderlich
		Rechtsschutzziel:
		Durchsetzung eines
		Anspruchs
		
		Urteil gibt Beklagten auf,
		Anspruch zu erfüllen (Lei-
		stungsgebot)
		
		Erreichung des Rechts-
		schutzziels ist vom Ver-
		halten des Beklagten
		abhängig:
		
		• Beklagter erbringt
		  Leistung: Rechts-
		  schutzziel erreicht
		
		• Beklagter erbringt
		  keine Leistung:
		  ZV erforderlich

B. Grundlagen

I. Systematik des Zwangsvollstreckungsrechts

Die Systematik des Zwangsvollstreckungsrechts ergibt sich aus dem Aufbau des 8. Buches der ZPO:

1. Abschnitt 1 (§§ 704 – 802 ZPO): Allgemeine Voraussetzungen der ZV
2. Abschnitt 2 (§§ 803 – 882a ZPO): ZV wegen Geldforderungen
a) ZV in das bewegliche Vermögen: §§ 803 – 863 ZPO
b) ZV in das unbewegliche Vermögen: §§ 864 – 871 ZPO
3. Abschnitt 3 (§§ 883 – 898): ZV wegen anderer Forderungen
a) Ansprüche auf Herausgabe von Sachen: §§ 883 – 886 ZPO
b) Ansprüche auf Vornahme von Handlungen: §§ 887 – 888 ZPO
c) Ansprüche auf Duldungen und Unterlassungen: § 890 ZPO
d) Ansprüche auf Abgabe einer Willenserklärung: §§ 894 – 898 ZPO

1. Abschnitt 1 (§§ 704 – 802 ZPO): Allgemeine Voraussetzungen der ZV

Die Voraussetzungen der §§ 704 – 802 ZPO müssen **bei jeder Vollstreckungs-maßnahme** gegeben sein.

2. Abschnitt 2 (§§ 803 – 882a ZPO): ZV wegen Geldforderungen

Erfolgt die Zwangsvollstreckung wegen einer Geldforderung, so sind die §§ 803 – 882a ZPO anzuwenden.

Bei dieser Art der Zwangsvollstreckung muss noch unterschieden werden, in welchen Gegenstand vollstreckt wird:

a) ZV in das bewegliche Vermögen: §§ 803 – 863 ZPO

Erfolgt die Vollstreckung in **das bewegliche Vermögen** des Schuldners, so sind die Regelungen des 1. Titels (§§ 803 – 863 ZPO) anzuwenden.

b) ZV in das unbewegliche Vermögen: §§ 864 – 871 ZPO

Wird dagegen in das **unbewegliche Vermögen** vollstreckt, so finden die Vorschriften des 2. Titels (§§ 864 – 871 ZPO) Anwendung.

3. Abschnitt 3 (§§ 883 – 898 ZPO): ZV wegen anderer Forderungen

In **Abschnitt 3** (§§ 883 – 898 ZPO) ist die Zwangsvollstreckung wegen **anderer Forderungen** als Geldforderungen **geregelt**.

Diese anderen Forderungen sind:

a) Ansprüche auf Herausgabe von Sachen: §§ 883 – 886 ZPO

Für Ansprüche auf **Herausgabe von Sachen** gelten §§ 883 – 886 ZPO.

b) Ansprüche auf Vornahme von Handlungen: §§ 887 – 888 ZPO

Für Ansprüche auf **Vornahme von Handlungen** sind §§ 887 – 888 ZPO einschlägig.

c) Ansprüche auf Duldungen und Unterlassungen: § 890 ZPO

Die Regelungen über die Zwangsvollstreckung wegen Ansprüchen auf **Duldungen und Unterlassungen** finden sich in § 890 ZPO.

d) Ansprüche auf Abgabe einer Willenserklärung: §§ 894 – 898 ZPO

Für Ansprüche auf **Abgabe einer Willenserklärung** gelten die Vorschriften der §§ 894 – 898 ZPO.

Zur Bestimmung der jeweils einschlägigen Vorschriften ist es also lediglich erforderlich, anhand des Inhaltsverzeichnisses des 8. Buches der ZPO die folgenden Fragen abzuarbeiten:

1. Welche Vorschriften sind immer zu beachten?
2. Weswegen findet die Zwangsvollstreckung statt?
3. Abhängig von der Art der Forderung:
a) Bei ZV wegen Geldforderung: In was wird vollstreckt?
b) bei ZV wegen anderer Forderungen: Worauf ist der Anspruch gerichtet?

II. Grundbegriffe

Neben der Systematik des Zwangsvollstreckungsrechts soll noch kurz auf einige Grundbegriffe eingegangen werden.

1. Beteiligte der Zwangsvollstreckung

Im 8. Buch der ZPO tauchen die Parteibezeichnungen „Kläger" und „Beklagter" fast gar nicht auf. In der Zwangsvollstreckung werden die Beteiligten als **Gläubiger** und **Schuldner** bezeichnet.

a) **Gläubiger** ist dabei die Partei, die die Zwangsvollstreckung betreibt.

b) Als **Schuldner** wird die Partei bezeichnet, gegen die die Zwangsvollstreckung betrieben wird.

c) Daneben erscheinen in einigen Vorschriften noch „**Dritte**" (z.B. in § 805 I ZPO; § 806 a I ZPO, § 809 ZPO). Dritte sind alle anderen **Personen, die weder Gläubiger noch Schuldner** sind.

III. Organe der Zwangsvollstreckung

Die **staatlichen Vollstreckungsorgane** sind:

- der Gerichtsvollzieher
- das Vollstreckungsgericht
- das Prozessgericht
- das Grundbuchamt

1. Der Gerichtsvollzieher

Der **Gerichtsvollzieher** ist zuständig für Vollstreckungsmaßnahmen, soweit diese nicht einem Gericht übertragen sind, vgl. § 753 I ZPO. Diese Maßnahmen sind:

- die Zwangsvollstreckung wegen Geldforderungen in das bewegliche Vermögen (§§ 808 ff. ZPO) und

- die Zwangsvollstreckung zur Erwirkung der Herausgabe von Sachen (vgl. §§ 883 – 885, 897 ZPO).

2. Das Vollstreckungsgericht

Das Vollstreckungsgericht ist das Amtsgericht, in dessen Bezirk die Zwangs-vollstreckung stattfinden soll bzw. stattgefunden hat (vgl. § 864 II ZPO). Es ist **immer dann zuständig,** wenn dies im Gesetz **ausdrücklich bestimmt** ist (vgl. § 753 I ZPO).

Das Vollstreckungsgericht ist zuständig für

* die Zwangsvollstreckung wegen Geldforderungen in Forderungen und andere Vermögensrechte (vgl. § 828 ZPO) und

* die Zwangsvollstreckung wegen Geldforderungen in das unbewegliche Vermögen (vgl. §§ 864 I, 866 ZPO i.V.m. § 1 ZVG).

Wichtig: Die Zuständigkeit des Vollstreckungsgerichts ist eine **ausschließliche Zuständigkeit,** vgl. § 802 ZPO.

3. Das Prozessgericht

Das **Prozessgericht** ist das Gericht, vor dem das Erkenntnisverfahren stattfand.

Als Vollstreckungsgericht ist es **zuständig für**

* die **Zwangsvollstreckung zur Erwirkung von Handlungen** (§§ 887, 888 ZPO)

* die **Zwangsvollstreckung zur Erwirkung von Duldungen und Unter-lassungen** (vgl. § 890 ZPO).

4. Das Grundbuchamt

Das **Grundbuchamt** fungiert als Vollstreckungsorgan, wenn die Durchführung der Zwangsvollstreckung eine Eintragung im Grundbuch erfordert.

Dies ist der Fall bei

* der **Eintragung einer Zwangshypothek** bei einer Zwangsvollstreckung wegen Geldforderungen in das unbewegliche Vermögen (vgl. § 866, 867 ZPO)

* der **Pfändung einer Forderung, die durch eine Buchhypothek gesichert** ist (vgl. § 830 I 3 ZPO).

102

C. Voraussetzungen der Zwangsvollstreckung

I. Allgemeine Vollstreckungsvoraussetzungen

Die allgemeinen Vollstreckungsvoraussetzungen müssen **bei jeder Zwangsvollstreckung** gegeben sein.

1. Antrag

Die Zwangsvollstreckung wird **nur nach einem Antrag** des Gläubigers an das zuständige Vollstreckungsorgan eingeleitet.

Das **Vollstreckungsorgan prüft** nach dem Eingang des Antrags die folgenden Voraussetzungen:

- **Seine Zuständigkeit**
- das Vorliegen der **allgemeinen Verfahrensvoraussetzungen**
  Diese Prüfung ist erforderlich, weil der Antrag des Gläubigers eine Verfahrenshandlung ist. Insbesondere ist zu prüfen, ob der Gläubiger partei- und prozessfähig ist.
- das Vorliegen von **Titel, Klausel und Zustellung.**

2. Titel

Titel ist die **Urkunde, in welcher der** durchzusetzende **materiellrechtliche Anspruch des Gläubigers** gegen den Schuldner **ausgewiesen ist.**

Aus dem Titel müssen sich alle für die Vollstreckung wesentlichen Punkte ergeben (Grund: Der Titel ist Grundlage für das Vollstreckungsverfahren). Diese wesentlichen Punkte sind:

- die Art und der Umfang des zu vollstreckenden Anspruchs,
- der Vollstreckungsgläubiger und
- der Vollstreckungsschuldner.

Vollstreckungstitel sind:

a) Endurteile, § 704 ZPO

Aus einem Endurteil kann die Zwangsvollstreckung betrieben werden, wenn es

- formell **rechtskräftig** ist, **§ 704 1. Alt. ZPO**
  oder
- gemäß **§§ 708 ff. ZPO** für **vorläufig vollstreckbar** erklärt worden ist, **704 2. Alt. ZPO**

b) Weitere Vollstreckungstitel, § 794 ZPO

Von den in § 794 ZPO aufgezählten Titeln sind die folgenden in der Praxis von großer Bedeutung:

- der Prozessvergleich, § 794 I Nr. 1 ZPO,
- der Kostenfestsetzungsbeschluss, § 794 I Nr. 2 ZPO,
- der Vollstreckungsbescheid, § 794 I Nr. 4 ZPO,
- die vollstreckbare Urkunde, § 794 I Nr. 5 ZPO.

Beachte: Bei der Zwangsvollstreckung aus diesen Titeln ist **§ 795 S.1 ZPO** zu beachten.

Danach ist zunächst zu prüfen, ob §§ 795 a bis 800 ZPO vorrangig anzuwendende Regelungen enthalten. Sollte dieses nicht der Fall sein, gelten die gleichen Vorschriften wie für die Zwangsvollstreckung aus einem Urteil.

3. Klausel

a) Als **Klausel** bezeichnet man die amtliche Bescheinigung, dass die Zwangsvollstreckung aus dem vorliegenden Titel zulässig ist.

Die Vollstreckungsklausel befindet sich **auf dem Titel selbst** (vgl. **§ 725 ZPO**, der auch den Wortlaut der Vollstreckungsklausel vorgibt).

Wichtig: Grundsätzlich ist **für jeden Titel** eine Vollstreckungsklausel erforderlich.

Ausnahmen:

- Kostenfestsetzungsbeschlüsse (§ 794 I Nr. 2 ZPO), die auf das Urteil gesetzt worden sind; §§ 795a i.V.m. 105 ZPO.
- Vollstreckungsbescheide (§ 794 I Nr.4 ZPO); § 796 ZPO.

b) Die Klausel darf **nur erteilt** werden, wenn die folgenden **Voraussetzungen** gegeben sind:

- **Wirksamkeit des** vorliegenden **Vollstreckungstitels** (hieran fehlt es beispielsweise, wenn der Titel zwischenzeitlich aufgehoben wurde)
- **Vollstreckbarkeit** des Titels (d.h. ein Endurteil muss rechtskräftig oder vorläufig vollstreckbar sein)
- **vollstreckungsfähiger Inhalt** des Titels und

104

- **Identität der** im Titel aufgeführten **Parteien** mit den Parteien des Zwangsvollstreckungsverfahrens (**beachte** hier **§§ 727 ff. ZPO** für den Fall der Rechtsnachfolge).

4. Zustellung, § 750 ZPO

Die Zwangsvollstreckung darf erst eingeleitet werden, wenn der Titel dem Schuldner zugestellt worden ist.

Nach **§ 750 I 1 ZPO** ist es dabei **ausreichend, wenn** der Titel **gleichzeitig** mit dem Beginn der Zwangsvollstreckung zugestellt wird.

II. Besondere Vollstreckungsvoraussetzungen

Die besonderen Vollsteckungsvoraussetzungen müssen in den folgenden Fällen vorliegen:

1. Der titulierte Anspruch darf erst ab einem **bestimmten Kalendertag** geltend gemacht werden. In diesem Fall darf die Zwangsvollstreckung erst nach Ablauf dieses Tages beginnen, **§ 751 I ZPO.**

2. Der Gläubiger hat vor Einleitung der Zwangsvollstreckung eine **Sicherheitsleistung** zu erbringen. Hier darf die Zwangsvollstreckung erst beginnen, wenn der Gläubiger nachgewiesen hat, dass er die Sicherheitsleistung auch erbracht hat; vgl. **§ 751 II ZPO.**

3. Der Schuldner wurde verurteilt, seine Leistung **Zug um Zug** gegen eine Leistung des Gläubigers zu erbringen. In diesem Fall darf mit der Zwangsvollstreckung erst begonnen werden, wenn der Schuldner befriedigt ist oder sich im Annahmeverzug befindet, vgl. **§ 756 ZPO** bzw. **§ 765 ZPO.**

III. Fehlen von Vollstreckungshindernissen

Wenn Vollstreckungshindernisse bestehen, ist die **Zwangsvollstreckung nicht zulässig**, obwohl die Vollstreckungsvoraussetzungen vorliegen.

Es gibt u.a. die folgenden Vollstreckungshindernisse:

1. Eröffnung des **Insolvenzverfahrens** über das Vermögen des Schuldners, vgl. **§ 89 InsO.**

2. Einstellung der Zwangsvollstreckung gemäß **§ 775 ZPO.**

3. Einstweilige Einstellung der Zwangsvollstreckung kommt in Betracht, vgl. **§§ 707, 719, 765 a, 766, 771 III ZPO.**

IV. Fehler im Vollstreckungsverfahren

1. Wird eine Zwangsvollstreckung durchgeführt, obwohl deren Voraussetzungen nicht gegeben sind, führt dieser Verstoß **grundsätzlich** nur zur **Anfechtbarkeit** des Vollstreckungsaktes.

   Konsequenz: Die rechtswidrige Vollstreckungsmaßnahme ist solange wirksam, bis sie aufgrund eines Rechtsbehelfs des Betroffenen aufgehoben wird.

2. Nur in **Ausnahmefällen** führt die Rechtswidrigkeit zu einer **Nichtigkeit** des Vollstreckungsaktes.

   Nichtigkeit ist **nur** anzunehmen, **wenn** der Vollstreckungsakt an einem **offensichtlichen, grundlegenden und schweren Mangel** leidet (Beispiel: fehlender Titel).

3. Bezüglich der **Heilung von Verfahrensmängeln** gelten die folgenden Grundsätze:

a) Ein **rechtswidriger**, aber nicht nichtiger **Vollstreckungsakt** kann durch die **nachträgliche Beseitigung** des Mangels mit *ex-nunc-Wirkung* geheilt werden (allgemeine Ansicht).

b) Bei einem **nichtigen Vollstreckungsakt** ist eine **Heilung nicht möglich**. Die nichtige Vollstreckungsmaßnahme kann nur neu vorgenommen werden.

D. Zwangsvollstreckung wegen Geldforderungen

I. Zwangsvollstreckung wegen Geldforderungen in das bewegliche Vermögen

1. Zuständiges Organ: Gerichtsvollzieher
2. Wirksamkeitsvoraussetzungen der Pfändung
a) Allgemeine Zwangsvollstreckungsvoraussetzungen
b) Besondere Pfändungsvoraussetzungen
aa) Pfändung zur rechten Zeit
bb) Pfändung am rechten Ort
cc) Pfändung in der rechten Art und Weise
dd) Pfändung im rechten Umfang
3. Wirkungen der Pfändung
a) Verstrickung
b) Pfändungspfandrecht
4. Verwertung

1. Zuständiges Organ: Gerichtsvollzieher

Für die Zwangsvollstreckung wegen Geldforderungen in das bewegliche Vermögen ist der **Gerichtsvollzieher** zuständig, **§ 753 I ZPO i.V.m. § 808 I ZPO.**

106

2. Wirksamkeitsvoraussetzungen der Pfändung

Die Zwangsvollstreckung wegen Geldforderungen in das bewegliche Vermögen erfolgt durch die **Pfändung von körperlichen Sachen**. Der Begriff der körperlichen Sachen in § 808 I ZPO entspricht dabei dem Sachbegriff i.S.v. **§§ 90 ff. BGB**, meint aber nur bewegliche Sachen.

Das bedeutet, dass **alle beweglichen körperlichen Gegenstände** (vgl. § 90 BGB) der Zwangsvollstreckung nach §§ 808 ff. ZPO (sog. Mobiliarzwangsvollstreckung) unterliegen (**beachte aber § 865 ZPO i.V.m. § 1120 BGB als Ausnahme**).

Eine Pfändung ist wirksam, wenn die folgenden Voraussetzungen vorliegen:

a) Allgemeine Zwangsvollstreckungsvoraussetzungen

Zunächst müssen die allgemeinen Zwangsvollstreckungsvoraussetzungen, also

- Antrag
- Titel
- Klausel
- Zustellung

vorliegen.

Außerdem dürfen keine Vollstreckungshindernisse bestehen.

b) Besondere Pfändungsvoraussetzungen

Bei der Pfändung müssen vom Gerichtsvollzieher die besonderen Pfändungsvoraussetzungen beachtet werden.

Danach muss die Pfändung erfolgen

aa) zur rechten Zeit (§ 758a IV ZPO),

bb) am rechten Ort (überall dort, wo sich die Vermögensmasse des Schuldners befindet),

cc) in der rechten Art und Weise (Pfändung der beweglichen Gegenstände, die sich im *Gewahrsam* des Schuldners befinden, vgl. **§ 808 ZPO**) sowie

dd) im rechten Umfang
d.h. der Gerichtsvollzieher hat bei der Pfändung von Amts wegen die folgenden **Pfändungsverbote zu beachten:**

- Verbot der Überpfändung, **§ 803 I 2 ZPO**
- Verbot der zwecklosen Pfändung, **§ 803 II ZPO**
- Pfändungsverbote des **§ 811 ZPO**
- Verbot der Pfändung von Hausrat nach **§ 812 ZPO**.

3. Wirkungen der Pfändung

Bei einer Pfändung treten **zwei Wirkungen** ein:

* das Eintreten der **Verstrickung** sowie
* die Entstehung eines **Pfändungspfandrechts**

a) **Verstrickung** ist die **staatliche Beschlagnahme der gepfändeten Sache.** Sie führt dazu, dass die Sache der **Verfügungsbefugnis des Schuldners entzogen** wird. Die Folge hiervon ist ein **relatives Verfügungsverbot** i.S.d. **§§ 135, 136 BGB.**

Die **einzige Voraussetzung** für das Eintreten der Verstrickung ist eine **wirksame Pfändung.**

Beachte: Da *Fehler im Zwangsvollstreckungsverfahren grundsätzlich nur zu einer Anfechtbarkeit* der Vollstreckungsmaßnahme führen, bedeutet das, dass die *Verstrickung nur bei nichtigen Pfändungen nicht eintritt.*

b) Die **zweite Wirkung einer Pfändung** ist die Entstehung eines Pfändungspfandrechts zu Gunsten des Gläubigers, **§ 804 I ZPO.** Dieses Pfändungspfandrecht gibt dem Gläubiger dieselben Rechte wie ein vertragliches Faustpfandrecht (§ 804 II ZPO).

Hauptfall in der Klausur:
Pfändung einer schuldnerfremden Sache und/oder Vorliegen einer fehlerhaften Pfändung.

In diesen Fällen stellt sich die Frage, ob ein Pfändungspfandrecht wirksam entstanden ist. Bezüglich der Rechtsnatur und der Entstehungsvoraussetzungen eines Pfändungspfandrechts werden dabei die folgenden Auffassungen vertreten:

* Die **privatrechtliche Theorie** sieht im Pfändungspfandrecht eine dritte Art des privatrechtlichen Pfandrechts. Nach dieser Auffassung *entsteht ein Pfändungspfandrecht nur, wenn die im Titel bezeichnete Forderung tatsächlich besteht*, die *Verfahrensvorschriften eingehalten* wurden und *eine dem Schuldner gehörende Sache gepfändet* wurde. Ein so entstandenes Pfändungspfandrecht bildet dann die Grundlage für die Verwertung der Sache.

* Nach der **öffentlich-rechtlichen Theorie** ist das Pfändungspfandrecht rein öffentlich-rechtlicher Natur. Danach ist die *einzige Voraussetzung* für die wirksame Entstehung eines Pfändungspfandrechts *eine wirksame Verstrickung der Sache.* Die materiellrechtlichen Entstehungsvoraussetzungen für ein Pfandrecht müssen dagegen nicht vorliegen. Deshalb entsteht nach dieser Ansicht ein Pfändungspfandrecht auch dann, wenn die titulierte Forderung tatsächlich nicht besteht, das Vollstreckungsverfahren fehlerhaft war oder eine schuldnerfremde Sache gepfändet wurde.

108

- Die **heutige hM** – die **gemischt privatrechtlich-öffentlichrechtliche Theorie** – trennt die Entstehung des Pfändungspfandrechts von der Entstehung der Verstrickung.

Diese Auffassung sieht das Pfändungspfandrecht auch als dritte Art eines privatrechtlichen Pfändungsrechts. Das bedeutet, dass ein *Pfändungspfandrecht nur entsteht, wenn* die titulierte Forderung wirklich existiert, die Verfahrensvorschriften eingehalten wurden und eine im Eigentum des Schuldners stehende Sache gepfändet wurde.

Allerdings sieht diese Meinung die *Grundlage für die Verwertung* in der *Verstrickung* und nicht in dem Pfändungspfandrecht. Die Begründung hierfür ist, dass bei einer Vollstreckung staatliche Zwangsgewalt ausgeübt wird, so dass die wesentlichen Pfändungswirkungen in der staatlichen Beschlagnahme liegen. Wie bereits ausgeführt wurde, entsteht die Verstrickung als Folge einer wirksamen Pfändung.

4. Verwertung

Damit der Gläubiger nach der Pfändung an sein Geld kommt, muss die gepfändete Sache verwertet werden. Diese Verwertung richtet sich nach §§ 814 ff. ZPO.

- Die Verwertung von **gepfändetem Geld** erfolgt nach § 815 I ZPO.

- Die **Verwertung beweglicher Sachen** erfolgt in der Regel durch eine öffentliche Versteigerung, die vom Gerichtsvollzieher durchgeführt wird, § 814 ZPO. Das Verfahren für diese Versteigerung lässt sich § 816 ZPO entnehmen.

Das Versteigerungsverfahren ist für die Verwertung aber nicht zwingend. Gemäß § 825 I ZPO kann der Gläubiger beantragen, dass die Verwertung auf eine andere Art erfolgt.

II. Zwangsvollstreckung wegen Geldforderungen in Geldforderungen

1. Zuständiges Organ: Vollstreckungsgericht, § 828 ZPO
2. Vollstreckungsgegenstand Geldforderungen, § 851 I ZPO
3. Wirksamkeitsvoraussetzungen der Pfändung
a) Allgemeine Zwangsvollstreckungsvoraussetzungen
b) Wirksamer Pfändungsbeschluss, § 829 ZPO
aa) Bestimmtheit der zu pfändenden Forderung
bb) Zahlungsverbot an Drittschuldner (Arrestatorium)
c) Wirksame Zustellung an Drittschuldner, § 829 II 2, III ZPO
4. Wirkungen der Pfändung
a) Verstrickung
b) Pfändungspfandrecht
5. Verwertung
6. Stellung des Drittschuldners

1. Zuständiges Organ: Vollstreckungsgericht, § 828 ZPO

Das für diese Art der Zwangsvollstreckung zuständige Vollstreckungsorgan ist nach § 828 I ZPO ausschließlich (vgl. § 802 ZPO) das **Vollstreckungsgericht.**

Nach § 828 II ZPO ist das Vollstreckungsgericht das **Amtsgericht, bei dem der Schuldner seinen allgemeinen Gerichtsstand hat.** Funktionell zuständig ist gemäß § 20 Nr. 17 RPflG der Rechtspfleger.

2. Vollstreckungsgegenstand Geldforderungen, § 851 I ZPO

Als Pfändungsobjekt kommen **grundsätzlich alle Geldforderungen des Schuldners** in Betracht.

a)   Dabei sind nicht nur bestehende, sondern **auch künftige Forderungen** pfändbar.

Künftige Forderungen dürfen aber nur gepfändet werden, wenn sie *bestimmt oder hinreichend bestimmbar* sind. Dieses ist der Fall, wenn zwischen dem Schuldner und dem Drittschuldner bereits eine Rechtsbeziehung besteht, so dass die (künftige) Forderung nach ihrem Inhalt und der Person des Drittschuldners bestimmt werden kann.

b)   Eine Forderung darf aber nur gepfändet werden, wenn sie **übertragbar** ist. Ist eine Forderung nicht übertragbar, darf sie nicht gepfändet werden, **§ 851 I ZPO.**

c)   Beachte die Pfändungsschutzvorschriften der §§ 850 ff. ZPO.

3. Wirksamkeitsvoraussetzungen der Pfändung

Eine Forderungspfändung ist bei Vorliegen der folgenden Voraussetzungen wirksam:

a) Allgemeine Zwangsvollstreckungsvoraussetzungen

Zunächst müssen die allgemeinen Vollstreckungsvoraussetzungen gegeben sein, also

- Antrag
- Titel
- Klausel

Außerdem dürfen **keine Vollstreckungshindernisse** gegeben sein.

In dem **Antrag** des Gläubigers muss die **zu pfändende Forderung** so **bestimmt bezeichnet** werden, dass ihre Identität eindeutig bestimmbar ist.

Deshalb **muss der Gläubiger** im Antrag die **folgenden Punkte angeben:**

- den Gläubiger der Forderung, in die vollstreckt werden soll (also den **Schuldner**),

- den Schuldner der Forderung, die gepfändet werden soll (also den **Drittschuldner**),

- **die zu pfändende Forderung** und das ihr zugrunde liegende Rechtsverhältnis. Diese Angaben müssen so genau sein, dass auch ein Dritter eindeutig bestimmen kann, welche Forderung gepfändet werden soll.

b) Wirksamer Pfändungsbeschluss, § 829 ZPO

Liegt ein wirksamer Antrag des Gläubigers vor, so erlässt das Vollstreckungsgericht den Pfändungsbeschluss.

Damit dieser Beschluss wirksam ist, muss er gemäß **§ 829 I ZPO** den folgenden Inhalt haben:

aa) den Ausspruch der Pfändung **der bestimmt bezeichneten Forderung,**

bb) das Verbot an den Drittschuldner, an den Schuldner zu zahlen (das sog. **Arrestatorium**), § 829 I 1 ZPO.

Beachte: Das Gebot an den Schuldner (d.h. den Gläubiger der Forderung, in die vollstreckt werden soll), sich jeder Verfügung über die Forderung zu enthalten (sog. **Inhibitorium**, § 829 I 2 ZPO) ist keine Wirksamkeitsvoraussetzung. D.h. wenn dieses Gebot im Pfändungsbeschluss fehlt, führt dieses nicht zur Unwirksamkeit der Pfändung.

c) Wirksame Zustellung an Drittschuldner, § 829 II 2, III ZPO

Der Pfändungsbeschluss ist dem **Drittschuldner** zuzustellen, **§ 829 II 1 ZPO.**

Mit dieser Zustellung ist die Pfändung als bewirkt anzusehen, vgl. **§ 829 III ZPO.** Sie ist damit **unabdingbare Wirksamkeitsvoraussetzung** für die Pfändung.

Beachte: Die Zustellung des Beschlusses an den Schuldner (§ 829 II 2 ZPO) ist keine Wirksamkeitsvoraussetzung für die Pfändung (Umkehrschluss aus § 829 III ZPO).

Wichtig: Der Schuldner ist vor der Pfändung nicht anzuhören, **§ 834 ZPO.**

4. Wirkungen der Pfändung

Die Pfändung bewirkt

- die Verstrickung der Forderung und
- Entstehung eines Pfandrechts an der Forderung.

a) Eine **Verstrickung der Forderung** entsteht **nur**, wenn

- die Forderung *wirklich existiert* und
- die Forderung *dem Schuldner tatsächlich zusteht.*

Begründung:
Voraussetzung für das Entstehen der Verstrickung ist eine wirksame Pfändung. Besteht die gepfändete Forderung nicht oder steht sie dem Vollstreckungsschuldner nicht zu, geht die Pfändung ins Leere und ist damit unwirksam (s.o.). Aufgrund dieser Unwirksamkeit kann die Pfändung einer nicht bestehenden bzw. dem Schuldner nicht zustehenden Forderung keine Verstrickung entstehen lassen.

b) Ein **Pfändungspfandrecht** entsteht damit nur an tatsächlich bestehenden Forderungen, die dem Schuldner tatsächlich zustehen.

An einer nicht bestehenden oder schuldnerfremden Forderung entsteht nach allen Auffassungen kein Pfändungspfandrecht:

- Nach der **privatrechtlichen Theorie** scheitert die Entstehung eines Pfändungspfandrechts daran, dass ein solches nur an existenten bzw. schuldnereigenen Forderungen entstehen kann.

- Mit derselben Begründung lehnt auch die **gemischt privatrechtlich-öffentlichrechtliche Theorie** in diesen Fällen das Entstehen eines Pfändungspfandrechts ab.

- Auch die **öffentlich-rechtliche Theorie** kommt zu dem Ergebnis, dass ein Pfändungspfandrecht nicht entstanden ist. Nach dieser Auffassung ist zwar dessen einzige Entstehungsvoraussetzung eine wirksame Verstrickung. Eine solche tritt aber bei der Pfändung einer nicht bestehenden Forderung nicht ein.

5. Verwertung

Die Verwertung der gepfändeten Forderung geschieht durch **Überweisung an den Gläubiger, § 835 ZPO.**

a) Die Überweisung erfolgt durch den **Überweisungsbeschluss.** Dieser wird in der Regel zusammen mit dem Pfändungsbeschluss als Pfändungs- und Überweisungsbeschluss erlassen.

Die Überweisung wird mit der **Zustellung an den Drittschuldner wirksam**; vgl. § 835 II 1 i.V.m. § 829 II, III ZPO.

b) Der Gläubiger hat gemäß **§ 835 I ZPO** die **Wahl**, ob er sich die Forderung *zur Einziehung* oder *an Zahlungs statt* überweisen lässt.

- Die **Überweisung an Zahlungs statt** führt dazu, dass die *Forderung auf den Gläubiger übergeht*, so dass er in Bezug auf seine Forderung als befriedigt anzusehen ist, **§ 835 II ZPO.**

Problem: Gläubiger trägt die Gefahr, dass der Dritt-schuldner zahlungsunfähig ist (diese Gefahr ist mit der Forderung auf ihn übergegangen).

- Bei der **Überweisung zur Einziehung** *trägt der Schuldner* weiterhin das *Risiko der Zahlungsunfähigkeit* des Dritt-schuldners, da die Forderung in seinem Vermögen verbleibt. **Der Gläubiger wird durch diese Art der Überweisung nur berechtigt, die Forderung einzuziehen (§ 836 I ZPO).**

  Hier tritt eine *Befriedigung des Gläubigers erst ein, wenn der Drittschuldner an ihn gezahlt hat.*

6. Die Stellung des Drittschuldners

Die Stellung des Drittschuldners bestimmt sich wie folgt:

a) Der Drittschuldner kann **alle Einwendungen** gegen die Forderung gegenüber dem Gläubiger geltend machen, der die Forderung durch die Pfändung und Überweisung erworben hat, **§§ 404 ff. BGB analog (bzw. über § 412 BGB).**

b) Der Drittschuldner genießt **Gutglaubensschutz**

- bei **Zahlung an den Schuldner** gem. **§ 407 BGB analog**

- bei **Zahlung an den Gläubiger** gem. **§ 836 II ZPO** (wenn sich später die Unwirksamkeit der Pfändung rausstellt).

III. Zwangsvollstreckung wegen Geldforderungen in Herausgabeansprüche

1. Zuständiges Organ: Vollstreckungsgericht, § 828 ZPO
2. Wirksamkeitsvoraussetzungen der Pfändung
a) Allgemeine Vollstreckungsvoraussetzungen
b) Wirksamer Pfändungsbeschluss, §§ 846, 829 ZPO
aa) Bestimmtheit des zu pfändenden Herausgabeanspruchs
bb) Verbot an Drittschuldner, Sache an den Schuldner herauszugeben
cc) Anordnung der Herausgabe an Gerichtsvollzieher, § 847 I ZPO
c) Wirksame Zustellung des Pfändungsbeschlusses, §§ 846, 829 II 2, III ZPO
3. Wirkungen der Pfändung
4. Verwertung

1. Zuständiges Organ: Vollstreckungsgericht, § 828 ZPO

Das zuständige Vollstreckungsorgan für diese Art der Zwangsvollstreckung ist das **Vollstreckungsgericht, § 828 I ZPO.**

Nach § 828 II ZPO ist das Vollstreckungsgericht das **Amtsgericht, bei dem der Schuldner seinen allgemeinen Gerichtsstand hat.**

2. Wirksamkeitsvoraussetzungen der Pfändung

Nach §§ 846 I, 847 I ZPO kann der Gläubiger Ansprüche auf Herausgabe einer beweglichen Sache und Übereignungsansprüche (wie z.B. aus § 433 I BGB) pfänden lassen. In einer Klausur ist aber in der Regel nur die Pfändung von Herausgabeansprüchen relevant.

Eine Pfändung von Herausgabeansprüchen ist bei Vorliegen der folgenden Voraussetzungen wirksam:

a) Allgemeine Vollstreckungsvoraussetzungen

zunächst müssen die allgemeinen Vollstreckungsvoraussetzungen gegeben sein, also

- Antrag
- Titel
- Klausel

Außerdem dürfen **keine Vollstreckungshindernisse** gegeben sein.

In dem **Antrag** des Gläubigers muss die **zu pfändende Forderung** so **bestimmt bezeichnet** werden, dass ihre Identität eindeutig bestimmbar ist.

Deshalb **muss der Gläubiger** im Antrag die **folgenden Punkte angeben**:

- den Gläubiger des Herausgabeanspruchs, in den vollstreckt werden soll (also den **Schuldner**),

- den Schuldner des Herausgabeanspruchs, der gepfändet werden soll (also den **Drittschuldner**),

- **den zu pfändenden Herausgabeanspruch** und das ihm zugrunde liegende Rechtsverhältnis. Diese Angaben müssen so genau sein, dass auch ein Dritter eindeutig bestimmen kann, welcher Herausgabeanspruch gepfändet werden soll.

b) Wirksamer Pfändungsbeschluss, §§ 846, 829 ZPO

Liegt ein wirksamer Antrag des Gläubigers vor, so erlässt das Vollstreckungsgericht den Pfändungsbeschluss.

Damit dieser Beschluss wirksam ist, muss er gemäß **§§ 846, 829 I ZPO** den folgenden Inhalt haben:

aa) den Ausspruch der Pfändung **des bestimmt bezeichneten Herausgabeanspruchs,**

bb) das Verbot an den Drittschuldner, die Sache an den Schuldner herauszugeben (das sog. **Arrestatorium**), §§ 846, 829 I 1 ZPO,

cc) die **Anordnung an den Drittschuldner**, die Sache an den Gerichtsvollzieher herauszugeben; § 847 I ZPO.

114

c) Wirksame Zustellung des Pfändungsbeschlusses, §§ 846, 829 II 2, III ZPO

Der Pfändungsbeschluss ist dem **Drittschuldner** zuzustellen, §§ 846, 829 II 1 ZPO.

Mit dieser Zustellung ist die Pfändung als bewirkt anzusehen, vgl. **§§ 846, 829 III ZPO**. Sie ist damit **unabdingbare Wirksamkeitsvoraussetzung** für die Pfändung.

Beachte: Die Zustellung des Beschlusses an den Schuldner (§§ 846, 829 II 2 ZPO) ist keine Wirksamkeitsvoraussetzung für die Pfändung (Umkehrschluss aus § 829 III ZPO).

Wichtig: Der **Schuldner ist** vor der Pfändung **nicht anzuhören**, §§ 846, 834 ZPO.

3. Wirkungen der Pfändung

Die Pfändung bewirkt das Eintreten der **Verstrickung** sowie die Entstehung eines **Pfändungspfandrechts**.

Dabei ist es allerdings vom **Verhalten des Drittschuldners** abhängig, an welchem Gegenstand diese Wirkungen eintreten:

a) Der **Drittschuldner verweigert die Herausgabe** der Sache an den Gerichtsvollzieher: die **Verstrickung und das Pfändungspfandrecht** entstehen an dem **Herausgabeanspruch**.

b) Der Drittschuldner gibt die Sache freiwillig an den Gerichtsvollzieher heraus: die **Verstrickung und das Pfändungspfandrecht** entstehen an der herausgegebenen **Sache** (Begründung: § 1287 S. 1 BGB und § 848 II 2 ZPO analog).

Auch hier kann die Frage zu beantworten sein, ob an einer schuldnerfremden Sache ein Pfändungspfandrecht entstehen kann (vgl. oben I. 3.).

4. Verwertung

Auch bei der Verwertung ist zu **unterscheiden,** ob der Drittschuldner der Herausgabeanordnung im Pfändungsbeschluss nachkommt:

a) Der **Drittschuldner gibt die Sache** freiwillig an den Gerichtsvollzieher **heraus:** Verwertung erfolgt durch eine **öffentliche Versteigerung,** §§ 847 II, 814 ff. ZPO.

b) **Verweigert der Drittschuldner die Herausgabe,** muss der Gläubiger wie folgt vorgehen:

- **Überweisung des Anspruchs** zur Einziehung, §§ 846, 835, 849 ZPO
- Gläubiger muss **Urteil auf Herausgabe** erwirken und aus diesem nach § 883 ZPO vollstrecken
- **Verwertung** der Sache **durch Versteigerung,** §§ 846, 814 ff. ZPO.

IV. Zwangsvollstreckung wegen Geldforderungen in das unbewegliche Vermögen

1. Sicherungshypothek

---
a) Zweck der Sicherungshypothek
b) Zuständiges Organ: Grundbuchamt, § 867 ZPO
c) Voraussetzungen
aa) Antrag des Gläubigers, § 867 I 1 ZPO
bb) Übrige allgemeine Zwangsvollstreckungsvoraussetzungen
cc) Titulierte Forderung muss mehr als 750 € betragen, § 866 III 1 ZPO
dd) Entstehen der Hypothek mit Eintragung im Grundbuch, § 867 I 2 ZPO
d) Verwertung
---

a) Zweck der Sicherungshypothek

Die Sicherungshypothek dient der **dinglichen Sicherung** der titulierten Forderung. Das bedeutet, dass der Gläubiger durch ihre Eintragung **keine Befriedigung** erlangt.

Sie wird als Zwangshypothek eingetragen (vgl. § 867 ZPO).

b) Zuständiges Organ: Grundbuchamt, § 867 ZPO

Das zuständige Vollstreckungsorgan für die Eintragung einer Sicherungshypothek ist das **Grundbuchamt, § 867 ZPO.**

c) Voraussetzungen

Die Eintragung der Sicherungshypothek erfolgt, wenn die folgenden Voraussetzungen vorliegen:

    aa) **Antrag** des Gläubigers, § 867 I 1 ZPO
        o Der Antrag muss **schriftlich** gestellt werden, vgl. § 13 I 2 GBO
        o Es besteht **kein Anwaltszwang**, § 78 V ZPO

    bb) **Übrige allgemeine Zwangsvollstreckungsvoraussetzungen**
        Diese Voraussetzungen sind:
        o Titel
        o Klausel
        o Zustellung
        o Keine Vollstreckungshindernisse

    cc) **Titulierte Forderung muss einen Betrag von 750 € übersteigen, § 866 III 1 ZPO. Mehrere Forderungen** können dabei zusammengerechnet werden, § 866 2 ZPO.

    dd) Mit der **Eintragung** im Grundbuch **entsteht** die **Hypothek,** vgl. § 867 I 2 ZPO.

d) Verwertung

Die Sicherungshypothek führt nicht zu einer Befriedigung des Schuldners (s.o.).

Konsequenz: Der Gläubiger muss die **Zwangsvollstreckung in das** belastete **Grundstück** betreiben, um die Befriedigung der titulierten Forderung zu erlangen.

Im Einzelnen gilt hierzu folgendes:

- Der Gläubiger benötigt einen Titel auf **Duldung der Zwangsvollstreckung** (vgl. **§ 1147 BGB)**.

- **Beachte:** Der Gläubiger muss **keine Klage** gegen den Schuldner **auf Duldung der Zwangsversteigerung** aus der Sicherungshypothek erheben. Für die Zwangsversteigerung genügt der Titel, der die Grundlage für die Eintragung der Hypothek bildet, vgl. **§ 867 III ZPO.**

2. Zwangsversteigerung

a) Zweck der Zwangsversteigerung
b) Zuständiges Organ: Vollstreckungsgericht, §§ 1, 15 ZVG
c) Voraussetzungen
aa) Antrag des Gläubigers, § 15 ZVG
bb) Übrige allgemeine Zwangsvollstreckungsvoraussetzungen
cc) Eintragung des Schuldners im Grundbuch als Eigentümer, §§ 16, 17 ZVG
dd) Versteigerungsbeschluss
d) Verwertung

a) Zweck der Zwangsversteigerung

Zweck der Zwangsversteigerung ist die **Verwertung des Grundstücks**, um den Erlös zur Befriedigung des Gläubigers zu verwenden.

b) Zuständiges Organ: Vollstreckungsgericht, §§ 1, 15 ZVG

Zuständig für diese Vollstreckungsmaßnahme ist das **Vollstreckungsgericht, §§ 1, 15 ZVG**.

c) Voraussetzungen

Bevor das Vollstreckungsgericht die Zwangsversteigerung eines Grundstücks anordnet, prüft es, ob die folgenden Voraussetzungen vorliegen:

   aa) Antrag des Gläubigers, § 15 ZVG
   - Das Gericht wird nur auf einen Antrag des Gläubigers hin tätig, § 15 ZVG.
   - Der **Mindestinhalt** des Antrags ergibt sich aus **§ 16 ZVG**.

bb) Übrige allgemeine Zwangsvollstreckungsvoraussetzungen
Diese Voraussetzungen sind:
  o   Titel
  o   Klausel
  o   Zustellung
  o   Keine Vollstreckungshindernisse

cc) Eintragung des Schuldners im Grundbuch als Eigentümer, §§ 16, 17 ZVG
Der Schuldner muss im Grundbuch als Eigentümer des Grundstücks eingetragen sein. Wenn dies **nicht** der Fall ist, darf die Zwangsversteigerung nicht angeordnet werden, vgl. **§ 17 I ZVG.**

dd) Versteigerungsbeschluss
Sind die unter aa) bis cc) genannten Voraussetzungen gegeben, erlässt das Gericht den Versteigerungsbeschluss.

Dieser Beschluss wird dem **Schuldner** von Amts wegen **zugestellt, § 3 i.V.m. § 8 ZVG.**

Außerdem wird der Beschluss im **Grundbuch eingetragen**, vgl. **§ 19 ZVG.**

Wirkungen des Versteigerungsbeschlusses:

  • Der Versteigerungsbeschluss gilt zugunsten des Gläubigers als **Beschlagnahme des Grundstücks, § 20 I ZVG.**
    Diese Wirkung tritt *mit der Zustellung* des Beschlusses an den Schuldner ein (vgl. **§ 22 I 1 ZVG**).

  • Wirkung eines **relativen Veräußerungsverbotes** i.S.v. **§§ 135, 136 BGB, § 23 I 1 ZVG.**
    Das bedeutet, dass *Verfügungen des Schuldners* über das Grundstück *gegenüber dem Gläubiger unwirksam* sind.

d) Verwertung

Die Verwertung des beschlagnahmten Grundstücks erfolgt durch eine **Versteigerung.**

Diese Versteigerung führt das **Vollstreckungsgericht** durch, **§ 35 ZVG.** Hierfür bestimmt es einen Versteigerungstermin (vgl. §§ 36 – 43 ZVG).

Der **Versteigerungstermin** lässt sich in die folgenden **drei Abschnitte** unterteilen:

aa) Aufruf der Sache, § 66 I ZVG
Verbunden mit diesem Aufruf ist die Bekanntgabe der Daten und Bedingungen, die für die Versteigerung von Bedeutung sind. Insbesondere erfolgt hier die Bekanntgabe des sog. *geringsten Gebots* i.S.v. *§ 44 ZVG.*

118

bb) **Aufforderung zur Abgabe der Gebote, § 66 II ZVG**
Beginn der eigentlichen Versteigerung.

Die Versteigerung muss **solange durchgeführt werden, bis keine Gebote mehr abgegeben** werden, **§ 73 I 2 ZVG.**

Wurde das **letzte Gebot** abgegeben, hat das Gericht dieses durch **dreimaligen Aufruf** zu verkünden, **§ 73 II ZVG.**

cc) **Anhörung der Anwesenden über den Zuschlag, § 74 ZVG**
Nach dieser Anhörung hat das Gericht **über den Zuschlag zu entscheiden.** Wegen der Einzelheiten siehe §§ 79 – 86 ZVG.

Insbesondere hat das Gericht **Versagensgründe nach §§ 83 bis 86 ZVG** zu prüfen.

Wenn **kein Versagungsgrund** besteht, muss der **Zuschlag an den Meistbietenden** erteilt werden, **§ 81 I ZVG.**

Folgen des Zuschlags:

o   Der Ersteher **erwirbt das Eigentum** an dem Grundstück originär **durch Hoheitsakt, § 90 I ZVG.**
Der Eigentumsübergang erfolgt mithin unabhängig von einer Eintragung im Grundbuch oder einer möglichen Bösgläubigkeit hinsichtlich der Eigentümerstellung des Schuldners.

o   Der Ersteher **übernimmt die dem Gläubiger vorgehenden Rechte, § 52 I 1 ZVG.**
Im Gegenzug muss er aber nur den Betrag zahlen, der über das geringste Gebot hinausgeht, das sog. Bargebot, vgl. § 49 ZVG.

3. Zwangsverwaltung

---

a) Zweck der Zwangsverwaltung
b) Zuständiges Organ: Vollstreckungsgericht, § 1 ZVG
c) Voraussetzungen
aa) Antrag des Gläubigers, §§ 146 I i.V.m. 15 ZVG
bb) Übrige allgemeine Zwangsvollstreckungsvoraussetzungen
cc) Eintragung des Schuldners im Grundbuch als Eigentümer, §§ 146 I, 16, 17 ZVG
dd) Zwangsverwaltungsbeschluss
d) Verwertung

---

a) Zweck der Zwangsverwaltung

Die Zwangsverwaltung dient dazu, dem Gläubiger **aus den laufenden Nutzungen** eines Grundstücks **Befriedigung seiner Forderung** zu verschaffen.

b) Zuständiges Organ: Vollstreckungsgericht, § 1 ZVG

Das zuständige Vollstreckungsorgan ist das **Vollstreckungsgericht, § 1 ZVG**.

c) Voraussetzungen

Bevor das Vollstreckungsgericht die Zwangsverwaltung eines Grundstücks anordnet, prüft es, ob die folgenden Voraussetzungen vorliegen:

aa) **Antrag des Gläubigers, §§ 146 I i.V.m. 15 ZVG**
  o Das Gericht wird nur auf einen Antrag des Gläubigers hin tätig, § 246 I, 15 ZVG.
  o Der **Mindestinhalt** des Antrags ergibt sich aus §§ **146 I, 16 ZVG**.

bb) **Übrige allgemeine Zwangsvollstreckungsvoraussetzungen**
  Diese Voraussetzungen sind:
  o Titel
  o Klausel
  o Zustellung
  o Keine Vollstreckungshindernisse

cc) **Eintragung des Schuldners im Grundbuch als Eigentümer, §§ 146 I, 16, 17 ZVG**
  Der Schuldner muss im Grundbuch als Eigentümer des Grundstücks eingetragen sein. **Wenn** dies **nicht** der Fall ist, darf die Zwangsverwaltung nicht angeordnet werden, vgl. §§ **146 I, 17 I ZVG**.

dd) **Zwangsverwaltungsbeschluss**
  Sind die unter aa) bis cc) genannten Voraussetzungen gegeben, erlässt das Gericht den Zwangsverwaltungsbeschluss.

Dieser Beschluss wird dem **Schuldner** von Amts wegen **zugestellt, § 3 i.V.m. § 8 ZVG**.

Außerdem wird der Beschluss im **Grundbuch eingetragen**, vgl. **§ 19 ZVG**.

Wirkungen des Zwangsverwaltungsbeschlusses:

- Der Zwangsverwaltungsbeschluss gilt zugunsten des Gläubigers als **Beschlagnahme des Grundstücks, §§ 136 I, 20 I ZVG**.
  Diese Wirkung tritt *mit der Zustellung* des Beschlusses an den Schuldner ein (vgl. §§ 146 I, 22 I 1 ZVG).

- **Entziehung** des Grundstücks aus der Verwaltung und Benutzung des Schuldners, **§ 148 II ZVG**.

- **Zwangsverwaltung** des Grundstückes durch einen Zwangsverwalter.

Die Bestellung des Zwangsverwalters erfolgt durch das Vollstreckungsgericht, § 150 I ZVG.

Der Zwangsverwalter übt das Recht zur Nutzung und Verwaltung des Grundstücks aus, **§ 152 ZVG**.

d) Verwertung

Der Gläubiger erlangt die Befriedigung seiner Forderung durch die **Verteilung der** bei der Verwaltung **erzielten Überschüsse, § 155 I ZVG**.

Die Verteilung erfolgt dabei durch den Zwangsverwalter.

E. Zwangsvollstreckung wegen anderer Ansprüche als Geldforderungen

I. Zwangsvollstreckung zur Erwirkung der Herausgabe beweglicher Sachen

1. Zuständiges Organ: Gerichtsvollzieher, § 883 I ZPO
2. Voraussetzungen
a) Antrag des Gläubigers
b) Übrige allgemeine Zwangsvollstreckungsvoraussetzungen
3. Durchführung der Zwangsvollstreckung
a) Herauszugebende Sache im Gewahrsam des Schuldners
b) Herauszugebende Sache im Gewahrsam eines Dritten

1. Zuständiges Organ: Gerichtsvollzieher, § 883 I ZPO

Das für diese Art der Zwangsvollstreckung zuständige Organ ist der **Gerichtsvollzieher, § 883 I ZPO**.

2. Voraussetzungen

Die Zwangsvollstreckung zur Erwirkung der Herausgabe einer beweglichen Sache ist zulässig, wenn die folgenden Voraussetzungen vorliegen:

a) Antrag des Gläubigers

Wie bei jeder Zwangsvollstreckung wird der Gerichtsvollzieher nur auf einen Antrag des Gläubigers hin tätig.

b) Übrige allgemeine Zwangsvollstreckungsvoraussetzungen

Nach dem Eingang des Antrags des Gläubigers prüft der Gerichtsvollzieher, ob die übrigen allgemeinen Vollstreckungsvoraussetzungen vorliegen.

Diese Voraussetzungen sind:
- Titel
- Klausel
- Zustellung
- Keine Vollstreckungshindernisse.

3. Durchführung der Zwangsvollstreckung

Kommt die Prüfung zu dem Ergebnis, dass die Voraussetzungen für eine Zwangs-vollstreckung gegeben sind, leitet der Gerichtsvollzieher die Zwangsvollstreckung zur Herausgabe der beweglichen Sache ein.

Bei der Durchführung der Zwangsvollstreckung ist danach zu unterscheiden, ob sich diese herauszugebende Sache im Gewahrsam des Schuldners oder im Gewahrsam eines Dritten befindet.

a) Herauszugebende Sache im Gewahrsam des Schuldners

Befindet sich die herauszugebende Sache im **Alleingewahrsam** des Schuldners, erfolgt die **Vollstreckung nach §§ 883, 884 ZPO.**

Die **Vollstreckung** des Herausgabeanspruchs erfolgt also, indem der Gerichts-vollzieher

- dem Schuldner die **Sache wegnimmt** und

- sie **dem Gläubiger übergibt**.

b) Herauszugebende Sache im Gewahrsam eines Dritten

Befindet sich die herauszugebende Sache im **Allein- oder Mitgewahrsam eines Dritten**, so muss wie folgt vorgegangen werden:

aa) Ist der **Dritte zur Herausgabe bereit**, so ist die Zwangsvollstreckung gegen ihn *ohne gesonderten Titel* möglich (Rechtsgedanke des § 809 ZPO)

In diesem Fall geht der Gerichtsvollzieher nach **§ 883 ZPO** vor, d.h. er

- nimmt dem Dritten die herauszugebende **Sache weg** und

- **übergibt sie dem Gläubiger**.

bb) Ist der **Dritte nicht zur Herausgabe bereit**, ist die **Zwangsvollstreck-ung** gegen ihn **nur mit einem gesonderten**, gegen ihn gerichteten **Titel** zulässig.

In diesem Fall muss der Gläubiger wie folgt vorgehen:

1) Der Gläubiger muss sich den **Herausgabeanspruch des Schuldners gegen den Dritten pfänden und** zur Ein-ziehung **überweisen lassen, § 886 i.V.m. §§ 829, 835 ZPO.**

2) Der Gläubiger muss gegen den Dritten einen **vollstreck-baren Titel auf Herausgabe** der Sache erwirken.

3) Der Gläubiger muss aus diesem Titel die **Zwangsvoll-streckung gegen den Dritten gemäß § 883 ZPO** durch-führen.

122

II. Zwangsvollstreckung zur Erwirkung der Herausgabe unbeweglicher Sachen

1. Zuständiges Organ: Gerichtsvollzieher, § 885 I ZPO
2. Voraussetzungen
a) Antrag des Gläubigers
b) Übrige allgemeine Zwangsvollstreckungsvoraussetzungen
3. Durchführung der Zwangsvollstreckung
a) Herauszugebende Sache im Gewahrsam des Schuldners
b) Herauszugebende Sache im Gewahrsam eines Dritten

1. Zuständiges Organ: Gerichtsvollzieher, § 885 I ZPO

Das für diese Art der Zwangsvollstreckung zuständige Organ ist der **Gerichtsvollzieher, § 885 I ZPO.**

2. Voraussetzungen

Die Zwangsvollstreckung zur Erwirkung der Herausgabe einer unbeweglichen Sache ist zulässig, wenn die folgenden Voraussetzungen vorliegen:

a) Antrag des Gläubigers

Wie bei jeder Zwangsvollstreckung wird der Gerichtsvollzieher nur auf einen Antrag des Gläubigers hin tätig.

b) Übrige allgemeine Zwangsvollstreckungsvoraussetzungen

Nach dem Eingang des Antrags des Gläubigers prüft der Gerichtsvollzieher, ob die übrigen allgemeinen Vollstreckungsvoraussetzungen vorliegen.

Diese Voraussetzungen sind:
* Titel
* Klausel
* Zustellung
* Keine Vollstreckungshindernisse

3. Durchführung der Zwangsvollstreckung

Kommt die Prüfung zu dem Ergebnis, dass die Voraussetzungen für eine Zwangsvollstreckung gegeben sind, leitet der Gerichtsvollzieher die Zwangsvollstreckung zur Herausgabe der unbeweglichen Sache ein.

Bei der Durchführung der Zwangsvollstreckung ist dabei zu unterscheiden, ob sich diese herauszugebende unbewegliche Sache im Gewahrsam des Schuldners oder im Gewahrsam eines Dritten befindet.

a) Herauszugebende Sache im Gewahrsam des Schuldners

Befindet sich die herauszugebende unbewegliche Sache im **Alleingewahrsam** des Schuldners, erfolgt die **Vollstreckung nach §§ 885 I ZPO.**

Die **Vollstreckung** des Herausgabeanspruchs erfolgt also, indem der Gerichtsvollzieher

- den **Schuldner aus dem Besitz weist** und

- **den Gläubiger** in den Besitz **einweist.**

  Praktisch umgesetzt bedeutet dies, dass der Gerichtsvollzieher den **Schuldner vom Grundstück entfernen** darf. Dabei darf er notfalls auch Gewalt anwenden, § 758 III ZPO.

b) Herauszugebende Sache im Gewahrsam eines Dritten

Befindet sich die herauszugebende unbewegliche Sache im **Allein- oder Mitgewahrsam eines Dritten**, so muss wie folgt vorgegangen werden:

    aa) Ist der **Dritte zur Herausgabe bereit**, so ist die Zwangsvollstreckung gegen ihn *ohne gesonderten Titel* möglich (Rechtsgedanke des § 809 ZPO)

        In diesem Fall geht der Gerichtsvollzieher nach **§ 885 I ZPO** vor, d.h. er

- **weist** den Dritten **aus dem Besitz** und

- **weist den Gläubiger in den Besitz ein.**

    bb) Ist der **Dritte nicht zur Herausgabe bereit**, ist die **Zwangsvollstreckung** gegen ihn **nur mit einem gesonderten**, gegen ihn gerichteten **Titel** zulässig.

        In diesem Fall muss der Gläubiger wie folgt vorgehen:

        1) Der Gläubiger muss sich den **Herausgabeanspruch des Schuldners gegen den Dritten pfänden und** zur Einziehung **überweisen lassen, § 886 i.V.m. §§ 829, 835 ZPO** (Hinweis: § 886 ZPO ist nach hM auch auf Ansprüche auf Herausgabe von unbeweglichen Sachen anwendbar).

        2) Der Gläubiger muss gegen den Dritten einen **vollstreckbaren Titel auf Herausgabe** der Sache erwirken.

        3) Der Gläubiger muss aus diesem Titel die **Zwangsvollstreckung gegen den Dritten gemäß § 885 I ZPO** durchführen.

III. Zwangsvollstreckung zur Erwirkung vertretbarer Handlungen, § 887 ZPO

---

1. Vorliegen einer vertretbaren Handlung
2. Zuständiges Organ: Prozessgericht erster Instanz, § 887 ZPO
3. Voraussetzungen
a) Antrag des Gläubigers
b) Übrige allgemeine Zwangsvollstreckungsvoraussetzungen
4. Durchführung der Zwangsvollstreckung, § 887 I ZPO

---

1. Vorliegen einer vertretbaren Handlung

Eine vertretbare Handlung liegt vor, wenn es für den Gläubiger **unerheblich** ist, **ob** sie der **Schuldner oder ein Dritter vornimmt.**

Beispiele für vertretbare Handlungen:
* Durchführung einer Reparatur,
* Nachbesserung eines Werkmangels,
* Beseitigung von störenden Immissionen.

2. Zuständiges Organ: Prozessgericht erster Instanz, § 887 ZPO

Zuständiges Vollstreckungsorgan ist das **Prozessgericht erster Instanz,** **§ 887 ZPO.**

Beachte: Diese Zuständigkeit ist ausschließlich, **§ 802 ZPO.**

3. Voraussetzungen

Die Zwangsvollstreckung zur Erwirkung einer vertretbaren Handlung ist zulässig, wenn die folgenden Voraussetzungen vorliegen:

a) Antrag des Gläubigers

Wie bei jeder Zwangsvollstreckung wird ein Vollstreckungsverfahren zur Erwirkung einer vertretbaren Handlung nur auf einen entsprechenden Antrag des Gläubigers hin eingeleitet.

b) Übrige allgemeine Zwangsvollstreckungsvoraussetzungen

Nach dem Eingang des Antrags des Gläubigers prüft das Prozessgericht erster Instanz, ob die übrigen allgemeinen Vollstreckungsvoraussetzungen vorliegen.

Diese Voraussetzungen sind:
* Titel
* Klausel
* Zustellung
* Keine Vollstreckungshindernisse

4. Durchführung der Zwangsvollstreckung, § 887 I ZPO

Ein Anspruch auf Vornahme einer vertretbaren Handlung wird vollstreckt, indem der **Gläubiger vom Prozessgericht ermächtigt** wird, die entsprechende **Handlung auf Kosten des Schuldners vornehmen zu lassen, § 887 I ZPO.**

Beachte: Mit dem Antrag nach § 887 I ZPO kann der Gläubiger **gleichzeitig** beantragen, den Schuldner zur **Vorauszahlung der entstehenden Kosten** zu verurteilen, **§ 887 II ZPO.**

Die Entscheidung hierüber erfolgt durch einen Beschluss, der nach **§§ 794 I Nr. 3, 803 ff. ZPO** vollstreckt werden kann.

IV. Zwangsvollstreckung zur Erwirkung unvertretbarer Handlungen, § 888 ZPO

1. Vorliegen einer unvertretbaren Handlung
2. Zuständiges Organ: Prozessgericht erster Instanz, § 888 ZPO
3. Voraussetzungen
   a) Antrag des Gläubigers
   b) Übrige allgemeine Zwangsvollstreckungsvoraussetzungen
   c) Kein Ausschluss der Vollstreckung nach § 888 III ZPO
4. Durchführung der Zwangsvollstreckung, § 888 I ZPO

1. Vorliegen einer unvertretbaren Handlung

Eine unvertretbare Handlung ist eine solche, deren **Vornahme ausschließlich vom Willen des Schuldners abhängt**, vgl. § 888 I ZPO.

Beispiele für unvertretbare Handlungen:
- Erteilung einer Auskunft,
- Verfassen eines Widerrufs,
- Abdruck einer Gegendarstellung.

2. Zuständiges Organ: Prozessgericht erster Instanz, § 888 ZPO

Zuständiges Vollstreckungsorgan ist das **Prozessgericht erster Instanz,** § 888 ZPO.

Beachte: Diese Zuständigkeit ist ausschließlich, § 802 ZPO.

3. Voraussetzungen

Die Zwangsvollstreckung zur Erwirkung einer unvertretbaren Handlung ist zulässig, wenn die folgenden Voraussetzungen vorliegen:

a) Antrag des Gläubigers

Wie bei jeder Zwangsvollstreckung wird ein Vollstreckungsverfahren zur Erwirkung einer unvertretbaren Handlung nur auf einen entsprechenden Antrag des Gläubigers hin eingeleitet.

b) Übrige allgemeine Zwangsvollstreckungsvoraussetzungen

Nach dem Eingang des Antrags des Gläubigers prüft das Prozessgericht erster Instanz, ob die übrigen allgemeinen Vollstreckungsvoraussetzungen vorliegen.

Diese Voraussetzungen sind:
- Titel
- Klausel
- Zustellung
- Keine Vollstreckungshindernisse

c) Kein Ausschluss der Vollstreckung nach § 888 III ZPO

Die Zwangsvollstreckung darf nicht nach § 888 III ZPO ausgeschlossen sein.

Nach § 888 III ZPO ist die **Zwangsvollstreckung zur Erwirkung unvertretbarer Handlungen ausgeschlossen** zur Durchsetzung von Ansprüchen auf Leistung von Diensten aus einem Dienstvertrag.

4. Durchführung der Zwangsvollstreckung, § 888 I ZPO

Die Vollstreckung eines Anspruchs auf Vornahme einer unvertretbaren Handlung erfolgt, indem das Gericht den **Schuldner zur Vornahme** der geschuldeten Handlung **durch Zwangsgeld oder Zwangshaft** anhält, § 888 I 1 ZPO.

V. Zwangsvollstreckung zur Erwirkung von Duldungen oder Unterlassungen, § 890 ZPO

> **1. Zuständiges Organ: Prozessgericht erster Instanz, § 890 I 1 ZPO**
> **2. Voraussetzungen**
> **a) Antrag des Gläubigers**
> **b) Übrige allgemeine Zwangsvollstreckungsvoraussetzungen**
> **c) Vorherige Androhung der Zwangsvollstreckung, § 890 II ZPO**
> **3. Durchführung der Zwangsvollstreckung, § 890 I 1 ZPO**

1. Zuständiges Organ: Prozessgericht erster Instanz, § 890 I 1 ZPO

Das zuständige Vollstreckungsorgan ist das **Prozessgericht des ersten Rechtszuges**, § 890 I 1 ZPO.

Beachte: Diese Zuständigkeit ist ausschließlich, § 802 ZPO.

2. Voraussetzungen

Die Zwangsvollstreckung zur Erwirkung einer Duldung oder Unterlassung ist zulässig, wenn die folgenden Voraussetzungen vorliegen:

a) Antrag des Gläubigers

Wie bei jeder Zwangsvollstreckung wird ein Vollstreckungsverfahren zur Erwirkung einer Duldung oder Unterlassung nur auf einen entsprechenden Antrag des Gläubigers hin eingeleitet.

Der **Antrag** des Gläubigers muss dabei **darauf gerichtet** sein, den Schuldner

- **wegen** einer oder mehrerer **Zuwiderhandlungen** gegen die in dem Titel statuierte Verpflichtung zur Duldung oder Unterlassung

- zu einem **Ordnungsgeld** oder **Ordnungshaft**

zu verurteilen, vgl. § 890 I 1 ZPO.

b) Übrige allgemeine Zwangsvollstreckungsvoraussetzungen

Nach dem Eingang des Antrags des Gläubigers prüft das Prozessgericht erster Instanz, ob die übrigen allgemeinen Vollstreckungsvoraussetzungen vorliegen.

Diese Voraussetzungen sind:
- Titel
- Klausel
- Zustellung
- Keine Vollstreckungshindernisse

c) Vorherige Androhung der Zwangsvollstreckung, § 890 II ZPO

Weitere Voraussetzung ist die **zwingende Androhung** der Zwangsmaßnahmen gegenüber dem Schuldner, **§ 890 II ZPO.**

- Diese Androhung ist **in der Regel** schon in dem Urteil enthalten, das die Verpflichtung zur Duldung oder Unterlassung ausspricht.

- Sollte das Urteil eine solche Androhung nicht enthalten, muss der Gläubiger beim Prozessgericht der ersten Instanz den Erlass einer entsprechenden Androhung beantragen.

  Erst wenn das Gericht eine solche Androhung erlassen hat, kann mit der Zwangsvollstreckung fortgefahren werden.

3. Durchführung der Zwangsvollstreckung, § 890 I 1 ZPO

Die Zwangsvollstreckung von Duldungs- bzw. Unterlassungsansprüchen erfolgt, indem der **Schuldner bei jeder Zuwiderhandlung** gegen diese Verpflichtung auf Antrag des Gläubigers zu einem **Ordnungsgeld oder Ordnungshaft** verurteilt wird, **§ 890 I 1 ZPO.**

F. Rechtsbehelfe in der Zwangsvollstreckung

I. Die Vollstreckungserinnerung, § 766 ZPO

1. Zulässigkeit
a) Statthaftigkeit, § 766 ZPO
b) Zuständigkeit
aa) Sachlich: Vollstreckungsgericht, § 766 I ZPO
bb) Örtlich: § 764 II ZPO
cc) Funktionell: Richter, § 20 Nr. 17 S. 2 RPflG
c) Erinnerungsbefugnis
d) Keine Frist
2. Begründetheit bei Vorliegen eines Verfahrensverstoßes
3. Entscheidung des Gerichts

128

1. Zulässigkeit

Die Vollstreckungserinnerung ist unter den folgenden Voraussetzungen zulässig:

a) Statthaftigkeit, § 766 ZPO

Die Vollstreckungserinnerung ist statthaft bei **Einwendungen gegen die Art und Weise** der Zwangsvollstreckung, **§ 766 ZPO.**

Dieser Rechtsbehelf ist damit **statthaft bei**

- **Vollstreckungsmaßnahmen des Gerichtsvollziehers, § 766 I ZPO**

- der **Ablehnung des Gerichtsvollziehers,** tätig zu werden, **§ 766 II ZPO**

- **Maßnahmen des Vollstreckungsgerichts** *ohne vorherige Anhörung* des Betroffenen.

  Wurde der **Betroffene** *dagegen* **vorher angehört,** ist nach hM die sofortige **Beschwerde nach § 793 ZPO** statthaft.

  Begründung:
  Wurde der Betroffene angehört, hat sich das Vollstreckungsgericht bereits mit seinen Argumenten auseinandergesetzt. In diesem Fall liegt eine *Entscheidung des Gerichts* vor. Im Falle der Erinnerung müsste sich das Vollstreckungsgericht erneut mit seiner Entscheidung auseinandersetzen. Deshalb erscheint es vorzugwürdig, die Überprüfung der nächst - höheren Instanz zu überlassen.

  Erfolgte die Maßnahme aber *ohne vorherige Anhörung,* hat eine Auseinandersetzung mit den Argumenten des Betroffenen noch nicht stattgefunden. Deshalb ist es sinnvoll, dass sich zunächst das Vollstreckungsgericht mit diesen Gedanken im Rahmen der Vollstreckungserinnerung auseinandersetzt.

  Beachte: Bei der **Ablehnung und Aufhebung** von Vollstreckungsmaßnahmen ist nach hM die **sofortige Beschwerde nach § 793 ZPO** der statthafte Rechtsbehelf.

  Begründung:
  Durch die Ablehnung einer beantragten Maßnahme ist der *Antragsteller der Betroffene.* Mit dessen Argumenten hat sich das Vollstreckungsgericht bereits im Rahmen des Antragsverfahrens auseinandergesetzt. In diesem Fall liegt eine *Entscheidung des Gerichts* vor. Im Falle der Erinnerung müsste sich das Vollstreckungsgericht erneut mit seiner Entscheidung auseinandersetzen. Deshalb erscheint es vorzugswürdig, die Überprüfung der nächst höheren Instanz zu überlassen.

b) Zuständigkeit

aa) Sachlich: Vollstreckungsgericht, § 766 I ZPO

Das für die Entscheidung zuständ. Gericht ist das **Vollstreckungsgericht, §§ 766 I 1, 764 I ZPO.** Die Zuständigkeit des Gerichts ist ausschließlich, **§ 802 ZPO.**

bb) Örtlich: § 764 II ZPO

Örtlich ist das Vollstreckungsgericht zuständig, in **dessen Bezirk das Voll-streckungsverfahren stattfinden soll** bzw. **stattgefunden hat, § 764 II ZPO.**

cc) Funktionell: Richter, § 20 Nr. 17 S. 2 RPflG

Funktionell zuständig ist nicht der Rechtspfleger, sondern der **Richter, § 20 Nr. 17 S. 2 RPflG.**

c) Erinnerungsbefugnis

Die **Erinnerungsbefugnis** des Rechtsbehelfsführers ist gegeben, **wenn** er durch die Vollstreckungsmaßnahme in seinen **Rechten verletzt worden sein kann.**

aa) Der **Schuldner** ist bereits durch die **Zwangsvollstreckung als solche beschwert.** Er kann deshalb **grundsätzlich gegen jede gegen ihn gerichtete Vollstreckungsmaßnahme** mit der Erinnerung nach § 766 ZPO vorgehen.

bb) Eine Beschwer des **Gläubigers** liegt vor, wenn der **Gerichts-vollzieher** sich **weigert**, die Vollstreckung auszuführen oder vom Vollstreckungsantrag abweicht.

cc) Der **Drittschuldner** ist durch die **Pfändung einer Forderung** be-schwert und damit erinnerungsbefugt. Denn durch die Pfändung treffen ihn die **Pflichten des § 840 ZPO.**

d) Keine Frist

Die Zwangsvollstreckungserinnerung ist an keine Frist gebunden.

2. Begründetheit bei Vorliegen eines Verfahrensverstoßes

Die Zwangsvollstreckungserinnerung ist **begründet**, wenn ein *Verfahrensverstoß* vorliegt. Das Vollstreckungsgericht überprüft daher, ob

- die **allgemeinen und besonderen Zwangsvollstreckungs-voraussetzungen** vorliegen,
- **keine Vollstreckungshindernisse** gegeben sind und
- der **Vollstreckungsakt ordnungsgemäß** durchgeführt wurde.

3. Entscheidung des Gerichts

Die Entscheidung des Gerichts ergeht **durch Beschluss**:

- Kommt das Vollstreckungsgericht zu dem Ergebnis, dass die **Erinner-ung begründet** ist, **hebt es** die gerügte Vollstreckungsmaßnahme **auf.**
- Im Fall des § 766 II ZPO **weist** es den **Gerichtsvollzieher an**, die beantragte Vollstreckungsmaßnahme vorzunehmen.

- Statthafter Rechtsbehelf gegen den Beschluss des Vollstreckungsgerichts ist die **sofortige Beschwerde, § 793 ZPO.**

II. Die sofortige Beschwerde, § 793 ZPO

1. Zulässigkeit
a) Statthaftigkeit, § 793 ZPO
b) Zuständiges Gericht, § 569 I ZPO
c) Form, § 569 II ZPO
d) Frist, § 569 I ZPO
2. Begründetheit bei Vorliegen eines Verfahrensverstoßes
3. Entscheidung des Gerichts

1. Zulässigkeit

Die sofortige Beschwerde ist unter den folgenden Voraussetzungen zulässig:

a) Statthaftigkeit, § 793 ZPO

Die sofortige Beschwerde ist statthaft gegen **Entscheidungen,** die **ohne mündliche Verhandlung** ergehen können, **§ 793 ZPO.**

Eine *Entscheidung* liegt vor, wenn (vgl. F.I.1.a))

- eine Vollstreckungsmaßnahme *nach Anhörung des Betroffenen* erlassen wurde bzw.
- eine Vollstreckungsmaßnahme *abgelehnt oder aufgehoben* wurde.

b) Zuständiges Gericht, § 569 I ZPO

Der Beschwerdeführer hat ein **Wahlrecht,** bei welchem Gericht er die sofortige Beschwerde einlegt, **§ 569 I ZPO.**

Er kann die Beschwerde einlegen

- bei dem **Gericht, das die** angefochtene **Entscheidung erlassen** hat, oder
- bei dem **Beschwerdegericht.** Welches Gericht als Beschwerdegericht zuständig ist, ergibt sich aus **§§ 72, 119 GVG.**

c) Form, § 569 II ZPO

Die Beschwerde muss **schriftlich** eingelegt werden, **§ 569 II ZPO.**

d) Frist, § 569 I ZPO

Die Frist für die Einlegung der sofortigen Beschwerde beträgt **zwei Wochen, § 569 I ZPO.**

2. Begründetheit bei Rechtswidrigkeit der Entscheidung

Die sofortige Beschwerde ist **begründet**, wenn die angegriffene Entscheidung rechtswidrig ist.

3. Entscheidung des Gerichts

Die Entscheidung des Gerichts ergeht **durch Beschluss, § 572 IV ZPO**:

- Kommt das Gericht zu dem Ergebnis, dass die **sofortige Beschwerde begründet** ist, **hilft** es der Beschwerde **ab, § 572 I 1 ZPO.**

- Hält das Gericht die **sofortige Beschwerde für unbegründet**, hat es die Beschwerde unverzüglich dem **Beschwerdegericht vorzulegen, § 572 I 1 ZPO.**

- Kommt das **Beschwerdegericht** zu dem Ergebnis, dass die **sofortige Beschwerde begründet** ist, kann es dem Gericht, das die gerügte Entscheidung erlassen hat, die **erforderliche Anordnung übertragen,** **§ 572 III ZPO.**

III. Die Vollstreckungsabwehrklage (Vollstreckungs-gegenklage), § 767 ZPO

---

1. Zulässigkeit
a) Statthaftigkeit
b) Zuständiges Gericht, § 767 I ZPO
c) Ordnungsgemäßer Klageantrag
d) Rechtsschutzbedürfnis
e) Vorliegen der übrigen allgemeinen Zulässigkeitsvoraussetzungen
2. Begründetheit
a) Einwendungen gegen den titulierten Anspruch
b) Keine Präklusion, § 767 II ZPO

---

1. Zulässigkeit

Die Vollstreckungsabwehrklage ist zulässig, wenn die folgenden Voraussetzungen vorliegen:

a) Statthaftigkeit

Die Vollstreckungsabwehrklage (auch Vollstreckungsgegenklage genannt) ist statthaft, wenn Einwendungen gegen den titulierten Anspruch geltend gemacht werden, § 767 I ZPO.

b) Zuständiges Gericht, § 767 I ZPO

Für die Entscheidung über die Vollstreckungsgegenklage ist das **Prozessgericht des ersten Rechtszugs** zuständig, § 767 I ZPO.

Beachte: Diese Zuständigkeit ist
- **ausschließlich (§ 802 ZPO)** und
- **unabhängig vom Streitwert.**

132

c) Ordnungsgemäßer Klageantrag

Der Klageantrag ist darauf zu richten, die **Zwangsvollstreckung** aus dem (genau zu bezeichnenden) Titel **für unzulässig zu erklären.**

Beachte: Die **korrekte Bezeichnung der Parteien** bei der Vollstreckungsgegenklage ist wie folgt:

- der *Vollstreckungsschuldner* ist der *Kläger,*

- der *Vollstreckungsgläubiger* ist der *Beklagte.*

d) Rechtsschutzbedürfnis

Das Rechtsschutzbedürfnis für die Klage besteht, **sobald und solange** der Gläubiger einen **Vollstreckungstitel** in den Händen hat.

Das Rechtsschutzbedürfnis besteht **nicht mehr,** wenn eine **Zwangsvollstreckung nicht mehr droht.**

e) Vorliegen der übrigen allgemeinen Zulässigkeitsvoraussetzungen

Weiterhin müssen die übrigen allgemeinen Zulässigkeitsvoraussetzungen für eine Klage vorliegen.

2. Begründetheit

Die Vollstreckungsgegenklage ist begründet, wenn dem Kläger Einwendungen gegen den im Titel festgestellten Anspruch zustehen und diese Einwendungen nicht gemäß § 767 II ZPO ausgeschlossen sind.

a) Einwendungen gegen den titulierten Anspruch

Der Kläger kann gegen den im Titel festgestellten Anspruch **rechtsvernichtende** oder **rechtshemmende Einwendungen** geltend machen.

> **Beispiele** für solche Einwendungen:
> - Erfüllung der Forderung,
> - Erlass durch den Gläubiger,
> - Stundung.

Einwendungen führen zur **Begründetheit der Klage,** wenn sie zur Folge haben, dass der Gläubiger seinen Anspruch nicht mehr oder nur noch eingeschränkt durchsetzen darf.

b) Keine Präklusion, § 767 II ZPO

Einwendungen gegen den im Titel festgestellten Anspruch dürfen aber **nur** geltend gemacht werden, **wenn** sie erst **nach dem Schluss der letzten mündlichen Tatsachenverhandlung entstanden sind, § 767 II ZPO.**

IV. Die Drittwiderspruchsklage, § 771 ZPO

---

1. Zulässigkeit
a) Statthaftigkeit
b) Zuständiges Gericht
aa) Örtlich: § 771 ZPO
bb) Sachlich: §§ 23,71 GVG
c) Ordnungsgemäßer Klageantrag
d) Rechtsschutzbedürfnis
e) Vorliegen der übrigen allgemeinen Zulässigkeitsvoraussetzungen
2. Begründetheit

---

1. Zulässigkeit

Die Drittwiderspruchsklage ist bei Vorliegen der folgenden Voraussetzungen zulässig:

a) Statthaftigkeit

Die Drittwiderspruchsklage ist statthaft, wenn ein **Dritter** seine **Berechtigung** an dem gepfändeten Gegenstand geltend macht, um so die Zwangsvollstreckung in diesen Gegenstand für unzulässig erklären zu lassen.

b) Zuständiges Gericht

Das angerufene Gericht ist unter den folgenden Voraussetzungen örtlich und sachlich zuständig:

aa) Örtlich: § 771 ZPO

Örtlich zuständig ist das **Gericht, in dessen Bezirk** die Zwangsvollstreckung erfolgt, **§ 771 ZPO.**

bb) Sachlich: §§ 23,71 GVG

Die sachliche Zuständigkeit des Gerichts ist **abhängig vom Streitwert.** Sie ergibt sich aus **§§ 23, 71 GVG.**

c) Ordnungsgemäßer Klageantrag

Der Klageantrag ist darauf zu richten, dass die **Zwangsvollstreckung** aus dem Gegenstand, an dem der Dritte eine Berechtigung hat, **für unzulässig erklärt** wird.

d) Rechtsschutzbedürfnis

Das Rechtsschutzbedürfnis besteht, **sobald** die **erste Vollstreckungsmaßnahme** vorgenommen wird.

e) Vorliegen der übrigen allgemeinen Zulässigkeitsvoraussetzungen

Weiterhin müssen die übrigen allgemeinen Zulässigkeitsvoraussetzungen für eine Klage vorliegen.

134

2. Begründetheit

Die Drittwiderspruchsklage ist begründet, wenn der Dritte am Vollstreckungsgegenstand ein „**die Veräußerung hinderndes Recht**" besitzt, **§ 771 I ZPO**.

Ein „die Veräußerung hinderndes Recht" liegt vor, wenn der Dritte

- eine **Berechtigung** an dem Gegenstand besitzt,
- aufgrund dessen die **Veräußerung** des Vollstreckungsgegenstandes einen **Eingriff** in seinen Rechtskreis **darstellt**.

Beispiele für Rechte i.S.v. **§ 771 ZPO**:

- das Eigentum,
- das Anwartschaftsrecht,
- beschränkt dingliche Rechte (z.B. Grundpfandrechte).

V. Die Klage auf vorzugsweise Befriedigung, § 805 ZPO

1. Zulässigkeit
a) Statthaftigkeit
b) Zuständiges Gericht, § 805 II ZPO
c) Ordnungsgemäßer Klageantrag
d) Vorliegen der übrigen allgemeinen Zulässigkeitsvoraussetzungen
2. Begründetheit

1. Zulässigkeit

Die Klage auf vorzugsweise Befriedigung ist bei Vorliegen der folgenden Voraussetzungen zulässig:

a) Statthaftigkeit

Die Klage auf vorzugsweise Befriedigung ist nur statthaft, wenn eine **Zwangsvollstreckung wegen einer Geldforderung in bewegliche Sachen** vorliegt und der Kläger ein Pfand- oder Vorzugsrecht geltend macht.

b) Zuständiges Gericht, § 805 II ZPO

Zuständig ist das **Amts- bzw. Landgericht**, in **dessen Bezirk das Vollstreckungsgericht** seinen Sitz hat, **§ 805 II ZPO**. Diese Zuständigkeit ist eine ausschließliche (**§ 802 ZPO**).

c) Ordnungsgemäßer Klageantrag

Der Klageantrag ist darauf zu richten, dass der Kläger **bei der Verteilung** des Vollstreckungserlöses **vorrangig zu befriedigen** ist.

d) Vorliegen der übrigen allgemeinen Zulässigkeitsvoraussetzungen

Weiterhin müssen die übrigen allgemeinen Zulässigkeitsvoraussetzungen für eine Klage vorliegen.

2. Begründetheit

Die Klage auf vorzugsweise Befriedigung ist begründet, wenn dem Kläger ein **Pfand- oder Vorzugsrecht** zusteht, **das dem Pfändungspfandrecht** des Vollstreckungsgläubigers im Rang **vorgeht.**

Beispiele für solche Rechte:
- Vermieterpfandrecht (§ 562 I 1 BGB),
- Pfandrecht des Gastwirts (§ 704 BGB).

VI. Antrag auf Vollstreckungsschutz, § 765a ZPO

1. Zulässigkeit
a) Statthaftigkeit
b) Zuständiges Gericht, § 765a I ZPO
c) Ordnungsgemäßer Antrag
d) Vorliegen der übrigen allgemeinen Zulässigkeitsvoraussetzungen
2. Begründetheit

1. Zulässigkeit

Der Antrag auf Vollstreckungsschutz ist bei Vorliegen der folgenden Voraussetzungen zulässig:

a) Statthaftigkeit

Der Antrag auf Vollstreckungsschutz ist statthaft, wenn beantragt wird, eine **konkrete Vollstreckungsmaßnahme** aufzuheben, zu untersagen oder einstweilen einzustellen.

b) Zuständiges Gericht, § 765a I ZPO

Das für die Entscheidung zuständige Gericht ist das **Vollstreckungsgericht,** **§ 765a I ZPO.**

Beachte: Die Zuständigkeit des Gerichts ist ausschließlich, **§ 802 ZPO.**

Anmerkung: Die Entscheidung über den Antrag trifft der Rechtspfleger (§ 20 Nr. 17 RPflG).

c) Ordnungsgemäßer Antrag

Der Antrag ist darauf zu richten, eine **konkrete Vollstreckungsmaßnahme**

- aufzuheben,
- zu untersagen oder
- einstweilen einzustellen,

weil sie für den Schuldner eine **Härte** bedeutet, die **mit den guten Sitten nicht vereinbar** ist.

Dem Antrag sollten Beweismittel zur Glaubhaftmachung der vorgetragenen Tatsachen (z.B. Gutachten, eidesstattliche Versicherungen) beigefügt sein.

d) Vorliegen der übrigen allgemeinen Zulässigkeitsvoraussetzungen

Weiterhin müssen die übrigen allgemeinen Zulässigkeitsvoraussetzungen für eine Klage vorliegen.

2. Begründetheit

Der Antrag auf Vollstreckungsschutz ist **begründet,** wenn glaubhaft gemacht wird, dass die Zwangsvollstreckung aufgrund ganz besonderer Umstände für den Schuldner eine **Härte** bedeutet, **die mit den guten Sitten nicht vereinbar** ist, § 765 a I ZPO.

Beispiel: Bei der Durchführung einer Zwangsräumung muss damit gerechnet werden, dass der psychisch kranke Mieter Selbstmord begeht.

Fünftes Kapitel: StPO

A. Grundsätze des Strafverfahrens

I. Offizialprinzip, § 152 I StPO
II. Akkusationsprinzip, § 151 StPO
III. Legalitätsprinzip, § 152 II StPO
IV. Opportunitätsprinzip, §§ 153 ff. StPO
V. Untersuchungsgrundsatz, §§ 155 II, 160 I, 244 II StPO
VI. Beschleunigungsgebot
VII. Freie richterliche Beweiswürdigung, § 261 StPO
VIII. Mündlichkeitsgrundsatz, § 261 StPO
IX. Öffentlichkeitsgrundsatz, § 169, S. 1 GVG
X. Gebot eines fairen Verfahrens („fair trial")
XI. Grundsatz „in dubio pro reo"
XII. Recht auf rechtliches Gehör, Art. 101 I GG
XIII. Recht auf den gesetzlichen Richter, Art. 103 I GG

I. Offizialprinzip, § 152 I StPO

Die Durchführung eines Strafverfahrens ist Angelegenheit des Staates. Nur der Staat hat das Recht, Straftaten zu verfolgen.

Konsequenz: Die Anklageerhebung erfolgt durch die Staatsanwaltschaft (StA), vgl. § 152 I StPO.

Beachte: Einschränkungen des Offizialprinzips bei Antragsdelikten
- bei **reinen Antragsdelikten** (z.B. § 185 StGB, § 123 StGB) erfolgt **ohne** Vorliegen eines **Strafantrags** die **Einstellung des Verfahrens**

- bei **relativen Antragsdelikten** (z.B. § 230 StGB) kann bei fehlendem Strafantrag ein Strafverfahren eingeleitet werden, wenn ein **besonderes öffentliches Interesse** an der Verfolgung der Tat besteht.

Beachte: Ausnahme vom Offizialprinzip beim **Privatklageverfahren, §§ 374 ff. StPO:**
- hier kann der Verletzte bei bestimmten Delikten die **Verfolgung ohne Hinzuziehung der StA** selbst durchführen, vgl. § 374 I StPO

- eine **öffentliche Klage** wird **nur** erhoben, wenn dies **im öffentlichen Interesse** liegt; vgl. § 376 StPO.

II. Akkusationsprinzip, § 151 StPO

Das Gericht darf **nur** tätig werden, wenn eine **Anklage erhoben** wurde, § 151 StPO.

138

III. Legalitätsprinzip, § 152 II StPO

Die **StA** ist **zum Einschreiten verpflichtet**, wenn **zureichende tatsächliche Anhaltspunkte** für eine Straftat vorliegen (sog. Anfangsverdacht), vgl. **§ 152 II StPO.**

IV. Opportunitätsprinzip, §§ 153 ff. StPO

Das Opportunitätsprinzip stellt eine **Einschränkung des Legalitätsprinzips** dar.

Die **§§ 153 ff.** StPO geben der StA die Möglichkeit, in bestimmten Fällen von der Strafverfolgung abzusehen.

V. Untersuchungsgrundsatz

Das Gericht und die StA sind verpflichtet, den **Sachverhalt von Amts wegen zu erforschen,** vgl. **§§ 155 II, 160 I, 244 II StPO.**

VI. Beschleunigungsgebot

Ein Strafverfahren ist **innerhalb einer angemessenen Frist** zu erledigen, vgl. **Art. 2 IV 2 GG i.V.m. Art. 20 III GG.**

Bei der **Bestimmung der Angemessenheit** der Frist sind zu berücksichtigen
* **der Umfang der Ermittlungen**
* **die Komplexität des Verfahrens**
* **die Schwere des Delikts**
* **das Verhalten des Angeschuldigten.**

Bei einer **überlangen Dauer des Verfahrens** ist der Verstoß gegen den Beschleunigungsgrundsatz **bei der Strafzumessung (§ 46 StGB) zu Gunsten** des Angeklagten **zu berücksichtigen.**

VII. Freie richterliche Beweiswürdigung, § 261 StPO

Das Gericht entscheidet nach seiner Überzeugung, die es aufgrund der Verhandlung und der Beweise gewonnen hat. **Das Gericht ist in der Würdigung des Beweisergebnisses frei.**

Beachte: Einschränkung dieses Grundsatzes **bei Beweisverwertungsverboten.**

VIII. Mündlichkeitsgrundsatz, § 261 StPO

Über die angeklagte Tat muss **mündlich verhandelt** werden.

Konsequenz: Im Urteil darf nur berücksichtigt werden, was auch in den Prozess eingeführt wurde.

IX. Öffentlichkeitsgrundsatz, § 169 S. 1 GVG

Die **Hauptverhandlung** findet öffentlich statt, **§ 169 S. 1 GVG.**

Aber: Rundfunk- und Fernsehaufnahmen **während** der Verhandlung sind unzulässig, § 169 S. 2 GVG

Ausnahmen vom Grundsatz der Öffentlichkeit:
- Verfahren vor dem **Jugendgericht**, § 48 JGG
- Fälle der §§ 171 ff. GVG.

X. Gebot des fairen Verfahrens („fair trial")

Das Gebot des fairen Verfahrens wird aus dem **Rechtsstaatsprinzip** abgeleitet und ergibt sich auch aus **Art. 6 I EMRV**.

Wichtiges Beispiel:
Das *„nemo tenetur"-Prinzip*: Der Angeklagte hat das Recht, zu schweigen und sich nicht selbst zu belasten.

XI. Grundsatz „in dubio pro reo"

Bei **Zweifeln des Gerichts** an der Täterschaft des Angeklagten bzw. bei Zweifeln am Vorliegen einer beweiserheblichen Tatsache (z.B. Schuldfähigkeit zum Tatzeitpunkt) hat das Gericht **die für den Angeklagten günstigste Rechtsfolge zu wählen.**

Wichtig: Der Grundsatz **gilt nur für Tatsachenfragen**, nicht für Rechtsfragen oder verfahrensrechtliche Zweifelsfragen!

XII. Recht auf einen gesetzlichen Richter, Art. 101 I GG

Es muss **im Voraus durch** eine **abstrakt-generelle Regelung** (meist Geschäftsverteilungspläne der Gerichte) festgelegt werden, welcher Richter für ein zukünftiges Verfahren zuständig ist.

Ausnahmegerichte (=Gerichte, die zur Entscheidung konkret bestimmter Fälle berufen werden) **sind demnach verboten.**

XIII. Recht auf rechtliches Gehör, Art. 103 I GG

Jeder Beteiligte eines Gerichtsverfahrens hat das Recht auf rechtliches Gehör.

Wichtiges Beispiel ist § 258 II StPO: Das **letzte Wort des Angeklagten** als Ausprägung dieses Grundsatzes.

B. Das Ermittlungsverfahren

I. Vorliegen eines Anfangsverdachts, § 152 II StPO
II. Durchführung von Ermittlungen, §§ 160 I, 161 StPO
III. Fehlender Tatverdacht: Einstellung, § 170 II StPO
IV. Vorliegen eines Tatverdachts:
1. Anklageerhebung, § 170 I StPO
2. Einstellung aus Opportunitätsgründen, §§ 153 ff. StPO

140

I. Vorliegen eines Anfangsverdachts, § 152 II StPO

Ein Ermittlungsverfahren ist einzuleiten, wenn ein Anfangsverdacht vorliegt.

Ein **Anfangsverdacht liegt vor, wenn zureichende tatsächliche Anhaltspunkte** für die Begehung einer Straftat vorliegen, **§ 152 II StPO.**

Solche **Anhaltspunkte** können sich ergeben aus
* **Strafanzeigen** (vgl. **§ 158 StPO**),
* **amtlichen/dienstlichen Wahrnehmungen** (vgl. **§ 160 I, 2. Alt. StPO**).

II. Durchführung von Ermittlungen

Bei **Vorliegen eines Anfangsverdachts erforscht die StA den Sachverhalt**, um festzustellen, ob eine Anklage zu erheben ist, **§§ 160 I, 161 StPO.** Die StA wird dabei von der Polizei unterstützt, **§ 163 StPO.**

III. Einstellung bei fehlendem Tatverdacht, § 170 II StPO

Kommen die Ermittlungen zu dem **Ergebnis**, dass **kein hinreichender Tatverdacht** vorliegt, **stellt die StA das Verfahren ein,** vgl. **§ 170 II StPO.**

IV. Vorliegen eines Tatverdachts

Kommen die Ermittlungen zu dem **Ergebnis**, dass ein **hinreichender Tatverdacht** vorliegt (vgl. **§ 203 StPO**), hat die StA **folgende Möglichkeiten:**

1. Anklageerhebung, § 170 I StPO

2. Einstellung des Verfahrens nach §§ 153 ff. StPO
Hauptfälle einer solchen Verfahrenseinstellung:
* wegen **Geringfügigkeit, § 153 StPO**
* gegen Erfüllung von **Auflagen und Weisungen, § 153a StPO**
* bei **unwesentlichen Nebenstraftaten, § 154 StPO.**

C. Die wichtigsten Ermittlungsmaßnahmen

I. Beschlagnahme, § 94 II StPO
II. Überwachung der Telekommunikation, § 100a StPO
III. „Großer Lauschangriff", § 100c ff. StPO
IV. Durchsuchung, § 102 StPO
V. Verdeckte Ermittler, § 110a StPO
VI. Untersuchungshaft, § 112 StPO
VII. Vernehmung des Beschuldigten, §§ 133 ff. StPO
VIII. Vernehmung von Zeugen, § 161 StPO i.V.m. §§ 48 ff. StPO

I. Beschlagnahme, § 94 II StPO

1. Beschlagnahmeobjekt
2. Beweisbedeutung für Untersuchung
3. Kein Beschlagnahmeverbot, § 97 StPO
4. Anordnung der Beschlagnahme, § 98 StPO

1. Beschlagnahmeobjekt

Der Beschlagnahme unterliegen **bewegliche und unbewegliche Gegenstände aller Art.**

Beachte: Der **bürgerlich-rechtliche Sachbegriff findet** bei einer Beschlagnahme **keine Anwendung** (d.h. es können auch Leichen beschlagnahmt werden).

2. Beweisbedeutung für die Ermittlungen/Untersuchung

Der beschlagnahmte Gegenstand muss für die **konkrete Ermittlung als Beweismittel von Bedeutung** sein.

Beachte: Für das Vorliegen dieser Voraussetzung ist es **ausreichend, dass**
- ein **Anfangsverdacht einer Straftat** vorliegt und
- dass der beschlagnahmte Gegenstand als ein **potentielles Beweisstück** in Betracht kommt.

3. Kein Beschlagnahmeverbot, § 97 StPO

Es darf **kein Beschlagnahmeverbot** nach § 97 StPO vorliegen.

Bei **Verstoß gegen § 97 StPO** (d.h. Beschlagnahme von Gegenständen, die nach § 97 StPO nicht hätten beschlagnahmt werden dürfen) ist die **Konsequenz** ein **Beweisverwertungsverbot** (d.h. die beschlagnahmten Gegenstände dürfen nicht als Beweis verwertet werden).

4. Anordnung der Beschlagnahme, § 98 StPO

Die Anordnung der Beschlagnahme hat **grundsätzlich durch einen Richter** zu erfolgen, **§ 98 I 1 StPO.**

Bei **Gefahr im Verzug** kann die Anordnung durch die **StA und ihre Hilfsbeamten** erfolgen, **§ 98 I 1 StPO.**

> **Gefahr im Verzug** besteht, wenn die richterliche Anordnung nicht eingeholt werden kann, ohne dass der Zweck der Maßnahme gefährdet wird.

> **Beachte:** Bei einer Beschlagnahme ohne richterliche Anordnung ist **innerhalb von drei Tagen** unter den Voraussetzungen des § 98 II StPO die **richterliche Bestätigung** zu beantragen.

II. Überwachung der Telekommunikation, § 100a StPO

---

1. Verdacht einer Katalogtat nach § 100 a StPO
2. Ermittlungen auf andere Weise aussichtslos oder wesentlich erschwert, § 100a I Nr. 3 StPO
3. Anordnung, § 100b StPO

---

1. Verdacht einer Katalogtat nach § 100a StPO

Die Überwachung der Telekommunikation ist nur zulässig, wenn **der Verdacht einer Straftat des Katalogs des § 100a StPO** besteht.

> **Beachte:** Es **reicht aus, dass** ein **nicht nur unerheblicher Tatverdacht** vorliegt.

> Der **Tatverdacht muss weder hinreichend** (vgl. § 203 StPO) **noch dringend** (vgl. § 112 I 1 StPO) sein.

Bei **Fehlen dieser Voraussetzung** besteht ein **Beweisverwertungsverbot nur** dann, **wenn** die **Anordnung grob fehlerhaft oder willkürlich** war. Ansonsten sind die erlangten Erkenntnisse verwertbar.

2. Ermittlungen auf andere Weise aussichtslos oder wesentlich erschwert, § 100a I Nr. 3 StPO

Die Überwachung ist nur zulässig, wenn sie **unentbehrlich** ist, **weil ansonsten** die **Ermittlungen aussichtslos oder wesentlich erschwert** wären.

- Die **Ermittlungen sind aussichtslos**, wenn andere Aufklärungsmittel nicht vorhanden sind.

- Die **Ermittlungen sind wesentlich erschwert**, wenn die Benutzung anderer Aufklärungsmittel einen erheblich größeren Zeitaufwand erfordern und daher zu einer wesentlichen Verfahrensverzögerung führen würde.

Bei **Fehlen dieser Voraussetzung** besteht ein **Beweisverwertungsverbot nur** dann, **wenn** die **Anordnung grob fehlerhaft oder willkürlich** war. Ansonsten sind die erlangten Erkenntnisse verwertbar.

3. Anordnung, § 100b StPO

Die Anordnung der Überwachung der Telekommunikation hat **grundsätzlich durch das Gericht** zu erfolgen, § 100b I 1 StPO.

Bei **Gefahr im Verzug** kann die Anordnung auch **durch die StA** getroffen werden, § 100b I 2 StPO.

> **Gefahr im Verzug** besteht, wenn die richterliche Anordnung nicht eingeholt werden kann, ohne dass der Zweck der Maßnahme gefährdet wird.

Beachte: In diesem Fall muss **innerhalb von drei Werktagen** die **richterliche Anordnung eingeholt** werden, ansonsten tritt die Anordnung durch die StA außer Kraft, § 100b I 3 StPO.

III. „Großer Lauschangriff", §§ 100c ff. StPO

1. **Verdacht einer Katalogtat nach § 100c II StPO, § 100c I Nr. 1 StPO**
2. **Schwerwiegende Tat im Einzelfall, § 100a I Nr. 2 StPO**
3. **Begründete Erwartung auf Erfassung ermittlungsrelevanter Äußerungen, § 100c I Nr. 3 StPO**
4. **Unentbehrlichkeit der Maßnahme, § 100c I Nr. 4 StPO**
5. **Keine Äußerungen aus dem Kernbereich privater Lebensgestaltung zu erwarten, § 100c IV StPO**
6. **Anordnung, § 100d I StPO**

1. Verdacht einer Katalogtat

Überwachung der Wohnräume ist nur zulässig, wenn der **Verdacht einer Straftat des Katalogs des § 100c II StPO** besteht.

Beachte: Es **reicht aus**, dass ein **nicht nur unerheblicher Tatverdacht** vorliegt. Der **Tatverdacht muss weder hinreichend** (vgl. § 203 StPO) **noch dringend** (vgl. § 112 I 1 StPO) sein.

Beim Fehlen dieser Voraussetzung besteht ein Beweisverwertungsverbot **nur** dann, wenn die **Anordnung grob fehlerhaft oder willkürlich** war. Ansonsten sind die erlangten Erkenntnisse verwertbar.

2. Schwerwiegende Tat im Einzelfall

Es ist nicht allein ausreichend, dass eine Katalogtat vorliegt. Erforderlich ist weiterhin, dass die **Tat im konkreten Fall besonders schwer wiegt**.

3. Begründete Erwartung auf Erfassung ermittlungsrelevanter Äußerungen

Es müssen **Tatsachen** vorliegen, aus denen sich schließen lässt, dass der Beschuldigte Äußerungen macht, **die für die Ermittlung relevant** sind.

4. Unentbehrlichkeit der Maßnahme

Die Überwachung ist nur zulässig, wenn sie **unentbehrlich** ist, weil ansonsten die **Ermittlungen aussichtslos oder wesentlich erschwert** wären.

- Die **Ermittlungen sind aussichtslos**, wenn andere Aufklärungsmittel nicht vorhanden sind.

- Die **Ermittlungen sind wesentlich erschwert**, wenn die Benutzung anderer Aufklärungsmittel einen erheblich größeren Zeitaufwand erfordern und daher zu einer wesentlichen Verfahrensverzögerung führen würde.

Bei **Fehlen dieser Voraussetzung** besteht ein **Beweisverwertungsverbot nur** dann, **wenn** die **Anordnung grob fehlerhaft oder willkürlich** war. Ansonsten sind die erlangten Erkenntnisse verwertbar.

5. Keine Äußerungen aus dem Kernbereich privater Lebensgestaltung zu erwarten

Es dürfen **keine Äußerungen zu erwarten** sein, die aus dem **Kernbereich** der privaten Lebensgestaltung des Beschuldigten stammen, **§ 100c IV StPO**.

Sollten wider Erwarten derartige Themen erfasst werden, so muss die **Überwachung sofort unterbrochen** werden und die **Aufzeichnungen** müssen **gelöscht** werden, **§ 100c V StPO**.

6. Anordnung

Die Anordnung der Wohnraumüberwachung erfolgt **auf Antrag der StA** und obliegt der in **§ 74a IV GVG** genannten **Kammer des Landgerichts, § 100d I 1 StPO**.

Bei **Gefahr im Verzug** kann die Anordnung auch durch den **Vorsitzenden der Kammer** erfolgen, vgl. **§ 100d I 2 StPO**.

Gefahr im Verzug besteht, wenn die Anordnung durch die Kammer nicht eingeholt werden kann, ohne dass der Zweck der Maßnahme gefährdet wird.

Beachte: In diesem Fall ist die Anordnung durch die Strafkammer **innerhalb von drei Werktagen zu bestätigen, § 100d I 3 StPO**.

Wichtig: Die Anordnung ist auf **höchstens einen Monat zu befristen, § 100d I 4 StPO**.

IV. Durchsuchung, § 102 StPO

1. Anfangsverdacht für eine Straftat
2. Verdächtiger kommt als Täter oder Teilnehmer dieser Tat in Betracht
3. Begründete Vermutung des Fundes von Beweismitteln
4. Durchsuchungsobjekt
5. Anordnung, § 105 StPO

1. Anfangsverdacht für eine Straftat

Es muss der **Anfangsverdacht für eine Straftat** vorliegen.

Ein **Anfangsverdacht** liegt vor, wenn **zureichende tatsächliche Anhaltspunkte für die Begehung einer Straftat** vorliegen, **§ 152 II StPO**.

Solche **Anhaltspunkte** können sich ergeben aus
- **Strafanzeigen** (vgl. **§ 158 StPO**)
- **amtlichen/dienstlichen Wahrnehmungen** (vgl. § 160 I, 2. Alt. StPO).

2. Mögliche Täterschaft/Teilnahme des Verdächtigen

Es müssen **Tatsachen** vorliegen, die den Schluss zulassen, dass der Verdächtige als *Täter oder Teilnehmer* dieser Tat in Betracht kommt.

3. Begründete Vermutung des Fundes von Beweismitteln

Es müssen **Tatsachen** vorliegen, die darauf schließen lassen, dass bei dem Verdächtigen *Beweismittel* gefunden werden oder dass der Verdächtige *ergriffen* wird.

Beachte: Es **genügt**, dass aufgrund kriminalistischer Erfahrung die Vermutung besteht, dass der Zweck der Durchsuchung erreicht werden kann.

Wichtig: Werden bei der Durchsuchung **Gegenstände** gefunden, die

- **in keiner Beziehung** zu den laufenden Ermittlungen oder zu der konkret verdächtigen Straftat stehen,
- aber auf die **Begehung einer anderen Straftat** hinweisen,

so dürfen diese sog. **Zufallsfunde vorübergehend beschlagnahmt** werden, vgl. **§ 108 I StPO.**

Aber: Wenn für diese Zufallsfunde ein **Beschlagnahmeverbot nach § 97 StPO** besteht, **scheidet auch** eine vorübergehende Beschlagnahme nach **§ 108 I StPO aus.**

4. Durchsuchungsobjekt

Durchsucht werden können
- Die **Wohnung,**
- **andere Räume,**
- **Personen und ihnen gehörende Sachen.**

Beachte: Zur **Durchsuchung der Person** gehört
- **Durchsicht** der getragenen **Kleidungsstücke**
- Nachsehen in **natürlichen Körperöffnungen,** sofern diese ohne Eingriff mit medizinischen Hilfsmitteln einzusehen sind (z.B. Inspektion der Mundhöhle)

Bei der **Durchsuchung von Sachen** kommt es nicht auf die Eigentumsverhältnisse, sondern allein auf den **Gewahrsam** an den Sachen an.

5. Anordnung, § 105 StPO

Die Anordnung hat **grundsätzlich durch den Richter** zu erfolgen, **§ 105 I 1 StPO.**

Bei **Gefahr im Verzug** sind aber auch die **StA und ihre Hilfsbeamten** zur Anordnung berechtigt, **§ 105 I 1 StPO.**

Gefahr im Verzug besteht, wenn die richterliche Anordnung nicht eingeholt werden kann, ohne dass der Zweck der Maßnahme gefährdet wird.

V. Verdeckter Ermittler, § 110a StPO

1. Begriff des Verdeckten Ermittlers, § 110a II 1 StPO
2. Einsatzvoraussetzungen
a) Anhaltspunkte für eine Katalogtat nach § 110 a I 1 StPO
b) Aufklärung von Verbrechen bei Wiederholungsgefahr, § 110a I 2 StPO
c) Aufklärung von Verbrechen mit besonderer Bedeutung, § 110a I StPO
d) Unentbehrlichkeit der Maßnahme, § 110a I 3 StPO. § 110a I 4 StPO
3. Zustimmung der StA, § 110b I StPO
4. Zustimmung des Richters, § 110b II StPO

1. Begriff des Verdeckten Ermittlers, § 110a II 1 StPO

Verdeckte Ermittler sind **Beamte des Polizeidienstes, die unter** einer ihnen ver-liehenen, auf Dauer angelegten, **veränderten Identität** (sog. **Legende) ermitteln.**

Abgrenzung zu Informanten und sog. „V-Leuten":

- Ein **Informant** ist eine **Person, die im Einzelfall** bereit ist, gegen Zu-sicherung der Vertraulichkeit der Strafverfolgungsbehörde Informationen zu geben.

- **„V-Leute"** sind **Personen, die keiner Strafverfolgungsbehörde ange-hören**, die aber bereit sind, diese bei der Aufklärung von Straftaten **für längere Zeit** vertraulich zu unterstützen und deren Identität grundsätzlich geheim gehalten wird.

Beachte: Es gibt **keine spezielle Rechtsgrundlage** für den Einsatz von Informanten und V-Leuten. **Der Einsatz dieser Personen** ist aber von §§ 161 I, 163 I StPO („Ermittlungsgeneralklausel") **gedeckt.**

Wichtig: Informanten und V-Leute dürfen eine nicht tatgeneigte Person nicht dazu bringen, eine Straftat zu begehen. Geschieht dies doch, so liegt nach dem BGH (nur) ein Strafmilderungsgrund vor.

2. Einsatzvoraussetzungen

Der Einsatz von verdeckten Ermittlern ist in den folgenden Fällen zulässig:

a) Anhaltspunkte für eine Katalogtat nach § 110a I 1 StPO

Verdeckte Ermittler dürfen eingesetzt werden, wenn es **tatsächliche Anhalts-punkte** dafür gibt, dass eine **Katalogtat nach § 110a I 1 StPO** vorliegt, **die von erheblicher Bedeutung ist.**

Tatsächliche Anhaltspunkte können sich ergeben aus
- **Strafanzeigen** (vgl. **§ 158 StPO**),
- **amtlichen/dienstlichen Wahrnehmungen** (vgl. **§ 160 I, 2. Alt. StPO**).

Es muss weiterhin eine **Katalogtat nach § 110a I 1 StPO** vorliegen, die **von erheblicher Bedeutung** ist.

Von **erheblicher Bedeutung ist eine Tat,** wenn
- sie mindestens dem mittleren Kriminalitätsbereich zuzurechnen ist,
- den Rechtsfrieden empfindlich stört und
- geeignet ist, das Gefühl der Rechtssicherheit der Bevölkerung erheblich zu beeinträchtigen.

b) Aufklärung von Verbrechen bei Wiederholungsgefahr, § 110a I 2 StPO

§ 110a I 2 StPO erfasst auch Verbrechen, die *nicht* dem Katalog des § 110a I 1 StPO unterfallen.

Wiederholungsgefahr liegt vor, wenn die Gefahr besteht, dass weitere Straftaten gleicher Art begangen werden.

Wichtig: Das Vorliegen einer Wiederholungsgefahr muss **durch bestimmte Tatsachen** belegt sein.

c) Aufklärung von Verbrechen mit besonderer Bedeutung, § 110a I 4 StPO

§ 110a I 4 StPO ist anwendbar, wenn
- **Verbrechen** vorliegen,
- die **nicht dem Katalog des § 110a I 1 StPO** unterfallen,
- bei denen **keine Wiederholungsgefahr vorliegt** und
- die **von erheblicher Bedeutung** sind.
  Ein **Verbrechen von erheblicher Bedeutung** liegt vor, wenn
  - es mindestens dem mittleren Kriminalitätsbereich zuzurechnen ist,
  - den Rechtsfrieden empfindlich stört und
  - geeignet ist, das Gefühl der Rechtssicherheit der Bevölkerung erheblich zu beeinträchtigen.

d) Unentbehrlichkeit der Maßnahme

aa) In den **Fallgruppen des § 110a I 1 StPO und des § 110a I 2 StPO** ist der Einsatz verdeckter Ermittler nur zulässig, wenn die **Aufklärung der Tat auf andere Weise aussichtslos oder wesentlich erschwert** wäre, **§ 110a I 3 StPO.**

- Die **Ermittlungen sind aussichtslos,** wenn andere Aufklärungsmittel nicht vorhanden sind.

- Die **Ermittlungen sind wesentlich erschwert,** wenn die Benutzung anderer Aufklärungsmittel einen erheblich größeren Zeitaufwand erfordern und daher zu einer wesentlichen Verfahrensverzögerung führen würde.

bb) Bei der **Fallgruppe des § 110a I 4 StPO** ist der Einsatz von verdeckten Ermittlern nur zulässig, wenn **andere Maßnahmen aussichtslos** wären, **§ 110a I 4 StPO.** Die **Ermittlungen sind aussichtslos,** wenn andere Aufklärungsmittel nicht vorhanden sind.

148

3. Zustimmung der StA, § 110b I StPO

Ein verdeckter Ermittler darf erst eingesetzt werden, **nachdem die StA zugestimmt hat, § 110b I 1 StPO.**

Bei **Gefahr im Verzug** kann die **Zustimmung der StA nachträglich herbeigeführt** werden, **wenn** die Polizei sie vor dem Einsatz **nicht rechtzeitig einholen** konnte, **§ 110b I 2 StPO. Beachte** die Drei-Tages-Frist des **§ 110b I 2 StPO.**

Gefahr im Verzug besteht, wenn die Zustimmung der StA nicht eingeholt werden kann, ohne dass der Zweck der Maßnahme gefährdet wird.

4. Zustimmung des Richters, § 110b II StPO

Die **Zustimmung des Gerichts** zum Einsatz des verdeckten Ermittlers ist **erforderlich**, wenn
- der Einsatz sich **gegen einen bestimmten Beschuldigten** richtet, **§ 110b II 1 Nr. 1 StPO,**
- der verdeckte Ermittler eine **Wohnung** betritt, die **nicht allgemein zugänglich** ist, **§ 110b II 1 Nr. 2 StPO.**

Bei **Gefahr im Verzug** reicht die **Zustimmung der StA aus, § 110b II 2 StPO.**

Gefahr im Verzug besteht, wenn die richterliche Zustimmung nicht eingeholt werden kann, ohne dass der Zweck der Maßnahme gefährdet wird.

Beachte: In diesem Fall muss die Zustimmung des Gerichts **innerhalb von drei Werktagen nachgeholt** werden, **§ 110b II 4 StPO.**

VI. Untersuchungshaft, § 112 StPO

1. Dringender Tatverdacht, § 112 I 1 StPO
2. Haftgrund, § 112 I 1, II, III, § 112a StPO
3. Verhältnismäßigkeit
4. Anordnungszuständigkeit, § 114 I StPO

1. Dringender Tatverdacht, § 112 I 1 StPO

Ein **dringender Tatverdacht ist gegeben, wenn** der Beschuldigte
- mit **hoher Wahrscheinlichkeit die Tat begangen** hat und
- alle **Strafbarkeitsvoraussetzungen** vorliegen sowie
- alle **Strafverfolgungsvoraussetzungen** gegeben sind.

2. Haftgrund, § 112 I 1, II, III, § 112a StPO

Es gibt die folgenden Haftgründe:

a) Flucht, § 112 II Nr. 1 StPO
Dieser Haftgrund liegt vor, wenn der **Beschuldigte flüchtig ist** oder **sich verborgen** hält.

b) Fluchtgefahr, § 112 II Nr. 2 StPO
Dieser Haftgrund ist gegeben, wenn
* **konkrete Tatsachen**
* die **Gefahr** belegen,
* dass der Beschuldigte sich **dem Strafverfahren durch Flucht entziehen** wird.

Wichtig: Die **Erwartung einer hohen Haftstrafe allein** ist **nicht geeignet**, das Vorliegen einer Fluchtgefahr zu begründen.

c) Verdunklungsgefahr, § 112 II Nr. 3 StPO
Verdunklungsgefahr besteht, wenn das **Verhalten des Beschuldigten** den **dringenden Verdacht** begründet, er werde
* **Beweismittel vernichten, verändern, beiseite schaffen, unterdrücken oder fälschen** oder
* in **unerlaubter Weise** auf Mitbeschuldigte, Zeugen oder Sachverständige **einwirken** oder
* **andere zu einem solchen Verhalten veranlassen.**

d) Verdacht eines Kapitaldelikts, § 112 III StPO
Wichtig: § 112 III StPO ist nach der Rechtsprechung des BVerfG zu weit gefasst. Es hat daher eine **verfassungskonforme Auslegung** zu erfolgen.

Nach der Rechtsprechung des BVerfG darf eine **Untersuchungshaft nach § 112 III StPO nur angeordnet werden,** wenn
* der **hinreichende Tatverdacht** einer **Katalogtat nach § 112 III StPO** besteht und
* **Flucht- oder Verdunklungsgefahr** besteht
  Aber: An den Nachweis einer Flucht- oder Verdunklungsgefahr sind bei § 112 III StPO **geringere Anforderungen** zu stellen als im Rahmen des § 112 II StPO (Prognoseerleichterung).

e) Wiederholungsgefahr, § 112a StPO
Ein Haftgrund nach § 112a StPO liegt vor, wenn
* der Beschuldigte **dringend verdächtig** ist, eine **Straftat des Katalogs des § 112a StPO** begangen zu haben und
* bestimmte Tatsachen die **Gefahr begründen**, er werde vor der Aburteilung **weitere erhebliche Straftaten gleicher Art** begehen oder die Straftat fortsetzen und
* die **Untersuchungshaft zur Abwendung dieser Gefahr erforderlich** ist.

3. Verhältnismäßigkeit

Die Untersuchungshaft darf zu der Bedeutung der Sache und der zu erwartenden Strafe **nicht außer Verhältnis** stehen.

Stellt sich heraus, dass die Anordnung der **Untersuchungshaft unverhältnismäßig** wäre, liegt ein **Haftausschließungsgrund** vor. **Vgl. auch § 113 StPO** als gesetzliche Konkretisierung des Verhältnismäßigkeitsgrundsatzes.

4. Anordnungszuständigkeit, § 114 StPO

Zuständig für die Anordnung ist der **Richter, § 114 I StPO**.

Beachte: Ein Haftbefehl ergeht grundsätzlich **nur auf Antrag der StA**, vgl. **§ 125 I StPO**.

VII. Vernehmung des Beschuldigten, §§ 133 ff. StPO

1. **Begriff der Vernehmung**
2. **Ablauf der Vernehmung**
   a) **Mitteilung über Tatvorwurf, § 136 I 1 StPO**
   b) **Belehrung nach § 136 I 2 StPO**
   c) **Belehrung nach § 136 I 3 StPO**
   d) **Befragung zur Person und Sache, § 136 II StPO**
3. **Keine verbotenen Vernehmungsmethoden i.S.d. § 136a StPO**

Die **Vernehmung des Beschuldigten** ist geregelt in den §§ 133 – 136a StPO.

Beachte: §§ 133-136a StPO gelten direkt nur für die **richterliche Vernehmung**. Für die Vernehmung durch die StA und Polizei finden sie jedoch gemäß **§ 163a III StPO bzw. § 163a IV StPO** Anwendung.

1. Begriff der Vernehmung

Eine **Vernehmung ist**
- eine **Befragung**,
- die **von einem Staatsorgan**
- in **amtlicher Funktion**
- mit dem **Ziel der Gewinnung einer Aussage**

durchgeführt wird.

2. Ablauf der Vernehmung

Liegt nach den o.g. Voraussetzungen eine Vernehmung vor, ist wie folgt zu verfahren:

a) Mitteilung des Tatvorwurfs, § 136 I 1 StPO

Zu **Beginn der ersten Vernehmung** ist dem Beschuldigten mitzuteilen, welche Tat ihm zur Last gelegt wird und welche Strafvorschriften in Betracht kommen.

b) Belehrung nach § 136 I 2 StPO

Nach der Eröffnung über den Tatvorwurf ist der Beschuldigte über sein **Recht, die Aussage zu verweigern und über sein Recht auf Verteidigerkonsultation** zu belehren.

aa) Die **Belehrung über das Recht, die Aussage zu verweigern,** hat **unabhängig** davon zu erfolgen, ob der Beschuldigte seine Rechte kennt oder nicht (vgl. aber die u.g. Rechtsprechung).

Eine **unterlassene Belehrung** führt zu einem **Beweisverwertungsverbot.**

Beachte: Wurde die **Belehrung versehentlich unterlassen,** kann dieser Fehler **durch eine erneute Vernehmung nach der Nachholung der Belehrung** geheilt werden.

Wichtig: Das **Beweisverwertungsverbot besteht** nach der Rechtsprechung des BGH **nicht,** wenn

- feststeht, dass der Beschuldigte sein Schweigerecht **auch ohne Belehrung gekannt** hat oder
- der **verteidigte Angeklagte** in der Hauptverhandlung **ausdrücklich der Verwertung zugestimmt oder** ihr **nicht widersprochen** hat.

Ferner besteht nach der Rechtsprechung **kein Beweisverwertungsverbot für** sog. **Spontanäußerungen** des Beschuldigten.

Spontanäußerungen sind Äußerungen, die der Beschuldigte vor der beabsichtigten Belehrung über das Schweigerecht **ohne Zutun des Vernehmungsbeamten** macht.

bb) Die **Belehrung über das Recht, einen Verteidiger hinzuzuziehen,** hat zugleich mit der Belehrung über das Schweigerecht zu erfolgen.

- Erklärt der Beschuldigte nach der Belehrung, dass er **erst mit einem Verteidiger sprechen wolle,** muss die beabsichtigte Vernehmung **aufgeschoben** und dem Beschuldigten die **Möglichkeit** gegeben werden, telefonisch mit einem Verteidiger Kontakt aufzunehmen.

- Wird die **Belehrung über das Recht auf Verteidigerkonsultation unterlassen,** so führt dies grundsätzlich zu einem **Beweisverwertungsverbot.**

- Wird dem Beschuldigten **nach der Belehrung** die **Rücksprache mit einem Verteidiger verweigert** und der Beschuldigte zur Sache vernommen, führt dieses ebenfalls grundsätzlich zu einem **Beweisverwertungsverbot.**

Wichtig: Ein **Beweisverwertungsverbot besteht** nach der Rechtsprechung des BGH **nicht, wenn** der **verteidigte Angeklagte** in der Hauptverhandlung **ausdrücklich** der Verwertung **zugestimmt oder ihr nicht widersprochen** hat.

c) Belehrung nach § 136 I 3 StPO

Nach **§ 136 I 3 StPO** ist der Beschuldigte darüber zu belehren, dass er zu seiner Entlastung *einzelne Beweiserhebungen* beantragen kann (in der Klausur i.d.R. nicht relevant).

d) Befragung zur Sache, § 136 II StPO

Erst nachdem der Beschuldigte entsprechend belehrt worden ist, darf er zur Sache selbst befragt werden. Ansonsten ist die Aussage grundsätzlich nicht verwertbar.

3. Keine verbotenen Vernehmungsmethoden i.S.d. § 136a StPO

Nach § 136a StPO sind die folgenden Vernehmungsmethoden **verboten:**
*   **Misshandlung** des Beschuldigten
*   **Ermüdung**
*   **Verabreichung von berauschenden/betäubenden Mitteln**
    Beachte: Hierunter fällt es **auch,** wenn **der Beschuldigte** die berauschenden/betäubenden Mittel **selbst zu sich genommen hat!**
*   **Quälerei**
*   **Täuschung**
    Eine **Täuschung ist das bewusste Vorspiegeln von falschen Tatsachen.**
    Aber: § 136a StPO erlaubt, dass der vernehmende Beamte eine **List** anwendet. Daher sind erlaubt: doppeldeutige Fragen, Fangfragen, Verschweigen von Tatsachen.
*   Anwendung von **Hypnose**
*   **Drohung** mit einer unzulässigen Maßnahme
*   **Versprechen eines** gesetzlich nicht vorgesehenen **Vorteils.**

Die **Folge eines Verstoßes gegen § 136a StPO** ist, dass die **Aussage** des Beschuldigten **nicht verwertbar** ist, selbst wenn dieser der Verwertung zustimmt, **§ 136 III 2 StPO.**

VIII. Vernehmung von Zeugen, § 161 i.V.m. §§ 48 ff. StPO

> **1. Anwendbarkeit der §§ 48 ff. StPO**
> **2. Ablauf der Vernehmung**
> **a) Belehrung über Zeugnisverweigerungsrechte, § 52 III 1 StPO**
> **b) Belehrung über Auskunftsverweigerungsrechte, § 55 II StPO**
> **c) Belehrung des Zeugen nach § 57 StPO**
> **d) Vernehmung zur Sache**
> **e) Keine verbotenen Vernehmungsmethoden i.S.d. § 69 III StPO**
> **i.V.m. § 136a StPO**
> **3. Ggf. Vereidigung, §§ 59 ff. StPO**

1. Anwendbarkeit der §§ 48 ff. StPO

Die §§ 48 ff. StPO gelten unmittelbar für die Vernehmung durch einen Richter. Über **§ 161a I 2 StPO** finden diese Vorschriften Anwendung auf die Vernehmung durch die StA.

2. Ablauf der Vernehmung

Die Vernehmung des Zeugen läuft wie folgt ab:

a) Belehrung über Zeugnisverweigerungsrechte

Folgende Personen haben das **Recht, das Zeugnis zu verweigern**:
- **Angehörige** des Beschuldigten, **§ 52 StPO**
- **Berufsgeheimnisträger, § 53 StPO**
- **Berufshelfer, § 53a StPO**

aa) **Angehörige** sind über ihr Zeugnisverweigerungsrecht zu belehren, **§ 52 III 1 StPO.**

bb) **Berufsgeheimnisträger und Berufshelfer müssen** über ihr Zeugnisverweigerungsrecht **grundsätzlich nicht belehrt** werden (Argument: das Gericht kann davon ausgehen, dass der Zeuge seine Berufsrechte und –pflichten kennt).

Folge einer unterlassenen Belehrung: Es besteht ein **Verwertungsverbot** bezüglich der Aussage.

Ausnahme: Es besteht **kein Verwertungsverbot, wenn** feststeht, dass der Zeuge sein **Zeugnisverweigerungsrecht kannte und auch bei einer Belehrung ausgesagt hätte!**

cc) **Verweigert** der Zeuge **nach der Belehrung** nach § 52 III 1 StPO in der **Hauptverhandlung** die Aussage, darf eine **frühere Aussage nicht verlesen** werden, **§ 252 StPO.**

Beachte: Die Rechtsprechung folgert hieraus, dass für eine frühere Aussage des Zeugen ein **absolutes Verwertungsverbot** besteht.

Aber: Wenn die **frühere Vernehmung** von einem **Richter** durchgeführt wurde, kann der **vernehmende Richter als Zeuge** über den Inhalt der Aussage **vernommen** werden, **wenn** bei der früheren Vernehmung der Zeuge ordnungsgemäß über sein Zeugnisverweigerungsrecht belehrt wurde.

b) Belehrung über Auskunftsverweigerungsrecht, § 55 II StPO

Jeder Zeuge hat nach **§ 55 I StPO** das Recht, die Auskunft zu verweigern. Hierüber ist der Zeuge **zu belehren, § 55 II StPO.**

Folge einer unterlassenen Belehrung: Kein Beweisverwertungsverbot bezüglich der Aussage. Argument: durch den Verstoß wird der Rechtskreis des Beschuldigten nicht betroffen.

c) Belehrung des Zeugen nach § 57 StPO

Der Zeuge ist nach § 57 StPO darauf hinzuweisen, dass
- er wahrheitsgemäß aussagen soll und
- er unter Umständen seine Aussage zu beeiden hat.

d) Vernehmung zur Sache

Erst nachdem der Zeuge entsprechend belehrt worden ist, darf er zu Sache vernommen werden.

e) Keine verbotenen Vernehmungsmethoden, § 69 II StPO i.V.m. § 136a StPO

Gemäß **§ 69 II StPO** findet § 136a StPO für die Vernehmung von Zeugen entsprechende Anwendung.

Danach sind bei der Vernehmung des Zeugen verboten:
- **Misshandlung** des Zeugen
- **Ermüdung**
- **Verabreichung von berauschenden/betäubenden Mitteln**
  Beachte: Hierunter fällt es **auch, wenn der Zeuge die berauschenden/ betäubenden Mittel selbst zu sich genommen hat!**
- **Quälerei**
- **Täuschung**
  Eine **Täuschung** ist das bewusste Vorspiegeln von falschen **Tatsachen**
  Aber: § 136a StPO erlaubt, dass der vernehmende Beamte eine **List** anwendet. Daher sind erlaubt: doppeldeutige Fragen, Fangfragen, Verschweigen von Tatsachen.
- Anwendung von **Hypnose**
- **Drohung** mit einer unzulässigen Maßnahme
- **Versprechen eines** gesetzlich nicht vorgesehenen **Vorteils.**

D. Rechtsmittel

I. Die Beschwerde, §§ 304 ff. StPO

1. Zulässigkeit
a) Statthaftigkeit, § 304 I StPO
b) Kein Ausschluss, § 305 S.1 StPO
c) Rechtsmittelberechtigung
d) Beschwer
e) Frist
2. Begründetheit
3. Verfahren

1. Zulässigkeit

Die Beschwerde ist unter den folgenden Voraussetzungen zulässig:

a) Statthaftigkeit, § 304 I StPO

Die Beschwerde ist statthaft gegen
* **Beschlüsse** des Gerichts,
* **richterliche Verfügungen**,

soweit sie das Gesetz nicht ausdrücklich der Anfechtung entzieht, § 304 I StPO.

b) Kein Ausschluss nach § 305 S.1 StPO

Der Beschwerde unterliegen nicht **Entscheidungen** des erkennenden Gerichts, **die der Urteilsfindung vorausgehen**, § 305 S.1 StPO.

Solche Entscheidungen sind z.B.:
* **Anordnung einer Beweisaufnahme**,
* **Anordnung der Trennung** oder **Verbindung** von Verfahren.

c) Rechtsmittelberechtigung

Zur Einlegung der Beschwerde sind die **Rechtsmittelberechtigten** befugt. Darunter fallen:
* Der **Beschuldigte**, § 296 I StPO
* Der **Verteidiger**, § 297 StPO
* Der **gesetzliche Vertreter** des Beschuldigten, § 298 StPO
* Der **Privatkläger** im Privatklageverfahren, § 390 StPO
* Der **Nebenkläger**, wenn die Voraussetzungen der §§ 400, 401 I StPO vorliegen.

d) Beschwer

aa) Der **Beschuldigte** (und damit auch sein Verteidiger bzw. gesetzlicher Vertreter) ist **immer dann beschwert, wenn** eine **Entscheidung zu seinem Nachteil** ergangen ist. Das bedeutet, dass der Beschuldigte *immer beschwert* ist, *solange kein Freispruch* erfolgt ist.

bb) Die **StA** ist immer dann **beschwert, wenn** sie geltend macht, dass die ergangene **Entscheidung unrichtig** sei (Hintergrund: die StA als „objektivste Behörde der Welt" kann auch zugunsten des Beschuldigten Rechtsmittel einlegen).

e) Frist

Die Einlegung der Beschwerde ist **grundsätzlich** an **keine Frist** gebunden.

Ausnahme: Wird von der StPO bestimmt, dass die **sofortige Beschwerde** statthaft ist, so muss die Beschwerde **innerhalb von einer Woche** ab Bekanntmachung der Entscheidung eingelegt werden.

2. Begründetheit

Die Beschwerde ist begründet, wenn die **angefochtene Entscheidung unrichtig** ist.

3. Verfahren

Kommt das Ausgangsgericht zu der Erkenntnis, dass die **Entscheidung unrichtig** ist, so kann es **abhelfen, § 306 II StPO.**

Will das Ausgangsgericht **nicht abhelfen,** so **legt es** die Sache dem **Beschwerdegericht vor,** das über die Angelegenheit entscheidet, **§ 309 I StPO.**

Hält das Beschwerdegericht die Beschwerde für **begründet,** so erlässt es auch die **Entscheidung in der Sache, § 309 II StPO.**

II. Die Berufung, §§ 312 ff. StPO

1. Zulässigkeit
a) Statthaftigkeit, § 312 StPO
b) Rechtsmittelberechtigung
c) Beschwer
d) Frist, § 314 I, II StPO
e) Form, § 314 I StPO
f) Begründung, § 317 StPO
g) Annahme der Berufung bei Bagatellfällen, § 313 StPO
2. Begründetheit
3. Entscheidung des Gerichts, § 328 StPO

1. Zulässigkeit

Die Berufung ist unter den folgenden Voraussetzungen zulässig:

a) Statthaftigkeit, § 312 StPO

Die Berufung ist gemäß **§ 312 StPO** statthaft gegen
- **Urteile des Strafrichters** und
- **Urteile des Schöffengerichts.**

b) Rechtsmittelberechtigung

Zur Einlegung der Beschwerde sind **die Rechtsmittelberechtigten** befugt. Darunter fallen:

* Der **Beschuldigte**, § 296 I StPO
* Der **Verteidiger**, § 297 StPO
* Der **gesetzliche Vertreter** des Beschuldigten, § 298 StPO
* Der **Privatkläger** im Privatklageverfahren, § 390 StPO
* Der **Nebenkläger**, wenn die Voraussetzungen der §§ 400, 401 I StPO vorliegen.

c) Beschwer

aa) Der **Beschuldigte** (und damit auch sein Verteidiger bzw. gesetzlicher Vertreter) ist **immer dann beschwert, wenn** eine **Entscheidung zu seinem Nachteil** ergangen ist. Das bedeutet, dass der Beschuldigte *immer beschwert ist, solange kein Freispruch* erfolgt ist.

bb) Die **StA** ist immer dann **beschwert, wenn** sie geltend macht, dass die ergangene **Entscheidung unrichtig** sei (Hintergrund: die StA als „objektivste Behörde der Welt" kann auch zugunsten des Beschuldigten Rechtsmittel einlegen).

d) Frist, § 314 I, II StPO

Die Berufung ist **innerhalb einer Woche** ab Verkündung bzw. Zustellung des Urteils in schriftlicher Form einzulegen, § 314 I, II StPO.

e) Form, § 314 I StPO

Die Berufung kann **schriftlich oder zu Protokoll** der Geschäftsstelle **beim Gericht des ersten Rechtszugs** („judex a quo") eingelegt werden, § 314 I StPO.

f) Begründung, § 317 StPO

Die Berufung **muss nicht, aber kann** begründet werden, vgl. Wortlaut § 317 StPO (in der Klausur und Praxis ist die Begründung der Berufung aber die Regel).

g) Annahme der Berufung bei Bagatellfällen, § 313 StPO

In den Fällen des § 313 StPO ist die Berufung nur zulässig, wenn sie **angenommen** wird.

2. Begründetheit

Die **Berufung ist begründet, soweit**

* das Berufungsgericht die **angefochtene Entscheidung für unrichtig hält** und
* bezüglich des Schuldspruchs oder des Strafmaßes zu einer **anderen Entscheidung** kommt.

158

3. Entscheidung des Gerichts, § 328 StPO

Soweit das Berufungsgericht die **Berufung für begründet erachtet, hebt es** das ursprüngliche **Urteil auf und entscheidet** in der Sache **selbst.**

III. Die Revision, §§ 333 ff. StPO

1. Zulässigkeit
a) Statthaftigkeit, §§ 333, 335 StPO
b) Rechtsmittelberechtigung
c) Beschwer
d) Frist, § 341 I, II StPO
e) Form, § 341 I StPO
f) Ordnungsgemäßer Antrag, § 344 StPO
g) Begründetheit des Antrags, § 344 I, II, 345 StPO
h) Begründungsfrist, § 345 I StPO
2. Begründetheit, § 337 I StPO
3. Entscheidung des Gerichts, § 354 StPO

1. Zulässigkeit

Die Revision ist zulässig, wenn die folgenden Voraussetzungen vorliegen:

a) Statthaftigkeit, §§ 333, 335 StPO

Die Revision ist **statthaft gegen**
- **Urteile der Strafkammern, § 333 StPO**
- **Urteile der Schwurgerichte, § 333 StPO**
- **Erstinstanzliche Urteile des OLG, § 333 StPO**
- **Urteile, gegen die die Berufung zulässig ist** (sog. **Sprungrevision**), **§ 335 StPO**

b) Rechtsmittelberechtigung

Zur Einlegung der Beschwerde sind die **Rechtsmittelberechtigten** befugt. Darunter fallen:

- Der **Beschuldigte, § 296 I StPO**
- Der **Verteidiger, § 297 StPO**
- Der **gesetzliche Vertreter** des Beschuldigten, **§ 298 StPO**
- Der **Privatkläger** im Privatklageverfahren, **§ 390 StPO**
- Der **Nebenkläger,** wenn die Voraussetzungen der **§§ 400, 401 I StPO** vorliegen.

c) Beschwer

aa) Der **Beschuldigte** (und damit auch sein Verteidiger bzw. gesetzlicher Vertreter) ist **immer dann beschwert, wenn** eine **Entscheidung zu seinem Nachteil** ergangen ist. Das bedeutet, dass der Beschuldigte *immer beschwert* ist, *solange kein Freispruch* erfolgt ist.

bb) Die **StA** ist immer dann **beschwert, wenn** sie geltend macht, dass die ergangene **Entscheidung unrichtig** sei (Hintergrund: die StA als „objektivste Behörde der Welt" kann auch zugunsten des Beschuldigten Rechtsmittel einlegen).

d) Frist, § 341 I, II StPO

Die Revision ist einzulegen binnen **einer Woche** ab Verkündung des Urteils bzw. Zustellung des Urteils, § 314 I, II StPO.

e) Form, § 341 I StPO

Die Revision kann **schriftlich oder zu Protokoll** der Geschäftsstelle *beim Gericht* eingereicht werden, *dessen Entscheidung angefochten* wird, § 341 I StPO.

f) Ordnungsgemäßer Antrag, § 344 StPO

Es **muss** angegeben werden, inwieweit das Urteil angefochten wird.

g) Begründung des Antrags, §§ 344 I, II, 345 StPO

Aus der Begründung des Revisionsantrags **muss hervorgehen**, ob die **Aufhebung** des Urteils **wegen Verletzung von Verfahrensnormen oder Verletzung materiellen Rechts** begehrt wird.

Wichtig: Die Begründungsschrift muss von einem Rechtsanwalt unterzeichnet sein.

h) Begründungsfrist, § 345 I StPO

Die Revisionsbegründung muss **innerhalb eines Monats** nach Ablauf der Einlegungsfrist **(§ 345 I 1 StPO)** bzw. nach Zustellung des Urteils **(§ 345 I 2 StPO** erfolgen).

2. Begründetheit, § 337 I StPO

Die Revision ist **begründet, wenn** das Urteil **auf einer Verletzung des Gesetzes beruht**, § 337 I StPO.

    a) Es kommen **zwei Arten von Gesetzesverletzungen** in Betracht:

        aa) Die Verletzung von Verfahrensrecht
        Eine **Verletzung von Verfahrensrecht liegt vor, wenn** eine gesetzlich vorgesehene Handlung unterblieben ist oder fehlerhaft vorgenommen wurde oder eine Verfahrenshandlung gänzlich unzulässig war.

        Ob eine Verletzung von Verfahrensrecht vorliegt, ergibt sich **nur aus dem Protokoll der Hauptverhandlung. Andere Dokumente und Unterlagen dürfen nicht herangezogen werden.**

bb) Die Verletzung sachlichen Rechts
Eine **Verletzung sachlichen Rechts ist gegeben, wenn** das Gericht aus dem festgestellten Sachverhalt falsche rechtliche Konsequenzen gezogen hat, z.B.:

- falsche oder fehlerhafte Subsumtion
- Nichtbeachtung des „in dubio pro reo"-Grundsatzes
- falsche Erwägungen bei der Strafzumessung

Wichtig: Als Grundlage für die Überprüfung, ob eine Verletzung sachlichen Rechts vorliegt, ist **nur der im Strafurteil** vom Gericht **festgestellte Sachverhalt** heranzuziehen! **Sonstige Dokumente dürfen nicht herangezogen werden.**

b) Das **Urteil beruht auf einer Verletzung des Gesetzes**, wenn es ohne diese Verletzung **möglicherweise anders ausgefallen** wäre.

aa) **Beachte:** Bei Geltendmachung von Verfahrensfehlern enthält § 338 StPO Fälle, in denen das **Beruhen** des Urteils auf dem Gesetzesverstoß **immer angenommen** wird (sog. **absolute Revisionsgründe**).

Bei **allen übrigen Verfahrensfehlern** muss die **Möglichkeit** bestehen, **dass das Urteil** ohne die Gesetzesverletzung **anders ausgefallen** wäre.

bb) Bei der **Verletzung sachlichen Rechts** ergibt sich das Beruhen des Urteils auf dem Gesetzesverstoß **aus dem Urteil selbst.**
Bei der fehlerhaften Anwendung sachlichen Rechts besteht also stets die Möglichkeit, dass das Urteil ohne diesen Gesetzesverstoß anders ausgefallen wäre.

3. Entscheidung des Gerichts, § 354 StPO

Erachtet das Revisionsgericht die **Revision für begründet**, so *verweist* es das Verfahren grundsätzlich an das Gericht **zurück**, dessen Entscheidung aufgehoben wird, vgl. **§ 354 II StPO.**

Ausnahmsweise entscheidet das Revisionsgericht unter den Voraussetzungen des **§ 354 I StPO** in der Sache **selbst.**

Sechstes Kapitel: Individualarbeitsrecht

A. Der Arbeitsvertrag

I. Zustandekommen eines Arbeitsvertrags

> 1. Einigung i.S.v. § 145 ff. BGB
> 2. Keine Unwirksamkeitsgründe

1. Einigung i.S.v. § 145 ff. BGB

Der Arbeitsvertrag stellt einen **Sonderfall des Dienstvertrags** dar. Für seinen Abschluss gelten die §§ 145 ff. BGB.

D.h. ein Arbeitsvertrag kommt zustande durch eine **Einigung** über die essentialia negotii des Vertrages.

Beachte hinsichtlich der **Vergütung** die Regelung des § 612 BGB.

2. Keine Unwirksamkeitsgründe

Für einen Arbeitsvertrag gelten die **allgemeinen Unwirksamkeitsgründe**, § 105 BGB, §§ 177 ff. BGB.

Bei **Minderjährigen** ist insbesondere die Regelung des § 113 BGB zu beachten.

Bei der **Anfechtung eines Arbeitsvertrages** gelten Besonderheiten (siehe II.).

II. Die Anfechtung eines Arbeitsvertrags

> 1. Anfechtungserklärung, § 143 I BGB
> 2. Anfechtungsgrund
> a) Irrtum über verkehrswesentliche Eigenschaften, § 119 II BGB
> b) Arglistige Täuschung, § 123 I BGB
> 3. Anfechtungsfrist
> 4. Rechtsfolge

1. Anfechtungserklärung, § 143 BGB

Die Anfechtung ist **gegenüber dem Anfechtungsgegner**, also dem Arbeitgeber bzw. Arbeitnehmer zu erklären, § 143 I BGB.

2. Anfechtungsgrund

In der Klausur und Praxis kommen die folgenden Anfechtungsgründe am häufigsten vor:

a) Irrtum über verkehrswesentliche Eigenschaften, § 119 II BGB

Eine Eigenschaft ist **verkehrswesentlich, wenn sie** nach der Verkehrsanschauung **für das Rechtsgeschäft von wesentlicher Bedeutung** ist.

§ 119 II BGB unterfallen **Irrtümer über**

- **Eigenschaften einer Person** (z.B. Qualifikationen und Kenntnisse eines
  Arbeitnehmers, die für die Stelle erforderlich sind)   *nicht Schwangerschaft*
- **Tatsächliche Verhältnisse** (z.B. Krankheiten des Arbeitnehmers).

b) Arglistige Täuschung, § 123 I BGB

Nach **§ 123 I BGB** liegt ein Anfechtungsgrund vor, wenn der Arbeitgeber durch
eine **arglistige Täuschung** zum Abschluss des Arbeitsvertrages bestimmt wurde.

Wichtig: Das BAG leitet aus dem Wortlaut des § 123 I BGB ab, dass die
Täuschung widerrechtlich erfolgt sein muss.

Eine **arglistige Täuschung** liegt demnach **nur** dann vor, wenn der
Arbeitnehmer beim Einstellungsgespräch **eine zulässige Frage
falsch beantwortet** hat. War die Frage hingegen unzulässig, so war
der Arbeitnehmer berechtigt, diese Frage falsch zu beantworten
(„**Recht zur Lüge**").

In einem Vorstellungsgespräch sind **nur Fragen zulässig**, die eine
konkrete Bedeutung für den zu besetzenden Arbeitsplatz haben.

Unzulässig sind insbesondere Fragen
- zur **Familienplanung** bei weiblichen Bewerbern
- nach einer **Schwangerschaft** (Ausnahme: Frage ist zulässig,
  wenn die Tätigkeit zu einer gesundheitlichen Gefährdung für die
  Mutter und das ungeborene Kind führen kann)
- nach der **Konfessionszugehörigkeit** (Ausnahme: In Tendenz-
  betrieben)

Beachte: Eine arglistige Täuschung ist **auch durch Unterlassen**
möglich.

Eine **Täuschung durch Unterlassen** liegt vor, wenn der
Bewerber im Vorstellungsgespräch
- bewusst Tatsachen verschweigt,
- obwohl er zu ihrer Offenbarung verpflichtet war,
- weil der Arbeitgeber nach Treu und Glauben
  (§ 242 BGB) eine Aufklärung erwarten durfte.
  Eine solche Offenbarungspflicht nach § 242 BGB
  ist z.B. anzunehmen, wenn bei dem Bewerber ein
  Berufsverbot für die auszuführende Tätigkeit besteht.

Wichtig: Scheidet eine Anfechtung nach § 123 I BGB aus den o.g. Gründen aus, so ist – bezogen auf diese Umstände – ebenfalls eine Anfechtung nach § 119 II BGB ausgeschlossen.

3. Anfechtungsfrist

a) Eine **Anfechtung nach § 119 II BGB** hat **unverzüglich** nach Kenntnis von dem Anfechtungsgrund zu erfolgen, **§ 121 I 1 BGB**.

Beachte: Nach hM ist **§ 626 II BGB entsprechend** anzuwenden. Die Anfechtung muss also **spätestens 2 Wochen** nach Kenntnis des Anfechtungsgrundes erklärt werden.

b) Bei einer **Anfechtung nach § 123 I BGB** beträgt die Anfechtungsfrist **ein Jahr, § 124 I BGB.**

4. Rechtsfolge

Bezüglich der Rechtsfolge einer Anfechtung ist zu unterscheiden:

a) Hat der Arbeitnehmer die **Arbeit noch nicht aufgenommen**, so wirkt die Anfechtung ex tunc, also rückwirkend, **§ 142 I BGB.**

b) Hat der Arbeitnehmer bereits die **Arbeit aufgenommen**, also wurde das Arbeitsverhältnis bereits in Vollzug gesetzt, so **wirkt die Anfechtung nur mit Wirkung für die Zukunft** (ex nunc).

Bis zur Anfechtungserklärung wird das Arbeitsverhältnis als voll wirksam behandelt.

III. Das faktische Arbeitsverhältnis

1. Fehlerhafter Arbeitsvertrag
2. Invollzugsetzung des Arbeitsverhältnisses
3. Keine entgegenstehenden Interessen
4. Rechtsfolge

1. Fehlerhafter Arbeitsvertrag

Es muss ein **Arbeitsvertrag** vorliegen, der **unwirksam** ist. Die Unwirksamkeit kann sich z.B. ergeben wegen

- eines **Dissenses**
- Nichtigkeit nach **§ 105 BGB**
- **fehlender Genehmigung** des Vertretenen (vgl. § 177 BGB).

2. Invollzugsetzung des Arbeitsverhältnisses

Das Arbeitsverhältnis ist in Vollzug gesetzt, wenn der **Arbeitnehmer** die **Arbeit aufgenommen** hat.

3. Keine entgegenstehenden Interessen

Es dürfen der Annahme eines faktischen Arbeitsverhältnisses **keine überwiegenden Interessen der Allgemeinheit oder Einzelner** entgegenstehen.

a) **Überwiegende Interessen der Allgemeinheit** stehen entgegen, wenn
- die Arbeitsleistung selbst **sittenwidrig, verboten oder strafbar** ist
- nur ein **Scheingeschäft** vorliegt.

b) **Überwiegende Interessen Einzelner** stehen z.b. entgegen, wenn der **Arbeitgeber nicht voll geschäftsfähig** ist.

In diesen Fällen besteht **kein faktisches Arbeitsverhältnis**. Die **Rückabwicklung** erfolgt stattdessen über §§ **812 ff. BGB.**

4. Rechtsfolge

Das Arbeitsverhältnis wird **für die Vergangenheit** wie ein wirksames Arbeitsverhältnis behandelt. Es kann aber durch eine formlose Erklärung **für die Zukunft** fristlos beendet werden.

B. Anspruch auf Lohnzahlung nach § 616 BGB

I. Verhinderung des Arbeitnehmers zur Erbringung der Arbeitsleistung
II. Verhältnismäßig nicht erhebliche Zeit
III. Grund für Verhinderung in der Person des Arbeitnehmers
IV. Kein Verschulden des Arbeitnehmers
V. Rechtsfolge

I. Verhinderung des Arbeitnehmers zur Erbringung der Arbeitsleistung

Der Arbeitnehmer muss an der Erbringung der Arbeitsleistung **verhindert** sein.

II. Verhältnismäßig nicht erhebliche Zeit

In der Regel ist von § 616 BGB nur eine Nichterbringung der Arbeitsleistung von **wenigen Tagen** gedeckt.

III. Grund für Verhinderung in der Person des Arbeitnehmers

Der Grund für die Verhinderung muss **in der Person des Arbeitnehmers oder seinen persönlichen Verhältnissen** liegen, z.B.
- **schwere Krankheit oder Tod** eines nahen **Angehörigen**
- **Niederkunft** der Ehefrau
- **gerichtliche Ladungen**

Beachte: Beruht die Verhinderung auf einer Erkrankung, so ist § 3 EFZG einschlägig.

IV. Kein Verschulden des Arbeitnehmers

Der Arbeitnehmer darf die Verhinderung nicht verschuldet haben.

Ein **Verschulden i.S.d.** § 616 BGB liegt **nur** vor bei

- einer **leichtsinnigen, unverantwortlichen Selbstgefährdung** oder
- einem **groben Verstoß gegen Sorgfaltspflichten.**

V. Rechtsfolge

Bei Vorliegen der o.a. Voraussetzungen hat der Arbeitnehmer einen Anspruch auf Zahlung des Arbeitsentgelts, ohne dass er die Arbeitsleistung nachholen muss.

C. Anspruch auf Annahmeverzugslohn nach § 615 BGB

I. Erfüllbarer Anspruch des Arbeitgebers auf Arbeitsleistung
II. Ordnungsgemäßes Angebot des Arbeitnehmers
1. Tatsächliches Angebot, § 294 BGB
2. Wörtliches Angebot, § 295 BGB
3. Entbehrliches Angebot, § 296 BGB
III. Arbeitnehmer ist zur Arbeitsleistung fähig und bereit, § 297 BGB
IV. Keine Annahme der Arbeitsleistung durch den Arbeitgeber, § 293 BGB
V. Rechtsfolge

I. Erfüllbarer Anspruch des Arbeitgebers auf Arbeitsleistung

Der **Arbeitgeber** muss gegen den Arbeitnehmer einen **Anspruch auf Erbringung der Arbeitsleistung** haben (in der Klausur ist dieser Punkt in der Regel unproblematisch).

II. Ordnungsgemäßes Angebot des Arbeitnehmers

Der **Arbeitnehmer** muss dem Arbeitgeber seine **Arbeitsleistung ordnungsgemäß angeboten** haben.

Bezüglich des Angebots der Arbeitsleistung gelten die folgenden Grundsätze:

1. Tatsächliches Angebot, § 294 BGB

Grundsätzlich hat der Arbeitnehmer seine Arbeitleistung **tatsächlich i.S.d.** § 294 **BGB** anzubieten. D.h., dass er auf seiner Arbeitsstelle erscheinen und erklären muss, dass er arbeiten möchte.

2. Wörtliches Angebot, § 295 BGB

Ein **wörtliches Angebot** des Arbeitnehmers ist nach § 295 BGB ausreichend, wenn der Arbeitgeber **bestimmt und eindeutig erklärt** hat, dass er die Arbeitsleistung des Arbeitnehmers nicht annehmen werde.

166

3. Entbehrliches Angebot, § 296 BGB

Nach der **Rechtsprechung des BAG** ist ein Angebot **entbehrlich** i.S.d. § 296 BGB, wenn der Arbeitgeber durch eine **Kündigung** oder ein anderes Verhalten ernsthaft zu erkennen gegeben hat, dass er die Arbeitsleistung des Arbeitnehmers nicht annehmen werde.

Begründung des BAG:
Durch die Kündigung hat der Arbeitgeber gezeigt, dass er seine erforderliche Mitwirkungshandlung (= die Zur-Verfügung-Stellung eines Arbeitsplatzes) nicht erbringen wird.

III. Arbeitnehmer ist zur Arbeitsleistung fähig und bereit, § 297 BGB

Der Arbeitgeber gerät nur in Annahmeverzug, wenn der **Arbeitnehmer fähig und bereit** ist, die Arbeitsleistung auch zu erbringen. Demnach liegt kein Annahmeverzug vor, wenn der Arbeitnehmer z.B. arbeitsunfähig ist.

IV. Keine Annahme der Arbeitsleistung durch den Arbeitgeber, § 293 BGB

Der Arbeitgeber darf die ihm angebotene Arbeitsleistung nicht angenommen haben, **§ 293 BGB**. Diese Voraussetzung ist in der Klausur i.d.R. unproblematisch erfüllt.

V. Rechtsfolge

Der Arbeitnehmer hat für die Dauer des Annahmeverzugs einen **Anspruch auf Zahlung des Arbeitsentgelts**, vgl. § 615 S. 1 BGB.

Beachte aber eine eventuelle Anrechnung nach § 615 S. 2 BGB.

D. Anspruch auf Entgeltfortzahlung nach § 3 EFZG

I. Wirksames Arbeitsverhältnis
II. Erfüllung der Wartezeit nach § 3 III EFZG
III. Arbeitsunfähigkeit infolge Krankheit
IV. Kein Verschulden des Arbeitnehmers
V. Eventuell Zurückbehaltungsrecht des Arbeitgebers, § 7 EFZG
VI. Rechtsfolge

I. Wirksames Arbeitsverhältnis

Es muss ein wirksames Arbeitsverhältnis bestehen.

II. Erfüllung der Wartezeit nach § 3 III EFZG

Das Arbeitsverhältnis muss **ohne Unterbrechungen mindestens 4 Wochen** bestanden haben, § 3 III EFZG.

III. Arbeitsunfähigkeit infolge Krankheit

Der Arbeitnehmer muss **infolge einer Krankheit** arbeitsunfähig sein.

Wichtig: Die Erkrankung muss **der einzige Grund** für die Arbeitsverhinderung sein.

Beruht die Arbeitsunfähigkeit auch auf anderen Gründen, so scheidet ein Anspruch nach § 3 EFZG aus.

IV. Kein Verschulden des Arbeitnehmers

Der Arbeitnehmer darf die krankheitsbedingte Arbeitsunfähigkeit nicht verschuldet haben.

Wichtig: Das Verschulden bestimmt sich **nicht** nach **§ 276 BGB**.

Verschulden i.S.d. § 3 EFZG meint **Verschulden gegen sich selbst.** Ein solches liegt bei einem **groben Verstoß gegen das von einem verständigen Menschen im eigenen Interesse zu erwartende Verhalten** vor.

Es gilt der **Grundsatz:** Allgemein auftretende Erkrankungen sind grundsätzlich unverschuldet. Beachte hier auch die Regelung des § 3 II EFZG.

Häufiges Problem in Klausuren: Hat der Arbeitnehmer die Arbeitsunfähigkeit durch einen **Sportunfall** selbst verschuldet?

Bei **Sportunfällen** handelt der Arbeitnehmer **schuldhaft,** wenn

- er sich in einer Weise sportlich betätigt, die seine *Kräfte deutlich übersteigt,*
- er in grober Weise *leichtsinnig gegen anerkannte Regeln* der jeweiligen Sportart *verstößt* oder
- die Sportart *gefährlich* war.
  Eine *Sportart ist gefährlich, wenn* bei objektiver Beobachtung das Verletzungsrisiko so groß ist, dass auch ein gut ausgebildeter Sportler bei sorgfältiger Beachtung aller Regeln dieses Risiko nicht vermeiden kann.

Keine gefährlichen Sportarten sind z.B.

- Fußball
- Bergsteigen
- Boxen
- Skifahren
- Drachenfliegen, wenn alle bekannten Sicherheitsvorkehrungen und Regeln beachtet werden.

V. Eventuell Verweigerungsrecht des Arbeitgebers, § 7 EFZG

Nach **§ 7 EFZG** ist der Arbeitgeber berechtigt, die Entgeltfortzahlung zu verweigern, solange der Arbeitnehmer seiner **Verpflichtung** zur Vorlage einer Arbeitsunfähigkeitsbescheinigung **nach § 5 I EFZG** (sog. „gelber Schein") nicht nachkommt.

VI. Rechtsfolge

Bei Vorliegen der o.a. Voraussetzungen hat der Arbeitnehmer einen **Anspruch auf Entgeltfortzahlung** für einen **Zeitraum von 6 Wochen.**

Wichtig: Jede neue Krankheit löst einen **neuen Anspruch** auf eine 6-wöchige Entgeltfortzahlung aus, § 3 I 2 EFZG.

E. Anspruch auf Urlaub, § 1 BUrlG

I. Bestehendes Arbeitsverhältnis
II. Erfüllung der Wartezeit nach § 4 BUrlG
III. Rechtsfolge

I. Bestehendes Arbeitsverhältnis

Der Urlaubsanspruch setzt ein **bestehendes Arbeitsverhältnis** voraus.

II. Erfüllung der Wartezeit nach § 4 BUrlG

Der Urlaubsanspruch entsteht *erstmalig* nach einer Wartezeit von 6 Monaten, **§ 4 BUrlG.**

Wichtig: Entscheidend ist nur der **rechtliche Bestand** des Arbeitsverhältnisses. Der Urlaubsanspruch ist nicht abhängig von der Erbringung der Arbeitsleistung.

III. Rechtsfolge

Liegen die o.a. Voraussetzungen vor, so hat der Arbeitnehmer einen **Anspruch auf bezahlten Urlaub** nach § 1 BUrlG.

Der gesetzliche Mindesturlaub beträgt dabei **24 Werktage, § 3 I BUrlG.**

Wichtig: § 3 I BUrlG legt eine 6-Tage-Woche zugrunde, vgl. § 3 II BUrlG. D.h., dass eine **Umrechnung** erfolgen muss, wenn der Arbeitnehmer weniger als 6 Tage in der Woche arbeitet.

Die Umrechnung erfolgt dabei nach der folgenden **Formel:**

(24 Tage : 6) X Anzahl der Arbeitstage/Woche = gesetzl. Mindesturlaub

Hinweis: Minderjährige und Schwerbehinderte erhalten bis zu 6 Tage zusätzlichen Urlaub, vgl. § 19 JArbschG bzw. § 125 SGB IX.

Der Urlaub muss grundsätzlich vollständig **innerhalb des Kalenderjahres** genommen werden. Ist das nicht möglich, kann der Resturlaub unter den Voraussetzungen des § 7 III BUrlG auf die ersten drei Monate des Folgejahres übertragen werden.

Weiterhin ist der Anspruch auf **Teilurlaub nach § 5 BUrlG** zu beachten.
Kann ein Arbeitnehmer den Urlaub wegen Beendigung des Arbeitsverhältnisses nicht nehmen, so ist er unter den Voraussetzungen des **§ 7 IV BUrlG** abzugelten.

F. Anspruch aufgrund betrieblicher Übung

I. Freiwillige Leistung des Arbeitgebers
II. Mindestens 3-malige Gewährung ohne Unterbrechung
III. Gewährung erfolgt vorbehaltlos
IV. Kein Widerspruch der Arbeitnehmer
V. Rechtsfolge

I. Freiwillige Leistung des Arbeitgebers

Ein Anspruch aufgrund betrieblicher Übung kann nur hinsichtlich **freiwilliger Leistungen** des Arbeitgebers entstehen. Solche freiwilligen Leistungen können z.b. eine Weihnachtsgratifikation oder Überstundenzuschläge sein.

II. Mindestens 3-malige Gewährung ohne Unterbrechung

Der Arbeitgeber muss die entsprechende freiwillige Leistung **mindestens 3 Mal in Folge ohne Unterbrechung** gewährt haben.

Wichtig: Diese freiwilligen Zuwendungen des Arbeitgebers müssen **aber jeweils in gleicher Höhe** gezahlt werden. Bei unterschiedlicher Höhe der einzelnen Leistungen kann eine betriebliche Übung nicht begründet werden.

III. Gewährung erfolgt vorbehaltlos

Der Arbeitgeber muss die Leistung **ohne Vorbehalt** gewähren.

- Das ist der Fall, wenn der Arbeitgeber die Mitteilung unterlässt, dass die Gewährung der Leistung keinen Anspruch für die Zukunft begründen soll.

- Erfolgt die Gewährung der Leistung dagegen mit dem Hinweis, dass der Arbeitgeber sich für die Zukunft nicht entsprechend verpflichten will, so entsteht kein Anspruch aufgrund betrieblicher Übung.

  Formulierungsbeispiel für einen entsprechenden Vorbehalt: „Die Gewährung der Leistung erfolgt freiwillig und begründet keinen zukünftigen Anspruch"

IV. Kein Widerspruch der Arbeitnehmer

Der bzw. die Arbeitnehmer dürfen der Gewährung der Leistung nicht widersprochen haben. Dieser Punkt ist in der Klausur i.d.R. unproblematisch.

V. Rechtsfolge

Liegen die obigen Voraussetzungen vor, so hat der Arbeitnehmer einen **Anspruch auf die Gewährung der Leistung** aufgrund betrieblicher Übung.

Hinweis: Der Arbeitgeber hat die folgenden Möglichkeiten, einen Anspruch aufgrund betrieblicher Übung **wieder zu beseitigen**:

- Vereinbarung mit dem Arbeitnehmer
- Betriebsvereinbarung
- Änderungskündigung; diese Möglichkeit besteht aber nur, wenn erhebliche Gründe vorliegen (z.b. die Existenz des Betriebes gefährdet ist).

G. Schadensersatzanspruch des Arbeitgebers gg. den Arbeitnehmer

I. Voraussetzungen der jeweiligen Anspruchsgrundlage
II. Eventuell Korrektur über den sog. innerbetrieblichen Schadensausgleich
III. Rechtsfolge

I. Voraussetzungen der jeweiligen Anspruchsgrundlage

Der Anspruch des Arbeitgebers gegen den Arbeitnehmer auf Schadensersatz wegen Schäden, die dieser bei seiner Arbeit verursacht hat, **richtet sich nach den allgemeinen Vorschriften**, z.b. § 280 I BGB oder § 823 I BGB.

II. Eventuell Korrektur über den sog. innerbetrieblichen Schadensausgleich

Liegen die Voraussetzungen der Anspruchsgrundlage vor, hat unter Umständen eine **Korrektur** über die **Grundsätze des sog. innerbetrieblichen Schadensausgleichs** stattzufinden.

Diese Grundsätze finden Anwendung, wenn eine **betrieblich veranlasste Tätigkeit** des Arbeitnehmers vorliegt.

Es gelten dabei die folgenden **Haftungsmaßstäbe:**

- Bei **leichter Fahrlässigkeit** (Merksatz: „Das kann jedem Arbeitnehmer im Laufe der Zeit einmal passieren"): **Keine Verpflichtung** des Arbeitnehmers **zum Schadensersatz.**

- Bei **mittlerer Fahrlässigkeit** (Merksatz: „Das darf nicht passieren"): **Schadensteilung** zwischen Arbeitgeber und Arbeitnehmer analog § 254 BGB. Es erfolgt eine Abwägung der Umstände des Einzelfalles, um die Haftung des Arbeitnehmers zu bestimmen.

- Bei **grober Fahrlässigkeit oder Vorsatz** (Merksatz: „Das darf unter keinen Umständen passieren"): Arbeitnehmer hat den Schaden **in voller Höhe** zu tragen.

  Eventuell kommt auch bei grober Fahrlässigkeit eine anteilige **Haftung des Arbeitnehmers** in Betracht, wenn der Schaden außerhalb jeglicher Relation zum Monatseinkommen steht (i.d.R. ab 3 Monatseinkommen). Dann findet eine Quotelung statt.

III. Rechtsfolge

Abhängig vom Grad seines Verschuldens (s.o.) muss der Arbeitnehmer keinen, einen anteiligen oder vollständigen Schadensersatz an den Arbeitgeber leisten.

H. Der Betriebsübergang, § 613a BGB

I. Übergang des Betriebes oder eines Betriebsteils auf einen neuen Inhaber
II. Aufgrund eines Rechtsgeschäfts
III. Kein Widerspruch des Arbeitnehmers, § 613a VI BGB
IV. Rechtsfolgen

I. Übergang des Betriebes oder eines Betriebsteils auf einen neuen Inhaber

Der Übergang eines Betriebes oder Betriebsteils i.S.v. § 613a BGB erfordert, dass **wesentliche Betriebsmittel** (materiell und immateriell) auf den neuen Inhaber übergehen.

1. Für den **Übergang eines Betriebes** ist erforderlich, dass wesentliche Betriebsmittel übergehen. Das sind **alle sachlichen und immateriellen Betriebsmittel**, mit denen der Erwerber bestimmte arbeitstechnische Zwecke verfolgen kann.

2. Für den **Übergang eines Betriebsteils** ist erforderlich, dass eine **organisatorische Untergliederung des Betriebs**, in der bestimmte arbeitstechnische Zwecke verfolgt werden, auf den neuen Inhaber übergeht.

3. Ein Betriebsübergang liegt nur vor, wenn die **betriebliche Identität gewahrt** wird. Das ist dann der Fall, wenn der neue Inhaber mit den übernommenen Betriebsmitteln den Betrieb oder Betriebsteil im Wesentlichen unverändert fortführen kann.

   Beachte: Hierfür ist es nicht notwendig, dass der neue Inhaber *alle* Betriebsmittel von dem ehemaligen Inhaber übernimmt.

II. Aufgrund eines Rechtsgeschäfts

Der Betriebsübergang muss **aufgrund eines Rechtsgeschäfts** erfolgen. Ein solches Rechtsgeschäft kann z.B. sein:
- Verkauf
- Verpachtung
- Fusion.

Beachte: **Kein Rechtsgeschäft** ist der Fall der Gesamtrechtsfolge nach einem Erbfall gemäß **§ 1922 BGB**.

Weiterhin ist erforderlich, dass der neue Inhaber den Betrieb auch **tatsächlich übernommen** hat. Dieses ist der Fall, wenn der neue Inhaber die tatsächliche Leitungsmacht übernommen hat.

III. Kein Widerspruch des Arbeitnehmers, § 613a VI BGB

Der Arbeitnehmer hat gemäß § 613a VI BGB ein Widerspruchsrecht. Er kann dem Betriebsübergang innerhalb eines Monats gegenüber dem alten oder neuen Betriebsinhaber widersprechen.

Beachte: Der Arbeitnehmer ist gemäß § 613a V BGB über den Betriebsübergang zu unterrichten.

Folge eines Widerspruchs: Das Arbeitsverhältnis des Arbeitnehmers mit dem alten Arbeitgeber besteht fort.

IV. Rechtsfolgen

Bei einem Betriebsübergang treten die folgenden Rechtsfolgen ein:

1. Der neue Arbeitgeber tritt **in die Rechte und Pflichten** des Arbeitsverhältnisses ein, **§ 613a I 1 BGB.**

2. **Regelungen aus Tarifverträgen und Betriebsvereinbarungen gelten** als Inhalt des Arbeitsvertrages zwischen dem Arbeitnehmer und dem Erwerber **weiter, § 613a I 2 BGB.** Eine Änderung (durch Vereinbarung oder Änderungskündigung) ist grundsätzlich erst nach Ablauf eines Jahres zulässig.

3. **Gesamtschuldnerische Haftung** des alten und neuen Inhabers des Betriebs, **§ 613a II BGB.**

4. **Unwirksamkeit einer Kündigung, § 613 IV BGB.**
   Beachte: Eine Kündigung ist nur dann nach § 613a IV BGB unwirksam, wenn der Betriebsübergang der wesentliche Kündigungsgrund ist. Eine Kündigung aus anderen Gründen ist aber möglich.

I. Die Befristung des Arbeitsverhältnisses nach § 14 TzBfG

I. Einhaltung der Schriftform, § 14 IV TzBfG
II. Befristung mit Sachgrund, § 14 I TzBfG
III. Befristung ohne Sachgrund gemäß § 14 II TzBfG
IV. Befristung ohne Sachgrund gemäß § 14 II a TzBfG
V. Rechtsfolge

I. Einhaltung der Schriftform, § 14 IV TzBfG

Eine Befristung ist nur dann wirksam, wenn sie **schriftlich vereinbart** worden ist, **§ 14 IV TzBfG.**

Beachte: Es ist **ausreichend,** wenn die **Befristungsabrede** die Schriftform einhält.

Wurde die **Befristung nicht schriftlich vereinbart**, so gilt der Arbeitsvertrag auf unbestimmte Zeit geschlossen, § 16 S. 1 TzBfG. **Beachte aber** die Kündigungsmöglichkeit nach § 16 S. 2 TzBfG.

Wichtig: Die Befristung muss **vor** der tatsächlichen Arbeitsaufnahme schriftlich vereinbart werden. Wird erst nach der Arbeitsaufnahme eine Befristung vereinbart, so liegt ein Verstoß gegen das Schriftformerfordernis vor.

Konsequenz: Die Befristung ist unwirksam, es liegt ein **unbefristetes Arbeitsverhältnis** vor, § 16 S. 1 TzBfG.

II. Befristung mit Sachgrund, § 14 I TzBfG

Die Befristung eines Arbeitsverhältnisses ist zulässig, wenn ein **Sachgrund** vorliegt. § 14 I TzBfG führt die folgenden Sachgründe auf:

- **Vorübergehender Personalbedarf, § 14 I Nr. 1 TzBfG**
  Ein vorübergehender Personalbedarf liegt vor bei
  - o einem vorübergehenden Arbeitskräftemehrbedarf (z.B. nach einem Großauftrag)
  - o einem künftigen Minderbedarf (z.B. erhöhter Arbeitaufwand bei Abwicklung von Restarbeiten)
  - o einem periodischem Arbeitsanfall (z.B. Saisonarbeit)

- **Erleichterung des Übergangs in eine Anschlussbeschäftigung** nach einer Ausbildung oder Studium, § 14 I Nr. 2 TzBfG.

- **Vertretung eines anderen Arbeitnehmers, § 14 I Nr. 3 TzBfG**
  Hierunter fallen z.B. die Schwangerschafts- oder Krankheitsvertretung.

- **Eigenart der Arbeitsleistung, § 14 I Nr. 4 TzBfG**
  Hierunter fallen insbesondere Befristungen im künstlerischen Bereich (z.B. bei Rundfunkmitarbeitern oder Kulturschaffenden).

- **Erprobung, § 14 I Nr. 5 TzBfG**
  Beachte: Eine Befristung zur Erprobung ist nur für einen Zeitraum von bis zu 6 Monaten zulässig.

- **Gründe in der Person der Arbeitnehmers, § 14 I Nr. 6 TzBfG**
  Dieser Sachgrund erfasst den Fall, dass der Arbeitnehmer aus privaten Gründen nur ein befristetes Arbeitsverhältnis wünscht (z.B. aus familiären Gründen oder zur Überbrückung zwischen zwei Arbeitsverhältnissen).

- **Zeitlich begrenzte Haushaltsmittel, § 14 I Nr. 7 TzBfG**
  Dieser Sachgrund erfasst z.B. zeitlich begrenzte Haushaltsmittel für ein Forschungsprojekt.

- **Gerichtlicher Vergleich, § 14 I Nr. 8 TzBfG**
  Für diesen Sachgrund ist es ausreichend, dass die Befristung in einem gerichtlichen Vergleich vereinbart wurde.

Beachte: Die Aufzählung des § 14 I TzBfG ist **nicht abschließend.**

Wichtig: Bei Vorliegen mehrerer Sachgründe können auch mehrere befristete Arbeitsverhältnisse hintereinander vereinbart werden (sog. **Kettenbefristung**). Siehe das Beispiel im Skript Arbeitsrecht, Lektion 9 IV. 4.

III. Befristung ohne Sachgrund, § 14 II TzBfG

Nach **§ 14 II 1 TzBfG** kann ein Arbeitsverhältnis **ohne Sachgrund** für maximal zwei Jahre befristet werden. Dabei kann das Arbeitsverhältnis bis zur Höchstdauer von 2 Jahren bis zu dreimal verlängert werden.

Wichtig: Die sachgrundlose Befristung eines Arbeitsverhältnisses ist nur bei Neueinstellungen möglich. Bestand irgendwann bereits einmal ein Arbeitsverhältnis mit dem Arbeitnehmer, so ist eine sachgrundlose Befristung nicht mehr zulässig, vgl. § 14 II 2 TzBfG.

IV. Befristung ohne Sachgrund gemäß § 14 II a TzBfG

Nach dieser Regelung können **neugegründete Unternehmen** innerhalb der ersten vier Jahre nach der Gründung eine bis zu vier Jahre dauernde Befristung vereinbaren.

Beachte: § 14 II a TzBfG gilt nicht für Unternehmen, die im Rahmen einer rechtlichen Umstrukturierung von Unternehmen oder Konzernen neu entstanden sind.

V. Rechtsfolge

1. Liegt eine **wirksame Befristung** vor, so endet das Arbeitsverhältnis mit dem Ablauf der vereinbarten Zeit, ohne dass es einer Kündigung bedarf, §15 I TzBfG.

Wichtig: Nach **§ 15 V TzBfG** gilt das Arbeitsverhältnis als auf unbestimmte Zeit verlängert, wenn das Arbeitsverhältnis *nach dem Ablauf* der vereinbarten Zeit *mit dem Wissen das Arbeitgebers fortgesetzt* wird (Ausnahme: der Arbeitgeber widerspricht der Fortsetzung des Arbeitsverhältnisses unverzüglich).

Beachte: Nach **§ 15 III TzBfG** ist ein befristetes Arbeitsverhältnis nur dann *ordentlich kündbar*, wenn dieses in dem Arbeitsvertrag oder einem Tarifvertrag vereinbart worden ist. D.h. ohne eine solche Regelung ist eine ordentliche Kündigung des befristeten Arbeitsverhältnisses nicht möglich.

Aber: Die außerordentliche Kündigung eines befristeten Arbeitsverhältnisses ist immer möglich.

2. Liegt eine **unwirksame Befristung** vor, so gilt das Arbeitsverhältnis als auf unbestimmte Zeit geschlossen, § 16 S. 1 TzBfG.

In diesem Fall kann der Arbeitgeber das Arbeitsverhältnis **frühestens zum vereinbarten Ende ordentlich kündigen**, § 16 S. 1 TzBfG (Ausnahme: Die Unwirksamkeit beruht allein auf einem Schriftformmangel, s.o.).

J. Die Kündigung des Arbeitsverhältnisses

I. Die ordentliche Kündigung

1. Wirksame Kündigungserklärung
2. Ordnungsgemäße Anhörung des Betriebsrats, § 102 BetrVG
3. Kein Eingreifen des besonderen Kündigungsschutzes
4. Soziale Rechtfertigung der Kündigung nach dem KSchG
a) Anwendbarkeit des KSchG
b) Einhaltung der 3-Wochen-Frist, § 4 I S. 1 KSchG
c) Soziale Rechtfertigung der Kündigung nach § 1 II KSchG
aa) Die personenbedingte Kündigung
bb) Die verhaltensbedingte Kündigung
cc) Die betriebsbedingte Kündigung
5. Kündigungsfrist, § 622 BGB

1. Wirksame Kündigungserklärung

Die Kündigung stellt eine **einseitige Willenserklärung** dar. Für diese Erklärung gelten die allgemeinen Vorschriften über Willenserklärungen und Rechtsgeschäfte.

a) Gemäß § **623 BGB** bedarf die Kündigung der **Schriftform**. Die Schriftform ist definiert in § **126 BGB**. D.h. die Textform ist gewahrt, wenn die Kündigung vom Aussteller eigenhändig unterschrieben worden ist.

b) Wie jede empfangsbedürftige Willenserklärung entfaltet eine Kündigung erst dann eine Wirkung, wenn sie dem Empfänger **zugegangen** ist. Der Zugang der Kündigung bestimmt sich dabei nach §§ **130 ff. BGB**.

2. Ordnungsgemäße Anhörung des Betriebsrats, § 102 BetrVG

Sofern ein Betriebsrat vorhanden ist, ist dieser **vor jeder Kündigung** anzuhören, **vgl. § 102 I BetrVG**. Die Anhörung des Betriebsrats muss dabei nicht in Schriftform erfolgen, aus Beweisgründen ist dieses aber anzuraten.

Damit eine **ordnungsgemäße Betriebsratsanhörung** vorliegt, muss der Arbeitgeber dem Betriebsrat

- die **Gründe** für die Kündigung sowie
- alle **Informationen zur Person** und den sozialen Verhältnissen des Arbeitnehmers

angeben.

Hört der Arbeitgeber den Betriebsrat **überhaupt nicht** an oder liegt **keine ordnungsgemäße Betriebsratsanhörung** vor, so führt dies zur **Unwirksamkeit der Kündigung**, vgl. § 102 I 3 BetrVG.

Der **Betriebsrat kann** der Kündigung aus den in § 102 III BetrVG genannten Gründen **widersprechen**.

Diesen Widerspruch muss der Betriebsrat **innerhalb einer Woche** schriftlich mitteilen, vgl. § 102 II 1 BetrVG.

176

Äußert sich der Betriebsrat innerhalb dieser Frist nicht, so **gilt seine Zustimmung** zur Kündigung **als erteilt, § 102 II 2 BetrVG.**

Beachte: Der **Arbeitgeber ist an den Widerspruch nicht gebunden.** Auch wenn der Betriebsrat der Kündigung widersprochen hat, kann der Arbeitgeber das Arbeitsverhältnis kündigen.

3. Kein Eingreifen des besonderen Kündigungsschutzes

Für die folgenden Personengruppen bestehen besondere Kündigungsschutzvorschriften:

- **Schwangere und „frischgebackene" Mütter: § 9 MuSchG**
- **freiwillig Wehrdienstleistende: § 16 VII, § 2 ArbplSchG**
- **Schwerbehinderte Menschen: § 85 SGB IX**
- **Arbeitnehmer in Elternzeit: § 18 I BEEG**
- **Arbeitnehmer in Pflegezeit: § 5 I PflegeZG**
- **Arbeitnehmer in Familienpflegezeit: § 9 III FamPflegeZG**
- **Mitglieder des Betriebsrats: § 15 KSchG**
- **Auszubildende: § 22 BerufsbildungsG**
- **Heimarbeiter: §§ 29 ff. HAG**

4. Soziale Rechtfertigung der Kündigung nach dem KSchG

Weiterhin muss die Kündigung nach dem KSchG sozial gerechtfertigt sein.

a) Anwendbarkeit des KSchG

Das KSchG findet unter den folgenden Voraussetzungen Anwendung:

- **aa)** Der **sachliche Anwendungsbereich** des KSchG ist nach **§ 23 I KSchG** von der Anzahl der im Betrieb beschäftigten Arbeitnehmer abhängig:
  - In **Betrieben mit 10 oder weniger Arbeitnehmern** gilt das KSchG **nicht** für Arbeitnehmer, deren Arbeitsverhältnis nach dem 31.12.2003 begonnen hat.
  - Arbeitnehmer, die am 31.12.2003 in Betrieben mit **mehr als 5 Arbeitnehmern** beschäftigt waren, haben weiterhin Kündigungsschutz, solange in dem Betrieb mehr als 5 Arbeitnehmer beschäftigt sind, die am 31. Dezember 2003 dort schon beschäftigt waren.

  Beachte § 23 I 2 KSchG zur anteiligen Berücksichtigung von Teilzeitkräften.

- **bb)** **Persönlich** ist das KSchG anwendbar auf Arbeitnehmer, deren Arbeitsverhältnis mindestens 6 Monate ohne Unterbrechung bestanden hat, **§ 1 I KSchG.**

b) Einhaltung der 3-Wochen-Frist, § 4 I S.1 KSchG

Nach **§ 4 KSchG** muss ein Arbeitnehmer **innerhalb von 3 Wochen** nach dem Zugang der Kündigung eine Kündigungsschutzklage beim Arbeitsgericht erheben.

Erhebt der Arbeitnehmer innerhalb dieser Frist **keine Kündigungsschutzklage**, so **gilt** die Kündigung als von Anfang an **rechtswirksam, § 7 KSchG.**

c) Soziale Rechtfertigung der Kündigung nach § 1 II KSchG

Nach § 1 II **KSchG** ist eine ordentliche Kündigung sozial gerechtfertigt, wenn sie
* personenbedingt
* verhaltensbedingt oder
* betriebsbedingt

erfolgt ist.

aa) Die personenbedingte Kündigung

Eine Kündigung ist aus **personenbedingten Gründen** sozial gerechtfertigt, wenn die Gründe, die zur Kündigung führen, in der Person des Arbeitnehmers liegen.

Beispiele für Gründe in der Person des Arbeitnehmers:
* Alkohol- und andere Suchtkrankheiten
* Verlust der für die Berufsausübung erforderlichen Erlaubnis (LKW-Fahrer ohne Führerschein)
* Arbeitsverhinderung wegen Haft
* Fehlende Arbeitserlaubnis bei Ausländern

Hauptfall der personenbedingten Kündigung ist die **krankheitsbedingte Kündigung**, bei der das folgende **Prüfungsschema** gilt:

1. Stufe: Negative Prognose bezüglich des zukünftigen Gesundheitszustands
Eine solche negative Prognose liegt vor, wenn der Arbeitnehmer in Zukunft vermutlich nicht (voll) einsatzfähig sein wird.

2. Stufe: Konkreter Nachweis erheblicher betrieblicher Störungen
Solche erheblichen betrieblichen Störungen können z.B. sein
* Planungsprobleme
* hohe Kosten für Überbrückungsmaßnahmen
* außergewöhnlich hohe Entgeltfortzahlungskosten.

3. Stufe: Interessenabwägung
Es ist abzuwägen, ob dem Arbeitgeber die erhebliche Belastung weiter zuzumuten ist. Im Rahmen dieser Prüfung ist insbesondere zu untersuchen, ob die Kündigung als ultima ratio durch ein **milderes Mittel** hätte vermieden werden können. Ein solches milderes Mittel ist insbesondere eine anderweitige Beschäftigungsmöglichkeit. Liegt eine solche andere Beschäftigungsmöglichkeit vor, ist dem betroffenen Arbeitnehmer diese andere Beschäftigung anzubieten bzw. vorrangig eine Änderungskündigung (vgl. § 2 KSchG) auszusprechen.

bb) Die verhaltensbedingte Kündigung

aaa) Zu den verhaltensbedingten Kündigungsgründen gehören in erster Linie **Pflichtverletzungen** des Arbeitnehmers.

Beispiele:
* Wiederholtes unentschuldigtes Fehlen
* Verspätungen oder zu frühes Beenden der Arbeit

- Verstöße gegen die betriebliche Ordnung
- Nichtbefolgen von Arbeitsanweisungen
- Schlechtleistung
- Private Telefongespräche auf Kosten des Arbeitgebers
- Privates Internetsurfen während der Arbeitszeit

bbb) Neben einer Pflichtverletzung des Arbeitnehmers ist es außerdem erforderlich, dass eine **nicht unerhebliche Beeinträchtigung** der Arbeitgeberinteressen vorliegt.

ccc) Nach der **Rechtsprechung des BAG** ist weiterhin erforderlich, dass die Kündigung verhältnismäßig ist. Aus diesem Grund ist vor dem Ausspruch der Kündigung grundsätzlich eine **Abmahnung erforderlich.**

Eine **Abmahnung ist** eine Erklärung gegenüber dem Arbeitnehmer,

- in der das **Fehlverhalten** des Arbeitnehmers konkret nach Art, Zeit und Ort **bezeichnet** wird (sog. Hinweisfunktion),
- in der der Arbeitnehmer genügend bestimmt **aufgefordert** wird, das gerügte Verhalten zukünftig abzustellen (sog. Ermahnungsfunktion) und
- in der für den Wiederholungsfall die **Kündigung** des Arbeitsverhältnisses unmissverständlich **angedroht** wird (sog. Warnfunktion).

Beachte: Die Abmahnung deckt nur *gleichartiges Verhalten.* D.h. eine Kündigung ist nur möglich, wenn ein Fehlverhalten des Arbeitnehmers vorliegt, das bereits abgemahnt worden ist.

Wichtig: Nach der Rechtsprechung des BAG ist eine **Abmahnung entbehrlich** bei
- schwerwiegenden Störungen im **Vertrauensbereich**
- **erheblichen Pflichtverletzungen im Leistungsbereich,** wenn
  - o der Arbeitnehmer von vornherein nicht willens ist, sein Verhalten zu ändern und vorsätzlich falsch arbeitet
  - o die Pflichtverletzung so schwer wiegt, dass die weitere Fortsetzung des Arbeitsverhältnisses für den Arbeitgeber unzumutbar ist

ddd) Auch bei der verhaltensbedingten Kündigung ist schließlich eine **Interessenabwägung** vorzunehmen. Zu berücksichtigen sind insbesondere

- das **Gewicht und die Intensität** der Vertragsverletzung
- Dauer des Arbeitsverhältnisses **ohne Störung**
- Grad des **Verschuldens**
- **Einmaliges oder wiederholtes Fehlverhalten** bzw. Wiederholungsgefahr
- **Länge der Kündigungsfrist.**

cc) Die betriebsbedingte Kündigung

Eine Kündigung ist aus betrieblichen Gründen sozial gerechtfertigt, wenn **betriebliche Gründe dazu führen, dass eine Weiterbeschäftigung des betroffenen Arbeitnehmers nicht mehr möglich ist.**

Ob eine betriebsbedingte **Kündigung wirksam** ist, ist wie folgt zu prüfen:

aaa) Vorliegen einer unternehmerischen Entscheidung
Eine solche Entscheidung des Arbeitgebers kann insbesondere eine Rationalisierung, die Verlagerung von Arbeitsplätzen bzw. die Einstellung der Produktion sein.

bbb) Umsetzung dieser unternehmerischen Entscheidung
Der Arbeitgeber muss **mit der Umsetzung** der unternehmerischen Entscheidung **begonnen haben.** D.h. der Arbeitgeber muss die erforderlichen Schritte eingeleitet haben, um die Entscheidung umzusetzen (z.B. Erstellen einer Planung zur Rationalisierung).

ccc) Wegfall des Arbeitsplatzes als Konsequenz der Umsetzung
Der Arbeitsplatz des betroffenen Arbeitnehmers muss **als Folge** der Umsetzung der unternehmerischen Entscheidung spätestens mit dem Ablauf der Kündigungsfrist endgültig weggefallen sein.

ddd) Kündigung als ultima ratio
Die Kündigung darf nicht durch **andere Maßnahmen** verhindert werden können. Solche Maßnahmen können sein
• Abbau von Mehrarbeit
• Umschulung des Arbeitnehmers
• Versetzung des Arbeitnehmers auf eine andere Stelle (ggf. durch Änderungskündigung).

eee) Ordnungsgemäße Sozialauswahl nach § 1 III KSchG
Nach **§ 1 III KSchG** hat der Arbeitgeber eine Sozialauswahl unter den **vergleichbaren Arbeitnehmern** des betroffenen **Betriebes** durchzuführen.

Dabei hat der Arbeitgeber nach § 1 III KSchG **nur** die folgenden Gesichtspunkte zu berücksichtigen:

• Dauer der Betriebszugehörigkeit
• Lebensalter
• Unterhaltspflichten
• eine etwaige Schwerbehinderung des Arbeitnehmers.

Der Arbeitgeber hat durch diese Sozialauswahl den Arbeitnehmer zu bestimmen, der durch die Kündigung die wenigsten Nachteile zu erwarten hat.

Eine **fehlerhafte Sozialauswahl** führt dazu, dass die **Kündigung sozial ungerechtfertigt** (und damit unwirksam) ist.

180

5. Kündigungsfrist, § 622 BGB

Die Kündigungsfrist bestimmt sich nach § 622 BGB. Erst nach dem Ablauf dieser Frist wird das Arbeitsverhältnis durch die Kündigung beendet.

Beachte: Die Kündigungsfrist des Arbeitgebers ändert sich gemäß **§ 622 II BGB** mit fortschreitender Dauer des Arbeitsverhältnisses. Bei der Berechnung der Beschäftigungsdauer des Arbeitnehmers ist **§ 622 II 2 BGB** zu beachten.

Wichtig: Die **Nichteinhaltung der Kündigungsfrist** führt <u>nicht</u> zur **Unwirksamkeit** der Kündigung. Stattdessen beendet die Kündigung das Arbeitsverhältnis zum nächstmöglichen Termin.

II. Die außerordentliche Kündigung

1. Wirksame Kündigungserklärung
2. Ordnungsgemäße Anhörung des Betriebsrats, § 102 BetrVG
3. Kein Eingreifen des besonderen Kündigungsschutzes
4. Wirksamkeit der Kündigung nach §§ 13, 4, 7 KSchG
5. Wichtiger Grund, § 626 I BGB
6. Einhaltung der Frist nach § 626 BGB
7. Gegebenenfalls Umdeutung in eine ordentliche Kündigung, § 140 BGB

1. Wirksame Kündigungserklärung

a) Auch die außerordentliche Kündigung bedarf gemäß **§ 623 BGB** der **Schriftform** nach § 126 BGB.

Aus der Kündigungserklärung muss **unmissverständlich** hervorgehen, dass der Kündigende das Arbeitsverhältnis ohne Einhaltung einer Kündigungsfrist beenden will.

b) Wie jede empfangsbedürftige Willenserklärung entfaltet eine Kündigung erst dann eine Wirkung, wenn sie dem Empfänger **zugegangen** ist. Der Zugang der Kündigung bestimmt sich dabei nach **§§ 130 ff. BGB.**

2. Ordnungsgemäße Anhörung des Betriebsrats, § 102 BetrVG

Auch vor dem Ausspruch einer außerordentlichen Kündigung ist der Betriebsrat - sofern vorhanden - anzuhören, vgl. **§ 102 I BetrVG.** Die Anhörung des Betriebsrats muss dabei nicht in Schriftform erfolgen, aus Beweisgründen ist dieses aber anzuraten.

Damit eine ordnungsgemäße Betriebsratsanhörung vorliegt, muss der Arbeitgeber dem Betriebsrat

- die **Gründe** für die Kündigung sowie
- alle **Informationen zur Person** und den sozialen Verhältnissen des Arbeitnehmers

angeben.

Hört der Arbeitgeber den Betriebsrat **überhaupt nicht an** oder liegt **keine ordnungsgemäße Betriebsratsanhörung** vor, so führt dies zur **Unwirksamkeit der Kündigung**, vgl. § 102 I 3 BetrVG.

Der Betriebsrat kann der Kündigung aus den in § **102 III BetrVG** genannten Gründen **widersprechen**.

Diesen Widerspruch muss der Betriebsrat innerhalb von **drei Tagen** schriftlich mitteilen, vgl. § **102 II 3 BetrVG**.

Äußert sich der Betriebsrat innerhalb dieser Frist nicht, so **gilt seine Zustimmung** zur außerordentlichen Kündigung **als erteilt**, § **102 II 2 BetrVG**.

Beachte: Der Arbeitgeber ist an den Widerspruch nicht gebunden. Auch wenn der Betriebsrat der Kündigung widersprochen hat, kann der Arbeitgeber das Arbeitsverhältnis kündigen.

3. Kein Eingreifen des besonderen Kündigungsschutzes

Die Regelungen des besonderen Kündigungsschutzes gelten auch für eine außerordentliche Kündigung.

Solche speziellen Kündigungsschutzregelungen gibt es für

- **Schwangere und „frischgebackene" Mütter: § 9 MuSchG**
- **Schwerbehinderte Menschen: §§ 85, 91 SGB IX**
- **Arbeitnehmer in Elternzeit: § 18 I BEEG**
- **Mitglieder des Betriebsrats: § 103 BetrVG**

4. Wirksamkeit der Kündigung nach §§ 13, 4, 7 KSchG

Gemäß § **13 KSchG** sind die §§ 4, 7 KSchG auf die außerordentliche Kündigung entsprechend anzuwenden.

D.h. dass die außerordentliche Kündigung als von Anfang an wirksam gilt, wenn der Arbeitnehmer **nicht innerhalb von drei Wochen** nach Zugang der Kündigung eine Kündigungsschutzklage erhebt.

5. Wichtiger Grund, § 626 I BGB

Eine außerordentliche Kündigung ist gemäß § **626 I BGB** wirksam, wenn ein wichtiger Grund vorliegt.

Ein **wichtiger Grund** i.S.v. § 626 I BGB **liegt vor, wenn** Tatsachen gegeben sind, die unter Abwägung der Interessen beider Vertragspartner und unter Berücksichtigung aller Umstände des Einzelfalls die Fortsetzung des Arbeitsverhältnisses bis zum Ablauf der Kündigungsfrist unzumutbar machen.

Daraus ergibt sich, dass das **Vorliegen eines wichtigen Grundes** i.S.v. § 626 I BGB **in 2 Schritten zu prüfen** ist:

1. Schritt: Vorliegen eines wichtigen Grundes *an sich*
Ein solcher wichtiger Grund ist z.B. gegeben bei
* der Vortäuschung von Krankheiten
* Straftaten zu Lasten des Arbeitgebers
* beharrlicher Arbeitsverweigerung
* dem Verrat von Betriebsgeheimnissen an Konkurrenzunternehmen.

2. Schritt: Vorliegen eines wichtigen Grundes im Einzelfall
Hier ist unter **Berücksichtigung aller Umstände des Einzelfalles** zu prüfen, ob auch im **konkreten** Fall ein wichtiger Grund i.S.v. § 626 I BGB vorliegt.

Hier ist insbesondere zu prüfen, ob das ultima-ratio-Prinzip eingehalten worden ist. Bei einer verhaltensbedingten außerordentlichen Kündigung ist hier besonderes Augenmerk auf eine eventuell erforderliche Abmahnung zu richten.

6. Einhaltung der Frist nach § 626 II BGB

Nach **§ 626 II BGB** muss die außerordentliche Kündigung **innerhalb von 2 Wochen** nach Erlangung der Kenntnis der für die Kündigung relevanten Tatsachen erklärt werden.

Wichtig: § 626 II BGB ist eine **Ausschlussfrist**. Wird die außerordentliche Kündigung nach Ablauf dieser Frist erklärt, ist sie automatisch unwirksam.

7. Gegebenenfalls Umdeutung in eine ordentliche Kündigung, § 140 BGB

Eine unwirksame außerordentliche Kündigung kann gemäß **§ 140 BGB** in eine ordentliche Kündigung zum nächstmöglichen Kündigungstermin umgedeutet werden, wenn
* **alle Voraussetzungen für eine ordentliche Kündigung vorliegen** (insbesondere muss der Betriebsrat hinsichtlich einer ordentlichen Kündigung gemäß § 102 I BetrVG angehört werden) und
* die Umdeutung dem erkennbaren mutmaßlichen Willen des Arbeitgebers, das Arbeitsverhältnis in jedem Fall zu beenden, entspricht.

III. Die Verdachtskündigung

1. Wirksame Kündigungserklärung
2. Ordnungsgemäße Anhörung des Betriebsrats, § 102 BetrVG
3. Kein Eingreifen des besonderen Kündigungsschutzes
4. Voraussetzungen einer Verdachtskündigung
a) Objektive Tatsachen begründen Verdacht
b) Dringender Verdacht
c) Möglichkeit der Stellungnahme für den Arbeitnehmer
d) Unzumutbarkeit der Fortsetzung des Arbeitsverhältnisses

Eine Verdachtskündigung wird in der Regel als außerordentliche Kündigung erklärt.

1. Wirksame Kündigungserklärung

Bezüglich der Kündigungserklärung ergeben sich bei der Verdachtskündigung keine Besonderheiten gegenüber den obigen Darstellungen.

2. Ordnungsgemäße Anhörung des Betriebsrats, § 102 BetrVG

Auch vor einer Verdachtskündigung ist der Betriebsrat nach § 102 I BetrVG anzuhören. Im Übrigen ergeben sich keine Besonderheiten, so dass auf die vorherigen Ausführungen verwiesen werden kann.

3. Kein Eingreifen des besonderen Kündigungsschutzes

Bei einer Verdachtskündigung sind die folgenden Vorschriften des besonderen Kündigungsschutzes zu beachten:

- **Schwangere und „frischgebackene" Mütter: § 9 MuSchG**
- **Schwerbehinderte Menschen: §§ 85, 91 SGB IX**
- **Arbeitnehmer in Elternzeit: § 18 I BEEG**
- **Mitglieder des Betriebsrats: § 103 BetrVG.**

4. Voraussetzungen einer Verdachtskündigung

Eine Verdachtskündigung ist bei Vorliegen der folgenden Voraussetzungen wirksam:

a) Objektive Tatsachen begründen Verdacht

Der Verdacht muss durch **objektive Tatsachen** begründet sein, so dass sich ein verständiger und gerecht abwägender Arbeitgeber zum Ausspruch einer Kündigung veranlasst sehen kann.

b) Dringender Verdacht

Der Verdacht muss dringend sein. Der **Verdacht ist dringend, wenn** eine kritische Prüfung eine große Wahrscheinlichkeit der Tatbegehung durch den zu kündigenden Arbeitnehmer ergibt.

c) Möglichkeit der Stellungnahme für den Arbeitnehmer

Der Arbeitgeber muss dem Arbeitnehmer die Möglichkeit geben, eine **Stellungnahme** zum gegen ihn bestehenden Verdacht abzugeben.

Darüber hinaus ist der Arbeitgeber verpflichtet, alle zumutbaren Mittel zur Aufklärung des Sachverhalts auszuschöpfen.

d) Unzumutbarkeit der Fortsetzung des Arbeitsverhältnisses

Eine **Interessenabwägung aller Umstände** des Einzelfalles muss zu dem Ergebnis kommen, dass der **Tatverdacht so dringend** ist, dass dem Arbeitgeber eine **Fortsetzung des Arbeitsverhältnisses** (sogar bis zum Ablauf der Kündigungsfrist) **nicht zumutbar** ist.

Siebtes Kapitel: Kollektives Arbeitsrecht

A. Tarifvertragsrecht

Wirksamkeitsvoraussetzungen eines Tarifvertrags
I. Schriftform, § 1 II TVG
II. Tariffähigkeit, § 2 TVG
III. Tarifzuständigkeit
IV. Zulässiger Inhalt
V. Rechtsfolgen

I. Schriftform, § 1 II TVG

Ein Tarifvertrag muss der Schriftform nach § 126 BGB genügen, § 1 II TVG.

Die **Nichteinhaltung der Schriftform** hat die **Nichtigkeit** des Tarifvertrags zur Folge.

II. Tariffähigkeit, § 2 TVG

Tariffähigkeit ist die **Fähigkeit, Partei eines Tarifvertrags zu sein.**

Tarifverträge können nach § 2 I TVG abgeschlossen werden von:
*   jedem einzelnen Arbeitgeber
*   jeder Vereinigung von Arbeitgebern (Arbeitgeberverbände)
*   Gewerkschaften.

Bei **Gewerkschaften und Arbeitgeberverbänden** liegt **Tariffähigkeit** vor, wenn folgende Voraussetzungen erfüllt sind:

Koalition

Es muss eine **Vereinigung i.S.v. Art. 9 III GG** vorliegen.

Eine Vereinigung liegt unter den folgenden **Voraussetzungen** vor:

a) Freiwilliger Zusammenschluss
Die Bildung und Organisation einer Koalition muss **stets freiwillig** erfolgen.
D.h.: Keine Koalition, wenn eine Zwangsmitgliedschaft vorliegt (**Ausnahme:** Handwerksinnungen, vgl. **§ 54 III Nr. 1 HWO**).

b) Überbetriebliche Organisation
Die **Mitgliedschaft** in der Organisation **und der Bestand des Arbeitsverhältnisses** müssen **voneinander unabhängig** sein.

c) Auf Dauer angelegt
Die Koalition muss auf Dauer angelegt sein. D.h. es ist verboten, eine Koalition nur für einen bestimmten Zweck und mit der Absicht zu bilden, die Koalition nach Zweckerreichung aufzulösen.

d) Gegnerfreiheit
Der soziale **Gegenspieler darf keinen Einfluss** auf die Willensbildung der Koalition **ausüben** können.

e) Unabhängigkeit von Staat, Kirchen und Parteien
Es darf keine Möglichkeit bestehen, dass der Staat, religiöse Ver-
einigungen oder Parteien den Willen der Koalition steuern.

Aber: Gewisse Tendenzen sind unschädlich (z.b. Christliche Gewerkschaft Metall).

f) Demokratische Willensbildung
Die Koalition muss Entscheidungen durch Abstimmungen ihrer
Mitglieder treffen.

g) Förderung von Arbeits-/Wirtschaftsbedingungen
Das **satzungsmäßige Ziel** der Vereinigung muss auf die **Wahrung
und Förderung der Wirtschaftsbedingungen** gerichtet sein, vgl. **Art.
9 III GG.**

h) Soziale Mächtigkeit (nur bei Gewerkschaften erforderlich)
Soziale Mächtigkeit ist die **Fähigkeit, den sozialen Gegenspieler
unter Druck setzen zu können.**

Faktoren für soziale Mächtigkeit:
* **Mitgliederzahl**
  Beachte: Geringe Mitgliederzahl steht der Annahme von
  Mächtigkeit nicht entgegen, wenn die Mitglieder der Ver-
  einigung in Schlüsselpositionen arbeiten (z.b. Piloten).

* **Abschluss von Tarifverträgen**
  Mächtigkeit kann vorliegen, wenn die Vereinigung bereits
  Tarifverträge abgeschlossen hat.

  Wichtig:
  Es darf sich **nicht** um sog. „**Gefälligkeitstarifverträge**" han-
  deln. Ein echter Tarifvertrag muss das Ergebnis ernsthafter
  Verhandlungen sein.

* **Ausreichende Organisation**
  Die Arbeitnehmervereinigung muss über eine Organisation
  verfügen, die es ihr ermöglicht, ihre satzungsmäßigen Ziele
  auch zu verwirklichen. Insbesondere muss die Arbeitnehmervereinigung in der Lage sein, einen Arbeitskampf zu organi-
  sieren und durchzuführen.

  Faktoren hierfür:
  o Finanzkraft (insbesondere Höhe der Rücklagen für Streik-
    unterstützungszahlungen)
  o Personelle Ausstattung (insbesondere Anzahl der haupt-
    amtlichen Mitarbeiter/Funktionäre)
  o Materielle Ausstattung (insbesondere Anzahl und Aus-
    stattung der Büroräume)

186

III. Tarifzuständigkeit

Tarifzuständigkeit ist
- die in der Satzung einer tariffähigen Vereinigung festgelegte **Befugnis**,
- **Tarifverträge** in einem bestimmten räumlichen, betrieblichen und persönlichen Gestaltungsbereich **abzuschließen**.

D.h. die Tarifzuständigkeit regelt, **wo, für wen und für welche Branche** die tariflichen Bestimmungen gelten sollen.

IV. Zulässiger Inhalt

Ein Tarifvertrag enthält einen schuldrechtlichen und einen normativen Teil.

1. Schuldrechtlicher Teil

Der **schuldrechtliche Teil verpflichtet grundsätzlich nur die Verbände und Gewerkschaften**, die den Tarifvertrag schließen.

Jeder Tarifvertrag hat die folgenden **Bestandteile**:
- **Durchführungspflicht**
  Die Parteien sind verpflichtet, die getroffenen Vereinbarungen selbst umzusetzen
- **Friedenspflicht**
  Während der Laufzeit eines Tarifvertrags sind Arbeitskampfmaßnahmen (Streik, Aussperrung) verboten
- **Einwirkungspflicht**
  Verpflichtung der Parteien des Tarifvertrags, ihre Mitglieder zur Einhaltung des Tarifvertrags zu bewegen.

2. Normativer Teil

Der normative Teil des Tarifvertrags enthält **Bestimmungen, die das Arbeitsverhältnis**, das dem Tarifvertrag unterliegt, **unmittelbar regeln.**

Der **normative Teil enthält Regelungen über**
- den Abschluss des Arbeitsverhältnisses
- den Inhalt des Arbeitsverhältnisses (z.B. Regelungen über Urlaub, Arbeitszeit, Überstunden, etc.)
- die Beendigung des Arbeitsverhältnisses (z.B. Kündigungsfristen)
- die Organisation und Ordnung des Betriebes (z.B. Arbeitsschutzvorschriften etc.).

V. Rechtsfolgen

Liegen die Wirksamkeitsvoraussetzungen vor, treten die folgenden Rechtsfolgen ein: Die Parteien des Tarifvertrags sind verpflichtet, ihrer

- Durchführungspflicht
- Friedenspflicht und
- Einwirkungspflicht

nachzukommen.

Das zwischen einem tarifgebundenen Arbeitgeber und einem Arbeitnehmer bestehende **Arbeitsverhältnis wird unmittelbar durch den normativen Teil des Tarifvertrags geregelt.**

B. Arbeitskampfrecht

I. Rechtmäßigkeitsvoraussetzungen eines Streiks

1. Tariflich regelbares Ziel
2. Tariffähige Partei
3. Einhaltung der Friedenspflicht
4. Einhaltung des Ultima-ratio-Prinzips
5. Gebot der fairen Kampfführung
6. Rechtsfolgen

1. Tariflich regelbares Ziel

Ein Streik darf nur durchgeführt werden, um Ziele zu erreichen, die rechtmäßig Inhalt eines Tarifvertrags sein können (z.B. Lohnhöhe, Arbeitszeiten).

2. Tariffähige Partei

Das Recht zum Streik steht **ausschließlich Gewerkschaften** zu.

D.h. wenn Arbeitnehmer ohne Berechtigung der Gewerkschaft streiken, ist dieser Streik rechtswidrig (sog. „wilder Streik").

Aber: Eine Gewerkschaft kann einen „wilden Streik" nachträglich übernehmen. Folge: Der ursprünglich „wilde" Streik wird mit ex-tunc-Wirkung rechtmäßig.

3. Einhaltung der Friedenspflicht

Ein Streik darf nicht gegen die Friedenspflicht verstoßen.

D.h. **während der Laufzeit eines Tarifvertrags** ist ein **Streik verboten.** Erst nach dem Ende der Laufzeit eines Tarifvertrags darf gestreikt werden.

4. Einhaltung des Ultima-ratio-Prinzips

Ein Streik ist erst dann zulässig, wenn **alle anderen Möglichkeiten der Verhandlung ausgeschöpft** sind.

Beachte: Es findet keine gerichtliche Kontrolle statt, ob auch tatsächlich alle Verhandlungsmöglichkeiten ausgeschöpft sind.

Vielmehr ist das **Ultima-ratio-Prinzip immer dann gewahrt, wenn eine der Parteien** nach erfolgten Verhandlungen **zum Arbeitskampf aufruft.** Eine offizielle Erklärung des Scheiterns der Verhandlungen ist nicht erforderlich.

Beachte: Nach der Rechtsprechung ist eine **Urabstimmung** der Gewerkschaftsmitglieder zur Einhaltung des Ultima-ratio-Prinzips **nicht erforderlich** (Argument: Urabstimmung ist ein Instrument der internen Willensbildung einer Gewerkschaft und entfaltet keine Außenwirkung).

5. Gebot der fairen Kampfführung

Bei jedem Streik ist die Gewerkschaft an das **Gebot der fairen Kampfführung** gebunden.

Konsequenzen:
- Ein Streik darf für die Arbeitgeberseite nicht ruinös sein.
- Ein Streik darf nicht unverhältnismäßig sein (insbesondere sind Aufrufe zu Betriebsblockaden und Gewalttaten verboten).

6. Rechtsfolgen

Liegt ein **rechtmäßiger Streik** vor, so führt eine Teilnahme an diesem Streik nach der hM zu einem **Ruhen der gegenseitigen Hauptleistungspflichten** aus dem Arbeitsverhältnis (sog. **Suspendierungstheorie**). Das heißt:

- Der **Arbeitnehmer** wird von seiner Verpflichtung zur Erbringung der Arbeitsleistung frei.

  Konsequenzen:
  - o Ein Arbeitnehmer darf wegen der Teilnahme an einem rechtmäßigen Streik weder abgemahnt noch gekündigt werden.
  - o Der Arbeitgeber hat gegen den Arbeitnehmer keine Schadensersatzansprüche wegen der Nichtleistung.

  Wichtig: Auch wenn der Streik rechtmäßig ist, bleiben Handlungen, die einen **Streikexzess** darstellen, **verboten**. Solche Handlungen sind z.B.
  - Körperverletzungen
  - Sachbeschädigungen
  - Beleidigungen
  - Nötigungen.

  Liegen solche Handlungen vor, darf der bestreikte Arbeitgeber die entsprechenden Arbeitnehmer wegen dieser Handlungen abmahnen oder kündigen.

- Der **Arbeitgeber** wird von seiner Verpflichtung zur Lohnzahlung frei.

II. Rechtmäßigkeitsvoraussetzungen einer Aussperrung

1. Tariflich regelbares Ziel
2. Tariffähige Partei
3. Einhaltung der Friedenspflicht
4. Eindeutige Aussperrungserklärung
5. Einhaltung des Verhältnismäßigkeitsgrundsatzes
6. Aussperrungsbeschluss
7. Selektionsverbot
8. Rechtsfolgen

1. Tariflich regelbares Ziel

Eine Aussperrung darf nur durchgeführt werden, um Ziele zu erreichen, die rechtmäßig Inhalt eines Tarifvertrags sein können (z.B. Arbeitszeiten, Lohnhöhe).

2. Tariffähige Partei

Eine Aussperrung darf **nur durch einen Arbeitgeberverband oder** durch einen **Arbeitgeber** erfolgen (vgl. § 2 I TVG).

3. Einhaltung der Friedenspflicht

Eine Aussperrung darf nicht gegen die Friedenspflicht verstoßen.

D.h. eine **Aussperrung** darf **erst nach dem Ende der Laufzeit eines Tarifvertrags** erfolgen.

4. Eindeutige Aussperrungserklärung

Der **Arbeitgeber muss die Aussperrung eindeutig erklären.**

Einer **ordnungsgemäßen Aussperrungserklärung** muss entnommen werden können,

*   dass es sich um eine **Arbeitskampfhandlung** handelt und dass der Arbeitnehmer damit gegen seinen Willen in das Arbeitskampfgeschehen einbezogen wird,
*   **welche Arbeitnehmer** ab welchem Zeitpunkt von der Aussperrung **betroffen sein werden.**

5. Einhaltung des Verhältnismäßigkeitsgrundsatzes

Eine Aussperrung ist nur dann verhältnismäßig, wenn sie zur **Herstellung der Kampfparität** zwischen den Arbeitskampfparteien erforderlich ist.

Nach der Rechtsprechung des BAG ist von einer **Unverhältnismäßigkeit der Aussperrung** auszugehen, **wenn** ein **auffälliges Missverhältnis** zwischen den streikenden Arbeitnehmern einerseits und den von der Aussperrung betroffenen Arbeitnehmern andererseits besteht.

190

6. Aussperrungsbeschluss

Bei einem Arbeitskampf wegen eines Verbandstarifvertrags darf nur der entsprechende Arbeitgeberverband eine Aussperrung beschließen.

D.h. ein verbandsangehöriger Arbeitgeber darf **erst nach einem entsprechenden Beschluss** des Arbeitgeberverbands eine Aussperrung vornehmen.

7. Selektionsverbot

Selektionsverbot bedeutet, dass sich eine Aussperrung **nicht ausschließlich gegen Mitglieder der streikenden Gewerkschaft** richten darf.

8. Rechtsfolgen

Bei einer **rechtmäßigen Aussperrung** treten die folgenden **Rechtsfolgen** ein:

a) Die Aussperrung berührt **grundsätzlich** den Bestand des Arbeitsverhältnisses nicht. Es werden **lediglich die Hauptpflichten aus dem Arbeitsverhältnis suspendiert**.

D.h.: Der Arbeitnehmer wird von seiner Verpflichtung zur Erbringung der Arbeitsleistung frei, der Arbeitgeber wird von seiner Verpflichtung zur Lohnzahlung frei (sog. „**suspendierende Aussperrung**").

b) **Ausnahmsweise** soll eine Aussperrung auch zur **Beendigung der Arbeitsverhältnisse** führen können (sog. „**lösende Aussperrung**").

Die lösende Aussperrung soll aber ein **absoluter Ausnahmefall** bleiben.

Sie kommt in Betracht
- bei einem rechtswidrigen Streik
- bei einem **rechtmäßigen Streik, wenn** dieser bereits sehr lange andauert und für den Arbeitgeber **mit wirtschaftlich schwerwiegenden Verlusten** verbunden ist.

Beachte: Die lösende Aussperrung kann grundsätzlich gegenüber jedem Arbeitnehmer erklärt werden.

Die **lösende Aussperrung** stellt nach der Rechtsprechung einen **Kündigungsgrund sui generis** dar, d.h. Vorschriften des KSchG gelten nicht.

Aber: Gegenüber **Arbeitnehmern, die dem besonderen Kündigungsschutz unterfallen** (§ 9 MuSchG, § 85 SGB IX, § 15 KSchG), entfaltet die lösende Aussperrung **nur suspendierende Wirkung**.

Wichtig: Nach Beendigung des Arbeitskampfes ist der Arbeitgeber wegen seiner Fürsorgepflicht **verpflichtet, die lösend ausgesperrten Arbeitnehmer wieder einzustellen**.

Beachte: Dabei handelt es sich um die **Begründung eines neuen Arbeitsverhältnisses** (nicht um die Fortführung des ursprünglichen Arbeitsverhältnisses).

Die Pflicht zur Wiedereinstellung entfällt nach § 242 BGB

- wenn der Arbeitgeber nach Ende des Arbeitskampfes wegen fehlender Arbeitsmöglichkeiten nicht mehr in der Lage ist, alle Arbeitnehmer wieder einzustellen
- gegenüber Arbeitnehmern, die im Rahmen eines rechtswidrigen Streiks eine tragende Rolle gespielt haben.

C. Betriebsverfassungsrecht

Wirksamkeit einer Betriebsvereinbarung, § 77 BetrVG

I. Mitbestimmungsrecht nach § 87 I BetrVG
II. Vereinbarung zwischen Arbeitgeber und Betriebsrat, § 77 II 1 BetrVG
III. Schriftliche Niederlegung, § 77 II 1 BetrVG
IV. Unterzeichnung durch beide Seiten, § 77 II 2 BetrVG
V. Keine Sperre nach § 77 III BetrVG
VI. Rechtsfolge, § 77 IV BetrVG

I. Mitbestimmungsrecht nach § 87 I BetrVG

§ 87 I BetrVG legt **Fallgruppen** fest, in denen der Betriebsrat ein Mitbestimmungsrecht hat.

D.h. bei Vorliegen eines Falles des **§ 87 I Nr. 1-13 BetrVG** hat der Betriebsrat einen **Anspruch** auf Abschluss einer Betriebsvereinbarung.

Wenn **kein Fall des § 87 I Nr. 1-13 BetrVG** vorliegt, kommt eine **freiwillige Betriebsvereinbarung** nach § 88 BetrVG in Betracht.

II. Vereinbarung zwischen Arbeitgeber und Betriebsrat, § 77 I 1 BetrVG

Es muss ein **gemeinsamer Beschluss** vorliegen, der **nach Verhandlungen** zwischen Arbeitgeber und Betriebsrat getroffen wurde.

D.h. keine der beiden Seiten kann einseitig Regelungen in Form einer Betriebsvereinbarung treffen.

III. Schriftliche Niederlegung, § 77 II 1 BetrVG

Die schriftliche Fixierung der Vereinbarung ist **Wirksamkeitserfordernis**.

IV. Unterzeichnung durch beide Seiten, § 77 II 2 BetrVG

Die Unterzeichnung der Betriebsvereinbarung durch beide Seiten ist **Wirksamkeitsvoraussetzung**.

192

Die Betriebsvereinbarung muss **vom Arbeitgeber** und **vom Vorsitzenden des Betriebsrats** (bei dessen Verhinderung von seinem Vertreter) unterzeichnet sein.

Die Unterschriften müssen sich **auf derselben Urkunde** befinden.

V. Keine Sperre nach § 77 III BetrVG

Arbeitsentgelte und sonstige Arbeitsbedingungen, die
* durch einen Tarifvertrag (der entsprechenden Branche in der entsprechenden Region) geregelt sind oder
* üblicherweise geregelt werden (sog. Tarifüblichkeit)

können nicht Gegenstand einer Betriebsvereinbarung sein, **§ 77 III BetrVG.**

Bei einem Verstoß gegen § 77 III BetrVG ist die Betriebsvereinbarung unwirksam.

Problem: Verhältnis § 77 III BetrVG zu § 87 I BetrVG?

Ausgangssituation:
§ 87 I BetrVG gibt in den von ihm angegebenen Fällen ein Mitbestimmungsrecht, soweit eine gesetzliche oder tarifliche Regelung nicht besteht. Die Umsetzung der Mitbestimmung erfolgt durch eine Betriebsvereinbarung.

§ 77 III BetrVG verbietet aber den Abschluss einer Betriebsvereinbarung für Gegenstände, die in einem Tarifvertrag geregelt sind bzw. üblicherweise durch Tarifvertrag geregelt werden.

D.h. § 87 I BetrVG und § 77 III BetrVG stehen im Widerspruch zueinander:
* **§ 87 I BetrVG:** Sperre nur, wenn eine Regelung im Gesetz oder Tarifvertrag vorliegt.
* **§ 77 III BetrVG:** Sperre nur, wenn entsprechende Regelung durch eine Betriebsvereinbarung in einem Tarifvertrag möglich ist.

Lösungsansätze:

* **Literatur: Zwei-Schranken-Theorie**

  § 77 III BetrVG findet für alle Betriebsvereinbarungen Anwendung. Also auch für solche, die dem § 87 I BetrVG unterfallen. Begründung:

  § 87 I BetrVG ist neben § 77 III BetrVG anwendbar. Hätte der Gesetzgeber den Vorrang von § 87 I BetrVG gewollt, hätte er dieses zum Ausdruck gebracht (wie z.B. in § 112 I 4 BetrVG).

  Konsequenz: In den Fällen des § 87 I BetrVG hat der Betriebsrat **nur dann** ein **Mitbestimmungsrecht**, wenn
  * **keine gesetzliche Regelung,**
  * **keine tarifliche Regelung** und
  * **keine tarifübliche Regelung**

  vorliegt.

- Rechtsprechung: Vorrangtheorie

§ 87 I BetrVG ist gegenüber § 77 III BetrVG die speziellere Regelung und daher vorrangig.

Begründung:
Wären § 87 I BetrVG und § 77 III BetrVG gleichberechtigt anwendbar, würde die Regelung des § 87 I BetrVG leerlaufen, da bei den dort vorgegebenen mitbestimmungspflichtigen Angelegenheiten Regelungen im Tarifvertrag immer üblich sind.

Konsequenz: Bei **Mitbestimmungsrechten nach § 87 I BetrVG kann** eine **Betriebsvereinbarung nicht abgeschlossen werden**, wenn

- eine **gesetzliche Regelung vorliegt** oder
- eine **Regelung in einem Tarifvertrag vorliegt** und
- der **Arbeitgeber an diesen Tarifvertrag gebunden** ist (durch Verbandszugehörigkeit und arbeitsvertragliche Vereinbarung).

Beachte: Bei **freiwilligen Betriebsvereinbarungen** nach § 88 BetrVG **vertritt die Rechtsprechung auch die Zwei-Schranken-Theorie.**

VI. Rechtsfolge, § 77 IV BetrVG

Die **Regelungen der Betriebsvereinbarung gelten unmittelbar und zwingend,** § 77 IV 1 BetrVG.

D.h. Arbeitnehmer können **Ansprüche und sonstige Rechte** aus der Betriebsvereinbarung **direkt gegen den Arbeitgeber** geltend machen.

> ▶ **Unsere** 📖 **Skripten** 📑 **Karteikarten** 🎧 **Hörbücher (CD & MP3)**

Zivilrecht

- 📖 Standardfälle für Anfänger (7,90 €)
- 📖 🎧 Standardfälle BGB AT (7,90 €)
- 📖 🎧 Standardfälle Schuldrecht (7,90 €)
- 📖 🎧 Standardfälle Ges. Schuldverh., §§ 677, 812,823
- 📖 🎧 Standardfälle Sachenrecht (9,90 €)
- 📖 🎧 Standardfälle Familien- und Erbrecht (9,90 €)
- 📖 Klausuren Übung für Fortgeschrittene (7,90 €)
- 📖 🎧 Basiswissen BGB (AT) (Frage-Antwort)
- 📖 🎧 Basiswissen SchuldR (AT) 📖 🎧 SchuldR (BT) (7 €)
- 📖 🎧 Basiswissen Sachenrecht, 📖 🎧 FamR, 📖 🎧 ErbR
- 📖 Einführung in das Bürgerliche Recht (7,90 €)
- 📖 Studienbuch BGB (AT) (12 €)
- 📖 Studienbuch Schuldrecht (AT) (12 €)
- 📖 Schuldrecht (BT) 1 – §§ 437, 536, 634, 670 ff. (9,90 €)
- 📖 Schuldrecht (BT) 2 – §§ 812, 823, 765 ff. (9,90 €)
- 📖 SachenR 1 – Bewegl. S., 📖 SachenR 2 – Unb. S. (9,9 €)
- 📖 Familienrecht und 📖 Erbrecht (Einführungen) (9,90 €)
- 📖 Streitfragen Schuldrecht (7,90 €)
- 📖 🎧 Definitionen für die Zivilrechtsklausur (9,90 €)

Strafrecht

- 📖 🎧 Standardfälle für Anfänger Band 1 (9,90 €)
- 📖 Standardfälle für Anfänger Band 2 (7,90 €)
- 📖 Standardfälle für Fortgeschrittene (12 €)
- 📖 🎧 Basiswissen Strafrecht (AT) (Frage-Antwort)
- 📖 🎧 Basiswissen Strafrecht BT 1 und 📖 🎧 BT 2 (7 €)
- 📖 Strafrecht (AT) (7,90 €)
- 📖 Strafrecht (BT) 1 – Vermögensdelikte (9,90 €)
- 📖 Strafrecht (BT) 2 – Nichtvermögensdelikte (9,90 €)
- 📖 🎧 Definitionen für die Strafrechtsklausur (7,90 €)

Irrtümer und Änderungen vorbehalten!

Öffentliches Recht

- 📖 Standardfälle Staatsrecht I – StaatsorgaR (9,90 €)
- 📖 Standardfälle Staatsrecht II – Grundrechte (9,90 €)
- 📖 🎧 Standardfälle f. Anfänger (StaatsorgaR u. GRe) (7,9 €)
- 📖 Standardfälle Verwaltungsrecht (AT) (9,90 €)
- 📖 Standardfälle Polizei- und Ordnungsrecht (9,90 €)
- 📖 Standardfälle Baurecht (9,90 €)
- 📖 Standardfälle Europarecht (9,90 €)
- 📖 Standardfälle Kommunalrecht (9,90 €)
- 📖 🎧 Basiswissen StaatsR I –StaatsorgaR (Fr-Antw.) (7 €)
- 📖 🎧 Basiswissen StaatsR II –GrundR (Frage-Antw.) (7 €)
- 📖 Basiswissen VerwaltungsR AT– (Frage-Antwort) (7 €)
- 📖 Studienbuch Staatsorganisationsrecht (9,90 €)
- 📖 Studienbuch Grundrechte (9,90 €)
- 📖 Studienbuch Verwaltungsrecht AT (12 €)
- 📖 Studienbuch Europarecht (12,90 €)
- 🎧 Basiswissen Europarecht
- 📖 Staatshaftungsrecht (9,90 €)
- 📖 VerwaltungsR AT 1 – VwVfG u. 📖 AT 2–VwGO (7,90 €)
- 📖 VerwaltungsR BT 1 – POR (9,90 €)
- 📖 VerwaltungsR BT 2 – BauR 📖 BT 3 – UmweltR (9,90 €)
- 📖 🎧 Definitionen Öffentliches Recht (9,90 €)

Steuerrecht

- 📖 Abgabenordnung (AO) (9,90 €)
- 📖 Erbschaftsteuerrecht (9,90 €)
- 📖 Steuerstrafrecht/Verfahren/Steuerhaftung (7,90 €)

Sozialrecht

- 📖 Kinder- und Jugendhilferecht (7,90 €)
- 📖 Sozialrecht (9,90 €)

Nebengebiete

- 📖 🎧 Standardfälle Handels- & GesR (9,90 €)
- 📖 🎧 Standardfälle Arbeitsrecht (9,90 €)
- 📖 Standardfälle ZPO (9,90 €)
- 📖 🎧 Basiswissen HandelsR (Frage-Antwort) (7,9 €)
- 📖 🎧 Basiswissen Gesellschaftsrecht (7,90 €)
- 📖 🎧 Basiswissen ZPO (Frage-Antwort) (7,90 €)
- 📖 🎧 Basiswissen StPO (Frage-Antwort) (7,90 €)
- 📖 Handelsrecht (9,90 €)
- 📖 Gesellschaftsrecht (9,90 €)
- 📖 Arbeitsrecht (9,90 €)
- 📖 Kollektives Arbeitsrecht (9,90 €)
- 📖 ZPO I – Erkenntnisverfahren (9,90 €)
- 📖 ZPO II – Zwangsvollstreckung (9,90 €)
- 📖 Strafprozessordnung – StPO (9,90 €)
- 📖 Einf. Internationales Privatrecht - IPR (9,90 €)
- 📖 Standardfälle IPR (9,90 €)
- 📖 Insolvenzrecht (9,90 €)
- 📖 Gewerbl. Rechtsschutz/Urheberrecht (9,90 €)
- 📖 Wettbewerbsrecht (9,90 €)
- 📖 Ratgeber 500 Spezial-Tipps für Juristen (12 €)
- 📖 Mediation (9,90 €)
- 📖 Sportrecht (9,90 €)

Karteikarten (je 9,90 €)

- 📑 Zivilrecht: BGB AT/SchuldR/Grundlagen/Schemata
- 📑 Strafrecht: AT/BT-1/BT-2/Streitfragen
- 📑 Öff. R.: StaatsorgaR/GrundR/VerwR/Schemata

Assessorexamen

- 📖 Der Aktenvortrag im Strafrecht (7,90 €)
- 📖 Der Aktenvortrag im Zivilrecht (7,90 €)
- 📖 Der Aktenvortrag im Öffentlichen Recht (7,90 €)
- 📖 Staatsanwaltl. Sitzungsdienst & Plädoyer (9,90 €)
- 📖 Die strafrechtliche Assessorklausur (7,90 €)
- 📖 Die Assessorklausur VerwR Bd. 1 (7,90 €)
- 📖 Die Assessorklausur VerwR Bd. 2 (7,90 €)
- 📖 Vertragsgestaltung in der Anwaltsstation (7 €)

Irrtümer und Änderungen vorbehalten!

BWL

- 📖 Einführung i. die Betriebswirtschaftslehre (7,90 €)
- 📖 Marketing (7 €)
- 📖 Organisationsgestaltung & -entwickl. (7,90 €)
- 📖 Fallstudien Organisationsgestaltung & -entwickl.
- 📖 Internationales Management (7 €)
- 📖 Wie gelingt meine wiss. Abschlussarbeit? (7 €)

Irrtümer und Änderungen vorbehalten!

Schemata

- 📖 Die wichtigsten Schemata-ZivR,StrafR,ÖR (14,90)
- 📖 Die wichtigsten Schemata–Nebengebiete (9,90 €)

🎧 bedeutet: auch als **Hörbuch** (CD oder MP3-Download) lieferbar!

Bei **niederle-media.de** bestellte Artikel treffen idR *nach 1-2 Werktagen* ein!